ララチッタ

ウィーン・プラハ

Wien　Praha

JN023480

ララチッタとはイタリア語の「街=La Citta」と
軽快に旅を楽しむイメージをかさねた言葉です。
豪華絢爛な宮殿や王宮、本場で楽しむ芸術、
歴史を感じられるカフェ、かわいい雑貨など…
大人女子が知りたい旅のテーマを集めました。

ララチッタ ウィーン・プラハ
CONTENTS

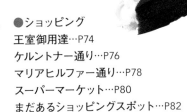

マークの見かた

J 日本語スタッフがいる	交 交通	☎ 電話番号
J 日本語メニューがある	U 地下鉄（ウィーン）	時 開館時間、営業時間
E 英語スタッフがいる	M 地下鉄（プラハ）	休 休み
E 英語メニューがある	T トラム停留所	料 料金
R レストランがある	住 住所	URL Webサイトアドレス
	H ホテル	

その他の注意事項

●この本に掲載した記事やデータは、2020年2月の取材、調査に基づいたものです。発行後、料金、営業時間、定休日、メニュー等の営業内容が変更になることや、臨時休業等で利用できない場合があります。また、各種データを含めた掲載内容の正確性には万全を期しておりますが、おでかけの際には電話等で事前に確認・予約されることをお勧めいたします。なお、本書に掲載された内容による損害等は、弊社では補償いたしかねますので、予めご了承くださいますようお願いいたします。
●地名・物件名は政府観光局などの情報を参考に、なるべく現地語に近い発音で表示しています。
●休みは基本的に定休日のみを表示し、年末年始や国の記念日、クリスマスなど祝祭日については省略しています。
●料金は基本的に大人料金を掲載しています。

スマホで見られる！
ドイツ語会話 電子(抜粋)版

●当コンテンツはJTBパブリッシング発行「ひとり歩きの会話集」の抜粋版です。完全版は書店でお買い求めください。
●海外では通信料が高額になる場合があるため、コンテンツは国内であらかじめダウンロードされることをおすすめします。
●初回利用時には「るるぶ&more.」の会員登録をお願いします。会員登録後「購入手続きへ」に進むと、クーポンコードを入力できます。
●Android、iOSのほか、PCでも閲覧できます。
●ダウンロード後は、オフラインでコンテンツを閲覧できます。
●電子版のご利用にあたっては、以下の利用規約を適用します。
https://books.jtbpublishing.co.jp/content/terms/
●電子版の詳しい使い方は、以下の「ご利用ガイド」をご覧ください。
https://books.jtbpublishing.co.jp/content/help/
●利用方法などのお問合せは以下からお願いします。
https://books.jtbpublishing.co.jp/inquiry/
※お電話でのお問合せは受け付けておりません。
●本サービスは予告なく内容を変更することや終了する場合があります。

クーポンコード
qx62huczdj

事前にチェックしよう！
ウィーン・プラハ早わかり

ヨーロッパ大陸のほぼ中心に位置するウィーンとプラハ。
各都市のエリアを把握してのプランニングに役立てよう

オーストリア基本情報

国名：オーストリア共和国
首都：ウィーン
面積：約414㎢
人口：約886万人(2019年)
公用語：ドイツ語
通貨：€1＝約120円(2020年2月現在)
時差：－8時間
※日本より8時間遅れ。3月最終日曜～10月最終日曜までのサマータイム期間は日本との時差は－7時間。

日本から約11時間10分～

帝国の栄華が残る芸術の都

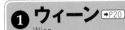

❶ ウィーン ➡P20
Wien

ドナウ河の西南に広がるウィーンは13世紀末以降、ハプスブルク朝の帝都として繁栄した。街の中心部となる旧市街とその周辺には往時の面影を留める古い建物が立ち並ぶ。

1：ドーム型の屋根が特徴的なカールス教会 2：広大な敷地を有するシェーンブルン宮殿内の庭園 3：ホーフブルグの国立図書館には膨大な数の蔵書がある

プラハ ❺

プルゼニュ ●

バスで約3時間

チェスキー・クルムロフ ❻

美しい河辺の景色をクルーズで楽しむ

❷ ヴァッハウ渓谷 ➡P86
(ドナウ河) Wachau(Donau)

ドナウ河下流域、メルクからクレムスの街までの約36kmのエリア。ドナウ河で最も美しいといわれる景色を船で楽しめる。

のどかな風景が広がるエリア

電車で約2時間20分～3時間

❸ ザルツブルク

ザルツカンマーグート ●

● インスブルック

オーストリア

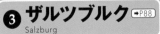

1：モーツァルトの生家では貴重な資料を展示 2：花壇が美しいミラベル宮殿

ドイツとの国境に位置する音楽の街

❸ ザルツブルク ➡P88
Salzburg

ウィーンから東へ300km。モーツァルト生誕の地として知られ、夏には音楽祭も開催される。観光スポットは旧市街に集中している。

┌─ チェコ基本情報 ─┐

国名：チェコ共和国
首都：プラハ
面積：約496km²
人口：約1065万人(2019年)
公用語：チェコ語
通貨：1Kč＝約4.8円(2020
年2月現在)
時差：−8時間
※日本より8時間遅れ。3月最
終日曜〜10月最終日曜まで
のサマータイム期間は日本と
の時差は−7時間。

日本から約13時間〜

中世の街並みが残るチェコの都

❺ プラハ （➡P96）
Praha

中心部を流れるヴルタヴ
ァ川の左岸にボヘミア王
国の居城、プラハ城が立
ち、右岸には旧市街や新
市街、ユダヤ人街がある。
教会など尖塔が多いこと
から「百塔の街」ともよば
れている。

1：プラハのシンボルでもある
カレル橋には30体の聖像が
配置されている **2**：れんが色
の屋根がかわいい街

チェコ

飛行機で
約1時間25分

●ブルノ

飛行機で
約1時間

ヴァッハウ渓谷
(ドナウ河)
❷

❶
ウィーン

電車で
約1時間

●グラーツ

飛行機で
約45分

ブダペスト ❹

ハンガリー

N

シーレの名画にも描かれた自然豊かな街

❻ チェスキー・クルムロフ （➡P124）
Český Krumlov

赤茶色の屋根に白壁の家が立ち並ぶ風
景は、チェコで最も美しいと称され、ユ
ネスコの世界文化遺産にも登録されて
いる。13世紀に建設されたチェスキー・
クルムロフ城などみどころ多数。
小さな家がひしめき合う情緒あふれる風景

千年の歴史を持つドナウの真珠

❹ ブダペスト （➡P92）
Budapest

ハンガリーの首都ブダペ
ストへもウィーンから日
帰り観光が可能。ドナウ
川に架かるくさり橋やブ
ダ王宮が有名。
ドナウ河を挟んでブダ地区と
ペスト地区に分かれる

中欧を思う存分満喫！

5泊7日王道モデルプラン

世界遺産やアート、グルメからショッピングまで魅力たっぷりのウィーン&プラハ。
2都市を120%満喫できる5泊7日のモデルプランをご紹介。

DAY 1

幻想的な夜景に感動
リンク内さんぽ&ディナー

ADVICE!
ウィーンへは成田空港または羽田空港からの直行便を利用するのがおすすめ。

リンク内は夜も賑やかなので安心

18:35
ウィーン国際空港着
↓ タクシーで約30分

20:00
ホテルにチェックイン
↓ 徒歩で15分

20:30
リンク内を散策
↓ 徒歩で5分

21:00
レストランで名物ディナー
↓ 徒歩5分

22:00
レトロなバーでカクテルタイム
↓ 徒歩5分

23:00
ホテルへ

©WienTourismus/Peter Rigaud

絶対食べたいウィーン名物！

超特大シュニッツェルで有名なフィグルミュラーは行列必至→P63

建築家アドルフ・ロースによるウィーン初のアメリカンバー→P73

DAY 2

歴史に思いを馳せよう
ウィーン観光&ショッピング

9:30
ホーフブルク（王宮）内を見学
↓ 徒歩2分

12:00
名物カフェでランチ&ショッピング
↓ 徒歩5分

12:45
シュテファン寺院を見学
↓

©SKB Photo:Koller
旧王宮内の皇帝の部屋。シャンデリアが豪華なディナールームだ→P31

エリーザベトも通ったカフェ、デメルではかわいいおみやげも揃う→P57

街のシンボル

"シュテッフル"の愛称で親しまれているシュテファン寺院→P35

↓ 徒歩すぐ

13:45

高級スーパーで
おみやげ探し

高級食材が並ぶユリ
ウス・マインルでショ
ッピング→P80

街歩きが楽しいグラーベン通り→P35

ADVICE!
ウィーン名物ザッハートルテ
は、チョコレートケーキの王
様とよばれるほど有名。食べ
比べするのもおすすめ。

必食スイーツ！
ザッハートルテ

↓ 徒歩5分

15:00

カフェで
ザッハートルテを味わう

カフェ・ザッハーはザッハートルテ発祥
の店として知られる→P56

庭園もみどころのひとつ→P36

↓ トラムで15分

16:00

ベルヴェデーレ宮殿で
アートを堪能

↓ トラムで15分

18:00

ワインケラーで
ディナー

ワインケラー、ツヴェルフ・アポ
ステルケラーは地下迷路のよう
な雰囲気が楽しい→P66

アレンジプラン
世紀末建築（→P48）に興味
がある人は、分離派の活動拠
点となった分離派会館や、パ
ビリオン・カールスプラッツへ
行ってみよう。

クリムトの代表作
『接吻』

©Belvedere, Wien

↓ 徒歩10分

20:00

ホテルへ

DAY3

郊外へショートトリップ
**世界遺産の宮殿
&ウィーンの森へ**

ヨーロッパ最大級
の大温室

シェーンブルン宮殿の広大な敷地内には
庭園、大温室のほか動物園も→P25

8:30

シェーンブルン宮殿と
馬車博物館を見学

園内をラクラク
移動できるミニ・
トレイン→P25

↓ ミニ・トレインで25分

10:30

グロリエッテのカフェで
ひと休み

↓ 徒歩20分

11:30

庭園と大温室を
のんびり散策

グリーヒェンバイス
ルはオーストリア最
古のバイスル→P64

↓ 地下鉄で15分

13:00

リンク内のバイスルで
ランチ

↓ 徒歩9分

名曲が生まれたベートーヴェンの
散歩道（上）と絶景が楽しめるカー
レンベルクの丘（下）→P50

アレンジプラン

市内中心部でランチをするなら、ミュージアム・クォーター・ウィーン内もおすすめ。おしゃれで居心地がいいカフェやレストランが豊富。→P40

14:30
ヨハン・シュトラウス2世像
に会いに行く

金色に輝く銅像は市立公園
のシンボル→P54

↓ 地下鉄とバスで35分

15:45
ウィーンの森、
カーレンベルクの丘へ

愛用品や遺書のコピーなど
貴重な資料を展示→P51

わたしが
ベートーヴェンです

↓ バスで15分

ウィーン市内を
一望♪

17:15
ベートーヴェン博物館
を見学

↓ 徒歩で10分

新鮮なワインが楽
しめるホイリゲ
→P51

ADVICE!
ベートーヴェンのほか
にもウィーンで活躍し
た音楽家ゆかりの場所
をめぐってみよう→P46

19:00
ホイリゲで
ワインの新酒を堪能

↓ バスと地下鉄で45分

21:00
ホテルへ

ハイリゲンシュタット公園には
ベートーヴェンの像がある

DAY 4

百塔の街をぶらりさんぽ
**プラハ観光＆
ショッピング**

9:00
ウィーン国際空港を出発

↓ 飛行機で1時間

ADVICE!
プラハ市内の移動には
トラムが大活躍。早朝
から深夜まで走り、乗
り方も簡単だ。

10:00
プラハ到着。
まずはホテルにチェックイン

プラハ城までは
22番トラムが便利

↓ トラムで20分

レトロな車両が
かわいい♥

12:00
プラハの2大名所、
プラハ城とカレル橋を観光

↓ 徒歩30分

14:30
おしゃれカフェで
ランチ

カフェ・ルーヴルは軽食の
ほか、スイーツやアルコール
も充実している→P112

ミュシャの世界観に浸りたい！

©Muchovo Muzeum

↓ 徒歩5分

15:30
新市街で
美術館＆ショップめぐり

ミュシャ美術館で貴重な絵画を見学
→P102

↓ 徒歩15分

19:30
ピヴニツェで
チェコビールを堪能

↓ 徒歩15分

21:00
ヴルタヴァ川沿いを
夜景さんぽ

川沿いはライトアップされ、幻想的な光景

↓ 徒歩15分

23:00
ホテルへ

ホスティネツ・ウ・カリハの豚膝肉のローストはビールとの相性抜群
→P110

オリジナルグッズの
シュベイク人形

> **アレンジプラン**
> 時間があったらぜひ教会コンサートへ。荘厳な雰囲気のなか聴くクラシックはなんとも感動的。旧市街や新市街などの教会で夕方開催されることが多い。

DAY5
中世の街並みを満喫
**チェスキー・
クルムロフへ**

7:00
早起きして出発。
プラハ駅からバスに乗る

↓ バスで3時間

10:55
チェスキー・クルムロフ到着。
さっそく城へ

↓ 徒歩5分

12:00
川沿いのカフェで
ランチ

↓ 徒歩3分

13:30
広場に戻って
散策＆ショッピング

↓ 徒歩3分

> **ADVICE!**
> チェスキー・クルムロフへのバスは事前に予約しておこう URL www.studentagency.eu/

城の対岸には赤茶色の屋根の家々が並ぶ

おとぎ話の
世界へようこそ

カラフルな街並みをより明るく見せる花々

お城のミニチュア
発見♪

景色自慢のカフェ、
ライボン→P126

ビヴォヴァル・エッゲンベルクでは南ボヘミアの名物が楽しめる→P126

↓

15:30
エゴン・シーレ・
アート・センターへ

シーレの足跡をたどることができる希少な美術館→P126

↓ 徒歩5分

17:30
ビアレストランで
早めのディナー

↓ 徒歩10分

アレンジプラン

日程に余裕があれば、チェスキー・クルムロフで1泊するのもおすすめ。スヴォルノスト広場周辺にはこぢんまりとしたかわいいペンションも多数。

19:00
プラハへ出発

醸造所直送の
新鮮ビール

↓ バスで3時間

22:30
ホテルへ

DAY 6 & 7
いよいよ帰国
カフェで朝食&
空港へ

7:30
老舗カフェで
優雅に朝食

↓ 徒歩で5分

8:40
ホテルに戻って
チェックアウト

↓ タクシーで40分

9:20
プラハ・ヴァーツラフ・
ハヴェル空港に到着

↓

11:30
プラハを出国

↓ 飛行機

欧州内で乗り継いで
日本へ

アール・ヌーヴォー装飾が美しいカフェ、カヴァルナ・オベツニー・ドゥーム→P103

ADVICE!
シェンゲン協定加盟国で乗り継ぐ場合、税金の払戻しや出国審査は最終出国地で受ける。

チェコ料理を
お家でも

空港の到着ロビーにあるスーパーで食品をまとめ買いしよう

↓ 飛行機

日本に到着

知ってるとトクする

旅のアドバイス

おみやげ選びから街の歩き方まで
ウィーンとプラハで役立つ情報をアドバイス。
旅行前にチェックしよう。

Advice 1 滞在期間や目的に応じて観光カードを賢く利用

主要ホテルや地下鉄主要駅で購入可能なウィーンシティカード(→別冊P14)。提携スポットはパンフレットで確認を

プラハカード(→別冊P26)は旧市街広場の観光案内所で購入できる

ウィーンシティカード(€17)は24時間交通機関が乗り放題、美術館や提携レストラン、ショップなどが割引になる(48時間、72時間もあり)。プラハには、プラハ城をはじめとする市内約50カ所のみどころの入場料金が無料、30カ所が割引になるプラハカード(2日間1550Kč、3日間1810Kč、4日間2080Kč)があり、市内交通やエアポートエクスプレスバスも無料。

Advice 2 カフェはレストランとしても大活躍

ウィーンには朝食やランチのセットを提供するカフェハウスがたくさんある。深夜まで営業するところもあるのでバーとして利用するのもおすすめ。プラハのカフェも7時30分ごろからオープンしている店が多い。「カフェ・インペリアル」(→P113)では併設のホテルに宿泊せずとも、朝食の利用が可能。ミシュラン星獲得の腕をもつ、シェフの料理を気軽に味わってみては。

Advice 3 ばらまきみやげはスーパーでゲット

スーパーマーケットはばらまき用みやげの宝庫。ウィーンの場合、ビラやシュパー(→P81)など庶民的なスーパーのほかに、高級なユリウス・マインル(→P80)もある。プラハではテスコ(→P121)や地下鉄Můstek駅の地下などにあるアルバートに行くのがおすすめ。

周遊プランニング Q&A

Q. ベストシーズンは?

A. ウィーン、プラハともに5〜9月がベスト。8月は30℃を越える日があるが、湿気が少ないので過ごしやすい。

Q. 日本からウィーン、プラハへのアクセスは?

A. ウィーンまでは羽田空港と成田空港から直行便がある。プラハまでの直行便はないので、ウィーンやドイツのフランクフルト、オランダのアムステルダムなど欧州内で乗り継ぐのが便利。

Q. 必要な日数は?

A. 往路に1日(日本出発日の夕方〜夜現地着)、帰路に2日(現地午後発で日付が変わり翌日午前日本着)。ウィーンは2日、プラハは1日。さらに日帰りで郊外へ足を延ばす場合はもう1日プラス。

ウィーン・プラハで叶えたい♥ とっておきシーン7

ウィーンとプラハには華麗な宮殿や伝統的なカフェ、
かわいい雑貨など、女子旅に外せない要素がたっぷり。
絶対に体験したい7つのシーンをご紹介!

新王宮は現在
博物館として利用

SCENE 1 *Wien*

645年にわたり発展した 大帝国の栄光を今に伝える

ハプスブルク家の 宮廷文化を堪能

帝都として繁栄したウィーンにはハプスブルク家の歴史を現代に伝える2つの宮殿があり、きらびやかな建物や宝物を見学できる。激動の歴史の舞台をめぐり、当時の人々に思いを馳せよう。

ハプスブルク家とは
13〜20世紀までの約650年間、神聖ローマ帝国とオーストリア王朝の皇帝として、ヨーロッパを牽引した一族。結婚による領地拡大にも成功し、強大な勢力を保った。

©Bundesmobilienverwaltung

アウグスティナー
教会では歴代皇帝が
結婚式を行った

旧王宮内の宮廷銀器
コレクションも必見

©SKB,Photo:Koller

王宮宝物館では
神聖ローマ帝国の
帝冠を展示

©iStock.com/Kisa_Markiza

Spot **1** まるで迷路のような
複雑で壮麗な居城

ホーフブルク(王宮)

Hofburg(➡P28) MAP P8A3

ハプスブルク家歴代皇帝の居城として発
展を続けた宮殿。「都市の中の都市」とい
われるように、広大な敷地のなかは宮殿
群や教会、庭園などみどころたっぷり。

©SKB,Photo:Knaack

宮殿内の青い
中国のサロンは
歴史的な場所

Spot **2** 王家がひと夏を過ごす
明るい黄色の離宮

シェーンブルン宮殿

Schloss Schönbrunn(➡P24) MAP P4A4

ウィーン郊外にあり、ハプスブルク家が夏
の間利用した離宮。マリア・テレジア・イエ
ローとよばれる黄色の外観が庭園の緑に
映える。数々の歴史ドラマの舞台となった。

世界で最も美しい
とも評される力フェは
重厚感のある内装

カフェ KHM *Café KHM*(➡P38)
MQ周辺 MAP P13B1

SCENE 2 *Wien*

芸術家や文化人たちの交流の場で
優雅なひとときを過ごそう

歴史が薫る
伝統カフェでひと休み

ウィーンには芸術家のサロンだった老舗カフェから地元で長く愛され続けるスイーツ自慢のカフェまで、およそ1700のカフェがある。伝説的に語り継がれる名店で、ザッハートルテやメランジェを味わいながら歴史を感じてみよう。

デメル *Demel*(➡P57)
王宮周辺 MAP P8A2

シュペール *Café Sperl*(➡P58)
マリア・ヒルファー通り MAP P13B3

メランジェは
最も人気の
カフェメニュー

©WienTourismus/Peter Rigaud
©WienTourismus/Christian Stemper

ウィーン名物
ザッハートルテも
外せない!

SCENE 3 *Wien*

初心者でも楽しい
芸術の都を満喫

音楽の都で
感動体験

クラシック音楽の世界最高の舞台が立ち
並ぶウィーン。世界3大オペラ劇場のひと
つのほか、ウィーン少年合唱団が歌声を披
露する礼拝堂、豪華絢爛なコンサートホー
ルなど、音楽を楽しむ選択肢はさまざま。

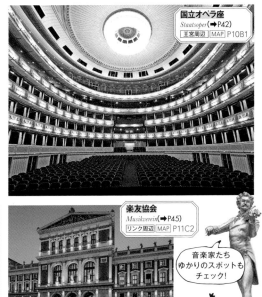

国立オペラ座
Staatsoper(➡P42)
王宮周辺 MAP P10B1

楽友協会
Musikverein(➡P45)
リンク周辺 MAP P11C2

音楽家たち
ゆかりのスポットも
チェック!

王宮礼拝堂
Burgkapelle(➡P44)
王宮周辺 MAP P8A3

©Wiener Hofmusikkapelle / Andy Wenzel 2016

©WienTourismus/Christian Stemper

ベルヴェデーレ宮殿
Schloss Belvedere(➡P36)
リンク周辺 MAP P11D4

グスタフ・クリムトの「接吻」。クリムト最
盛期に制作された代表作。官能的な幸福に
陶酔する男女の普遍的な姿を描く。

SCENE 4 *Wien & Praha*

アートを通じて
時代の潮流を感じる

世紀末アートを
じっくり鑑賞

19世紀末にヨーロッパで流行した世紀末芸
術は、幻想的で退廃的な性格をもつとされ
る。ウィーンではクリムト、プラハではミュ
シャの作品を鑑賞し、アートの世界を旅しよう。

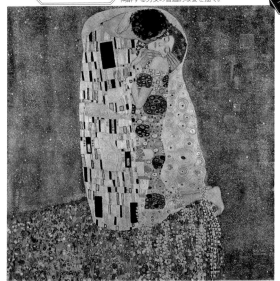

©Belvedere,Wien

市民会館
Obecní Dům(➡P103)
旧市街 MAP P25C2

アルフォンス・ミュシャが
内装を手がけた「市長の間」
には美しい天井画が。

©iStock.com/Medvedkov

カレル橋 *Karlův most*(➡P100)

旧市街 MAP P24A2

歴代国王の戴冠式の際に行進が行われた
ことから王の道ともよばれた歴史ある橋。
両側の橋塔に上ることができ、美しいプラ
ハの街並みを一望できる。

SCENE
5 *Praha*

多様な建築群で形成された
美しい百塔の旧都に浸る

中世の街並みを
のんびり散策

©iStock.com/Olga_Gavrilova

旧市庁舎 *Staroměstská Radnice*(➡P101)

旧市街 MAP P24B2

旧市街広場のシンボル。1490年ごろに作
られたとされる時計塔は、9〜23時の毎
正時に12使徒が現れる仕掛けがある。

詩人のアンドレ・ブルトンが「ヨーロッパの隠れた都」と形容
した麗しの都、プラハ。この街の魅力はレンガ色の屋根が一
面に広がる旧市街の景観。悠々と流れるヴルタヴァ川沿いに
そびえ立つプラハ城や聖像が並ぶカレル橋はもちろん、
世界で最も美しいとも評される街並みを堪能しよう。

聖ヴィート大聖堂には
ミュシャが制作した
ステンドグラスも

プラハ城 *Pražský hrad*(➡P98)

プラハ城周辺 MAP P23C2

旧王宮と宗教施設が複合した世界でも最
大規模の城。現在もチェコ大統領が執務
を行う場として使われ、街を見守り続けて
いる。夜のライトアップも美しい。

ストラホフ修道院
Strahovský klášter(➡P106)

プラハ城周辺 MAP P22A3

眺望のいい高台に立つ修道院は
美しい図書室がみどころ。日本
のCMでも使われた哲学の間や
神学の間は息をのむ美しさ。

旧市街広場 *Staroměstské nam.*(➡P101)

旧市街 MAP P24B2

観光客で常に賑わう旧市街の中心にある
広場。処刑やデモが行われたりと、チェコ
の歴史に深く関わってきた場所でもある。
中央にはヤン・フス像が鎮座する。

定番のグラーシュは
ビールとの相性抜群

ホスティネツ・ウ・カリハ
Hostinec U Kalicha(➡P110)
新市街 MAP P21C4

コースターや
オリジナルグッズを
おみやげに

ビールはチェコ語で
Pivo(ピヴォ)

ウ・フレクー *U Fleku*(➡P111)
新市街 MAP P24B4

SCENE 6 *Praha*
さまざまな銘柄を
飲み比べしてみよう

ビール大国で
はしご酒

1人当たりのビールの消費量が世界一の
チェコ。ピヴニッツェ(ビアホール)やホス
ポダ(居酒屋)のほか、カフェでも味わえる。
1杯200円弱という安さも魅力。

マニュファクトゥーラ
Manufaktura(➡P118)
旧市街 MAP P24B2

SCENE 7 *Praha*
市場や路地裏で
お気に入りを探す

チェコ雑貨を
お持ち帰り

木や布、陶器などで作られた素朴な雑貨
はおみやげにぴったり。みやげ店のほか、
市場や黄金小路(➡P99)もおすすめ。

ハヴェル市場
Havelské Tržiště(➡P119)
旧市街 MAP P24B2

ウィーン
Wien

華やかな宮廷文化が開花した中欧の中心地。

今なお輝きを失わない美しき街の

はずせないテーマをご紹介!

事前にチェックしよう！

ウィーン エリアNavi

ドナウ河の右岸に位置するウィーンの街は、リンクシュトラーゼ（通称リンク）の
内側にある旧市街を中心に広がっている。
リンクの内側、リンク周辺、その外側の郊外と考えれば分かりやすい。

リンクとは？

旧市街をぐるっと囲む大通り

全長5.3kmの城壁の跡地
に作られた環状道路。1857
年に皇帝フランツ・ヨーゼフ
1世の命により建設が始ま
り、リンク沿いにオペラ座を
はじめ豪華な宮殿が次々と
建てられた。1865年に馬
車鉄道が開業し、その32
年後にはトラムが開通。

1 王宮周辺 →P28
Hofburg／別冊MAP●P8

高級店が軒を連ねる

ハプスブルク家歴代皇帝の居城、ホーフブルク（王宮）は旧市街最大のみどころ。王宮のミヒャエル門に続くコールマルクト通りには高級ブランド店が並ぶ。

最寄り駅 ⊗Ü3号線Herrengasse駅

2 シュテファン寺院周辺 →P34
Stephansdom／別冊MAP●P8-9

旧市街散策の拠点

旧市街の中心に堂々とそびえ立つシュテファン寺院は、ウィーンを象徴する大聖堂。ケルントナー通りとグラーベン通りを結んでいるので、旧市街散策の拠点にもなる。

最寄り駅 ⊗Ü1・3号線Stephansplatz駅

3 ケルントナー通り →P76
Kärntnerstraße.／別冊MAP●P8

旧市街で最も華やぐエリア

シュテファン寺院と国立オペラ座、リンク通りを繋ぐ歩行者専用の通り。老舗高級店からドラッグストアまでさまざまなショップが軒を連ね、多くの人で1日中にぎわいをみせる。

最寄り駅 ⊗Ü1・3号線Stephansplatz駅など

4 ミュージアムクォーター・ウィーン周辺 →P40
MuseumsQuartier Wien／別冊MAP●P13

アートを身近に感じる

複数の美術館が集まるヨーロッパ最大級のアート施設、ミュージアムクォーター・ウィーン。その裏手には昔ながらの街並みが残る風致保存地区のシュピッテルベルクがある。

最寄り駅 ⊗Ü2号線Museumsquartier駅など

5 マリアヒルファー通り →P78
Mariahilferstraße.／別冊MAP●P6、13

ウィーンの日常を垣間見る

ミュージアムクォーター・ウィーンからウィーン西駅へと続く全長約1.8kmの通り。デパートや大型雑貨店、書店などが立つ、地元人御用達のショッピングストリート。

最寄り駅 ⊗Ü2号線Museumsquartier駅など

6 シェーンブルン宮殿 →P24
Schloss Schönbrunn／別冊MAP●P4

ハプスブルク家の夏の離宮

1770年代に完成した皇帝一家の宮殿。サロンや大広間など豪華絢爛な宮殿内はもちろん、動物園や大温室、展望テラスなどがある広大な庭園も見逃せない。

最寄り駅 ⊗Ü4号線Schönbrunn駅など

7 ベルヴェデーレ宮殿周辺 →P36
Schloss Belvedere／別冊MAP●P7

イタリア語で「美しい眺め」という意味をもつ宮殿は、1700年代初頭にオイゲン公が建てた夏の離宮。上宮はクリムトの代表作『接吻』や『ユディト』のほかやシーレの名画を展示する美術館になっている。

最寄り駅 ⊗ⓉD番Schloss Belvedere

8 ウィーンの森（ハイリゲンシュタット）→P50
Wienerwald／別冊MAP●P4

ウィーン市北東部に広がる古くからあるホリイゲ地帯のひとつ。北側のハイリゲンシュタットは、ベートーヴェンが交響曲第6番『田園』を作ったゆかりの地で「ベートーヴェンの散策道」がある。

最寄り駅 ⊗Ü4号線Heiligenstadt駅など

9 ウィーン中央墓地 →P47
Zentralfriedhof／別冊MAP●P5

中心部からトラムで30分ほどの場所にあり、映画『第三の男』のラストシーンの撮影場所にもなった。名誉区32Aという区画にはベートーヴェンやシューベルト、ヨハン・シュトラウス1世、2世などが眠る。

最寄り駅 ⊗Ⓣ6番Zentralfriedhof 2.Tor

旧市街のみどころもチェック!

トラムを乗り継いで リンクをぐるり1周

旧市街を囲む環状道路のリンクには路面電車(トラム)が走っている。
観光名所の近くに停留所があり、車窓から景色も楽しめるのでおすすめ!

オススメルート

\ Start ! /

① 国立オペラ座
 ①1番(Prater Hauptallee 行き)で4分

② 国会議事堂
♪♫ 1停留所なので徒歩でもOK

③ ブルク劇場
 ①1番(Prater Hauptallee 行き)で8分

④ アンカー時計
 ①2番(Ottakringer Str./Erdbrustgasse 行き)で3分

⑤ 応用美術博物館
♪♫ 徒歩で1分

⑥ 市民公園
 ①2番(Ottakringer Str./Erdbrustgasse 行き)で5分

\ Goal ! /

国立オペラ座

① Kärntner Ring/Oper からすぐ

1 国立オペラ座
Staatsoper / 別冊MAP ● P10B1

旧市街のメインストリート、ケルントナー通りとリンクの角に立つネオ・ルネッサンス様式の建物。皇帝フランツ・ヨーゼフ1世による環状道路(リンク)建設時に8年の歳月を経て1869年に完成した。

トラム停留所の目の前にある　DATA→P42

① Stadiongasse/Parlament 下車徒歩すぐ

2 国会議事堂
Parlament / 別冊MAP ● P12A2

建築家テオフィル・フォン・ハンセンの設計で古代ギリシア風の神殿造り。第二次世界大戦中には爆撃で建物の半分が破壊されたが、1956年に再建した。現在でも議会が開催されている。　DATA→P53

内部はガイドツアーで見学可能

トラム How to

● 路線について
ウィーン市内を29の系統が運行していて、そのうちリンクを走るのはD・1・2・71番線。1周するトラムはないので乗り換えが必要。乗り方は別冊P16で確認しよう。

リンク内の乗り換え停留所
※時計まわりの場合

1番 Kärntner Ring/Oper 〜 Julius-Raab-Platz
2番 Schwedenplatz 〜 Stadiongasse/Parlament
D・71番 Schwarzenbergplaz 〜 Börse

 国立オペラ座前のオベルンパッサージュOpernpassageはリンクを横断するために作られた最初の地下通路。カールス広場方面へ向かう通路として利用されているほか、ショップやレストランもある。

◉ Rathausplatz,Burgtheater下車徒歩すぐ

3 ブルク劇場
Burgtheater / 別冊MAP ● P12B2

フランス・バロック様式の内部には、クリムトと友人であり画家のフランツ・マッチュと共同で描いた天井画があり、ガイドツアーで見ることができる。
DATA→P52

爆撃で焼失後、1955年に再建された

◉ Stubentorまたは◉ Weihburggasse下車すぐ

6 市立公園
Stadtpark / 別冊MAP ● P9D4

リンク建設の際に造園。園内の南側には「ワルツ王」と称される金色のヨハン・シュトラウス2世の像が立ち、記念撮影スポットとして人気。
DATA→P54

黄金に輝くシュトラウス2世像

◉ Schwedenplatz下車徒歩3分

4 アンカー時計
Ankeruhr / 別冊MAP ● P9C1

毎正午ごとにマリア・テレジアやオイゲン公、ハイドンなど偉人の人形が現れ時を告げるユーゲントシュティール様式のカラクリ時計。人形の頭にあるローマ数字が時間、上のメモリが分を示す。

写真は時刻14時35分のもの　DATA→P49

◉ Stubentor下車徒歩1分

5 応用美術博物館
Österr. Museum für angewandte Kunst / 別冊MAP ● P9D3

中世から現代までの家具や陶磁器、銀細工などを展示している。注目はウィーン工房のヨーゼフ・ホフマンがデザインした銀器のティーセットや、クリムトによる金箔を用いた9枚の壁画下絵。
DATA→P54

鑑賞するには1時間はみておきたい

● 乗車券と運行時間
乗車券は地下鉄、市電、市バス共通で、1回の乗車は€2.40、24時間フリーパス券は€8.00（詳細は→別冊P14）。5～24時30分の間に2～10分間隔で運行している。

● 観光トラム
ウィーン・リンクトラムVienna Ring Tramとよばれる、リンクを周遊する観光客向けのトラム。車内では液晶ディスプレイによる名所の紹介や、日本語のオーディオガイドもある。乗降停留所はSchwedenplatz。所要約25分、途中で乗り降りすることはできない。

DATA ⏰10時～17時30分の30分おきに出発 休なし 料1回€12

モーツァルトがマリー・アントワネットにプロポーズ♪

ハイライト世界遺産 シェーンブルン宮殿

645年もの間、ヨーロッパを統治したハプスブルク家の繁栄の象徴ともいえる
シェーンブルン宮殿。その敷地はとても広大。ひと通り見学すると、半日はかかる。

©SKB,Photo:Koller

外壁の色は"シェーンブルン・イエロー"
とよばれ親しまれている

郊外　別冊 MAP P4A4

シェーンブルン宮殿
Schloss Schönbrunn

華麗なる宮廷文化を今に伝える

皇帝レオポルト1世の「フランスのベルサイユ宮殿に匹敵
する宮殿を」との命により1696年に着工。建設は一時
中断したが、18世紀中頃、マリア・テレジアの統治期に
大幅な改築が行われ、四季の花々で彩られた庭園とバ
ロックやロココ様式から成る、壮麗な夏の宮殿が完成。
1996年にはユネスコの世界文化遺産に登録された。

カラフルな花々が見られるのは5月〜10月中旬ごろ

 庭園
Schlosspark Schönbrunn

総面積約1.7㎢の広大なバロック庭園。敷地内には
幾何学的構造の花壇やシェーンブルンの語源となっ
た「シェーナー・ブルンネン(美しい泉)」、並木道、彫
像などがある。造園は1696〜1770年。
DATA　交宮殿から徒歩すぐ　時6時30分〜19時(季節に
より異なる)　休なし　料入園無料

```
DATA
交U4号線Schönbrunn駅から徒歩5分
住Schönbrunner Schloss Str.47　☎01-811130
時8時〜17時30分(7・8月は〜18時30分、11〜3
月は〜17時)　休なし　料インペリアルツアー(22室)
€18、グランドツアー(40室)€26
```

Check

チケットの種類
公開している全40室のうち22室
を見学できる「インペリアルツア
ー」と全室見学できる「グランドツ
アー」から選ぶ。ツアーといっても
どちらも日本語オーディオの解説
となる。また、入場券に書かれた
時間にならないと見学できない。

お得なチケット
シェーンブルン宮殿のグランドツ
アーと旧王宮、王宮家具博物館
の入場がセットのシシィ・チケット
Sisi Ticket(料€36、1年間有効)
が便利。繁忙期は入場するのに1
時間以上待つこともある宮殿に
並ばずに入れる。

回り方
まずは宮殿内へ。常に混雑して
いるので早めの時間に訪れたい。
その後庭園へ。高台のグロリエッ
テまでは宮殿から歩いて20分ほ
ど。園内を周遊するミニトレイン
を利用してもよい。時間に余裕
があれば馬車博物館などへ。

プチ情報　シェーンブルン宮殿(グランドツアー)、動物園、馬車博物館のほか、旧王宮やベルヴェデーレ宮殿など60以上の施設
の入場券がセットになったウィーンパス Vienna Pass (料€79〜) といったお得なチケットもある。

宮殿敷地内

宮殿の南側に広がる庭園に動物園などのみどころが点在。優雅な散歩を楽しめる。

展望テラスからの眺め

B グロリエッテ
Gloriette

プロイセン勝利を祝して1775年に建てられた列柱回廊の記念碑。螺旋階段を上ると庭園やウィーン市内を一望できる展望テラスがある。内部はカフェになっていて、ケーキやカフェのほか、土・日曜、祝日は朝食ビュッフェ€34も開催（要予約）。

DATA　交宮殿から徒歩20分　展望テラス：時9〜18時（7・8月は〜19時、10月1〜26日は〜17時、10月27〜11月3日は〜16時）休11月4日〜4月　料€4.50　カフェ：☎01-8791311　時9時〜日没　休なし E E

建物の中央上部には帝国の象徴、鷲の石像が置かれている

カスタードクリームのグロリエッテトルテ€4.90とホットチョコレート€5.10

カフェは天井が高く、開放感抜群

地下鉄4号線　Schönbrunner Schloss Str.　正門
Schönbrunn駅
Hietzing駅　宮殿劇場　チケット売り場　オランジェリー　ウィーン中心部
ヒーツィング門　馬車博物館　宮殿　マイドリング門
星型の水盤　円形の水盤
大温室　バラ園
動物園入口　迷宮庭園　庭園　オベリスク　Grünberg Str.
マクシング門　ネプチューンの泉　ローマの遺跡　プール
Maxing Str.　シェーナー・ブルンネン（美しの泉）　小グロリエッテ
動物園入口　グロリエッテ　マリア・テレジア門
Elisabethallee
マイアライ門
N　0　400m

C 動物園
Tiergarten

コアラもいるよ

1752年にフランツ1世が創設した世界最古の動物園。パビリオンから放射状に獣舎を配置する造りで約700種の動物を飼育。

DATA　交宮殿から徒歩10分　☎01-87792940　時9時〜18時30分（2月は〜17時、3・10月は〜17時30分、11〜1月は〜16時30分）休なし　料€20

皇帝一族が動物を眺めたパビリオン。現在はカフェとなっている

温室は熱帯、亜熱帯、地中海の3つの気候帯に分かれている

D 大温室
Palmenhaus

ユーゲントシュティール建築のガラス張りの温室。フランツ・ヨーゼフ1世の命により1882年に建設。熱帯地方などの植物を栽培。

DATA　交宮殿から徒歩8分　☎01-8135950333　時9時30分〜18時（10〜4月は〜17時）休なし　料€6

E 馬車博物館
Wagenburg

婚礼や葬儀用から、ルドルフ皇太子とエリーザベトやマリア・テレジアが乗ったソリ馬車など皇帝一家が使用した馬車を多数展示。

DATA　交宮殿から徒歩3分　☎01-525244702　時9〜17時（12月〜3月14日は10〜16時）休なし　料€9.5

エリーザベトが着用したドレス（→P32）も展示

広い園内をラクラク移動

シェーンブルナー・パノラマバーン
3月15日〜10月の10〜18時の間、30分間隔で運行するミニトレイン。園内を約1時間かけて1周する。宮殿正面から馬車博物館、ヒーツィング門、動物園/大温室、グロリエッテなどに停車する。€9（1日乗り放題）。

フィアカー（馬車）
庭園内を走る観光馬車。ただし高台にあるグロリエッテには行かない。25分€65〜。

宮殿内必見ROOM

宮殿内には1441室もの部屋があり、
一般公開されているのは、皇帝が暮らした40室。

Episode
皇女マリー・ルイーズと結婚したナポレオンの子供もこの部屋で暮らした

©SKB,Photo:Koller

30 ナポレオンの部屋

1805年と1809年のウィーン占領時にナポレオンが寝室として使用したことからこの名でよばれている。もとはマリア・テレジアの寝室。

©SKB,Photo:Wurnig

29 漆の間

フランツ1世の死後、マリア・テレジアが夫との思い出の部屋に改装。壁一面を覆う北京製黒漆のプレートには金箔で花や鳥などが描かれ、フランツ1世の肖像画が飾られている。

28 青い中国のサロン

中国製の稲ワラ紙で装飾され、中国美術を好んだマリア・テレジアの趣味が反映されている広間。1918年、皇帝カール1世がこの部屋で統治権放棄の声明書に署名。ハプスブルク家は終焉を迎えた。

©SKB,Photo:Kneack

Episode
「会議は踊る」と揶揄されたウィーン会議の舞台がここ

©SKB,Photo:Wurnig

21 大ギャラリー

長さ43m、幅10mの大広間。宮廷の舞踏会などに使用された。天井のフレスコ画は、グレゴリオ・グリエルミの平和、繁栄、戦争をテーマにした大作。1814年のウィーン会議、1961年の米国とソ連の東西首脳会談も行われた。

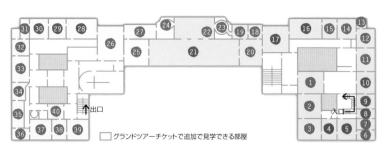

□ グランドツアーチケットで追加で見学できる部屋

プチ情報　シェーンブルン宮殿のチケット売り場は、正門を入った左側の建物。購入はチケット窓口または券売機で。そのほか公式サイト URL www.schoenbrunn.at/ からオンラインで予約することも可能。

Episode
モーツァルトが初めて
御前演奏を行った場所
といわれている

16 鏡の間

クリスタル製の鏡がはめ込まれたロココ式の内装。マリア・テレジアの時代には、室内楽コンサートなど行事用サロンとして使用されていた。

©SKB,Photo:Wurmba

©SKB,Photo:Rieger

17 大きなローザの間

金箔を施した漆喰装飾の部屋。画家ヨーゼフ・ローザによるハプスブルク家発祥の地、スイスを含む風景画が多数飾られている。これらはマリア・テレジアが依頼した。

©SKB,Photo:Koller

10 皇后のサロン

金と白の明るい内装に、ロココ調の家具が配されたエリーザベトの応接室。当時流行していた、狩猟ドレス姿のマリー・アントワネットの肖像画などが飾られる。

©SKB,Photo:Koller

9 共同の寝室

1854年、フランツ・ヨーゼフ1世とエリーザベトの婚礼時に用意された皇帝夫妻の寝室。共同で使用したのは結婚後の数年間だった。皇帝の祈祷台が置かれている。

©SKB,Photo:Koller

4 フランツ・ヨーゼフの執務室

質実で勤勉な皇帝は朝5時から執務を開始し、朝、昼食はこの部屋でとっていた。飾られているのは皇帝夫妻の肖像画をはじめ、家族の写真や子供たちからの贈り物のみ。

©SKB,Photo:Koller

5 フランツ・ヨーゼフの寝室

鉄製のベッドや祈祷台など、贅沢を好まない皇帝らしい質素な部屋。毎朝4時に起床して祈りを捧げていた。第一次世界大戦中の1916年にこの部屋のベッドで永眠。

©SKB,Photo:Koller

8 化粧室

皇后エリーザベトはこの部屋で毎日2時間以上かけて髪の手入れをしたり、体形維持のために体操を行うなど自身の美貌に磨きをかけていた。

Episode
部屋には体重計もあり、
毎日体重を測っていた

部屋番号一覧

①警護の間／②ビリヤードの間／③胡桃（クルミ）の間／④フランツ・ヨーゼフの執務室／⑤フランツ・ヨーゼフの寝室／⑥西側テラスの小部屋／⑦階段の小部屋／⑧化粧室／⑨共同の寝室／⑩皇后のサロン／⑪マリー・アントワネットの部屋／⑫子供たちの部屋／⑬朝食用の小部屋／⑭黄色いサロン／⑮バルコンの部屋／⑯鏡の間／⑰大きなローザの間／⑱第二の小さなローザの間／⑲第一の小さなローザの間／⑳ランタンの部屋／㉑大ギャラリー／㉒小ギャラリー／㉓円形の中国の小部屋／㉔楕円形の中国の小部屋／㉕馬車行列の間／㉖セレモニーの間／㉗駿馬の間／㉘青い中国のサロン／㉙漆の間／㉚ナポレオンの部屋／㉛磁器の間／㉜百万の間／㉝ゴブランの間／㉞ゾフィー大公妃の書斎／㉟赤いサロン／㊱東側テラスの小部屋／㊲寝室／㊳フランツ・カール大公の書斎／㊴フランツ・カール大公のサロン／㊵狩りの間

PROFILE
マリア・テレジア
Maria Theresia
（1717〜80年）

23歳で即位したハプスブルク家唯一の女帝（在位1740〜80年）。巧みな政治手腕でハプスブルク家の全盛期を築く一方、16人の子供をもうけた。夫のフランツ1世とはおしどり夫婦で、皇帝の死後、生涯喪服で過ごした。

"都市のなかの都市"と讃えられた

ハプスブルク家の居城
巨大宮殿群ホーフブルク

13世紀から王朝終焉の1918年まで、ハプスブルク家歴代皇帝が暮らした宮殿。
居住区の王宮群をはじめ、教会や図書館、庭園など一大コンプレックスを形成している。

トルコ戦争の英雄オイゲン公像が立つ新王宮

別冊
MAP
P8A3

ホーフブルク（王宮）
Hofburg

大帝国の歴史がぎゅっと詰まった宮殿
建設が始まったのは13世紀ごろから。ハプスブルク家の繁栄とともに増改築され、床面積24万㎡、3つの宮殿合わせて2600の部屋と19の中庭、広場に約5000人の人々が暮らしていた。現在、そのほとんどが博物館や美術館として公開されている。

DATA
交Ｕ3号線Herrengasse駅から徒歩3分

 旧王宮
Arte Burg

詳しくは→P30

皇帝の執務場であり、居住空間であったのが旧王宮とよばれる部分。16世紀から増築を重ね、19世紀末に完成。神聖ローマ帝国消滅の1806年以降、皇帝一家が暮らす宮殿となった。現在、フランツ・ヨーゼフ1世と皇后エリーザベトが居住した16の部屋が公開されている。無料の日本語オーディオガイドあり。
DATA 交Ｕ3号線Herrengasse駅から徒歩3分 住Hofburg - Michaelerkuppel ☎01-5337570 時9時〜17時30分（7・8月は〜18時。入場は閉館の1時間前まで）休なし 料€15（旧王宮内の3館共通）※シェーンブルン宮殿と王宮家具博物館とセットになったシシィ・チケットもある（→P24）

フランツ1世像が立つ、旧王宮の中庭

フォルクス庭園
ミヒャエル広場
旧王宮
ミヒャエル門
— 皇帝の部屋
— 宮廷銀器コレクション
— シシィ・ミュージアム
スペイン乗馬学校
スイス門
英雄広場
スイス宮
王宮宝物館
王宮礼拝堂
王宮礼拝堂
アウグスティナー教会
王宮宝物館（地下）
国立図書館
（プルンクザール）
新王宮
オーストリア
映画博物館
— エフェソス博物館
— 古楽器博物館
— 中世武器博物館
— ワールド博物館
— 現代史博物館
王宮庭園
アルベルティーナ

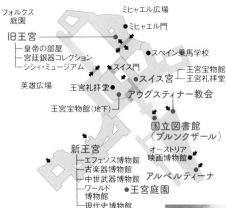

 新王宮
Neue Burg

1879年に建設を開始したが、王朝終焉のため完成は一部のみとなった。現在は博物館として利用されている。
DATA エフェソス博物館、現代史博物館：時10〜18時（木曜は〜21時）休月曜 料€8（2館共通）ワールド博物館、古楽器博物館、中世武器博物館：時10〜18時 休水曜 料€12（3館共通）

フランツ・フェルディナント大公の居城となる予定だった

 プチ情報 ホーフブルク内には白馬のリピッツァーによる古典馬術を見学できるスペイン乗馬学校Spanische Hofreitschule（別冊MAP/P8A3 料€27〜225）もある。開催日は季節により異なるのでURLwww.srs.at/で確認を。

スイス宮
Schweizerhof

13世紀に建造されたホーフブルク最古の宮殿。赤と金色で装飾されたスイス門は16世紀に建てられた。王宮宝物館と王宮礼拝堂が入っている。

王宮宝物館
Schatzkammer

オーストリア帝国と神聖ローマ帝国の帝冠や、エリーザベトのブローチなど歴史ある財宝を展示。見学所要時間約60分。
DATA ☎01-525240 時9時～17時30分 休火曜 料€12
※日本語オーディオガイド€5。美術史博物館(→P38)とのコンビチケット€22

ルネッサンス様式のスイス門。この先に王宮宝物館がある

オーストリア帝国の帝冠

アウグスティナー教会
Augustinerkirche

創建は14世紀。17世紀以降は祝典やミサなどを行う宮廷教会となり、ハプスブルク家の結婚式が行われた。地下には、一族の心臓を安置する保管所がある。

DATA ☎01-5337099 時7時30分～17時30分(火・木曜は～19時15分、土・日曜は9時～19時30分) 休なし 料無料

マリア・テレジアの四女クリスティーネの墓標もある

国立図書館
Österreichische Nationalbibliothek, Prunksaal

元はカール6世の命により1726年に完成した王宮書庫。オイゲン公の蔵書を中心に約20万冊を保管。ヴェネツィア製の天球儀もある。
DATA ☎01-53410394 時10～18時(木曜～21時) 休10～5月の月曜 料€8

王宮書庫の中央にはカール6世像が立つ

アルベルティーナ
Albertina

マリア・テレジアの娘マリア・クリスティーナの夫、アルベルト公が収集した美術作品を中心に、デューラーやレンブラントなど約100万点を収蔵。見学所要時間約90分。
DATA ☎01-534830 時10～18時(水・金曜～21時) 休なし 料€16.90

豪華な内装が特徴的な美術館

王宮庭園
Burggarten

1819年、フランス軍が爆破した城壁の跡地が皇帝フランツ・ヨーゼフ1世によって、王室専用庭園に整備された。北側には大温室を利用したカフェ、パルメンハウス(→P72)がある。
DATA ☎01-5339083 時6時～日没(季節により異なる) 休なし 料無料

現在は市民の憩いの場となっている

ハプスブルク家系図(略図)

元はスイス辺境の小貴族だったが、神聖ローマ帝国皇帝を歴任した。他王家との政略結婚で繁栄を続け、13～20世紀初頭までの645年間にわたり巨大帝国を築いた。

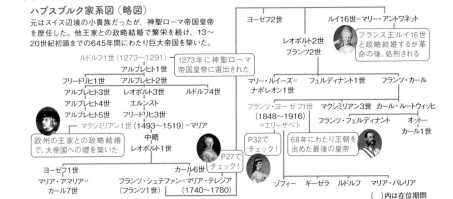

( )内は在位期間

旧王宮内の必見ポイント

現在、ハプスブルク家最後の皇帝フランツ・ヨーゼフ1世と皇后エリーザベトが暮らした部屋を保存している"皇帝の部屋"、宮廷で使用された食卓調度品を展示する"宮廷銀器コレクション"、エリーザベトの生涯をたどる"シシィ・ミュージアム"がある。見学には2時間はみておきたい。

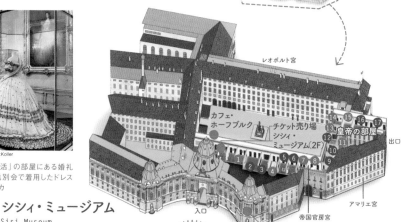

レオポルト宮

カフェ・ホーフブルク

チケット売り場
シシィ・ミュージアム(2F)

皇帝の部屋

出口

アマリエ宮

帝国官房宮

入口

宮廷銀器コレクション(1F)

ミヒャエル宮

©SKB,Photo:Koller

「宮廷生活」の部屋にある婚礼前夜の送別会で着用したドレスのレプリカ

● シシィ・ミュージアム
Sisi Museum

シシィの愛称で親しまれる皇后エリーザベトの波乱に満ちた生涯をたどる博物館。「死」「シシィ伝説」「少女時代」「宮廷生活」「逃避」「暗殺」と部屋ごとにテーマが設けられていて、愛用の日傘や扇子、"ダイヤモンドの星"の髪飾りを付けた肖像画などを見ることができる。

©SKB,Photo:Knaack　©SKB,Photo:Koller

1.「シシィ伝説」の部屋では、没後に建てられた等身大立像や記念コインを展示している　2.「逃避」の部屋には、宮廷生活の大半を旅に費やしたエリーザベトが愛用していた品が並ぶ

● 宮廷銀器コレクション
Silberkammer

©SKB,Photo:Koller

ハプスブルク家が所有していた金器、銀器、磁器など約7000点のテーブルウエアが並ぶ。展示品のなかには、国賓を迎える公式ディナー用の銀器シリーズやエリーザベトが船旅で使用したイルカの紋章付き銀食器、マリア・テレジアが使用したナイフやフォークもある。

マリア・テレジアやエリーザベトが愛用した豪華絢爛な食器が並ぶ

and more…

別冊
MAP
P8A3
カフェ・ホーフブルク
Café Hofburg

旧王宮のフランツ1世像が立つ中庭にある。20種類以上のケーキをはじめ、シシィ・カフェ€5.60、マリア・テレジア€8といった王宮らしいカフェメニューも用意。シシィ・サンドウィッチ€7.70など軽食も豊富。

DATA ☎01-24100420　時10〜18時
休なし Ｅ Ｅ

1.店内は旧王宮内のチケット売り場と繋がっている　2.3つのミニトルテが楽しめるウィーナー・トリオ　3.シシィ・カフェはミルクたっぷりのカフェオレ

プチ
情報
見学順路は宮廷銀器コレクション→シシィ・ミュージアム→皇帝の部屋と決まっている。すべて日本語オーディオガイド付き。チケット売り場と皇帝の部屋を出た2カ所にみやげショップがある。

● 皇帝の部屋
Kaiserappartements

数世紀にわたり増改築を行った旧王宮（アマリエ宮と帝国官房宮）では、フランツ・ヨーゼフ1世と皇后エリーザベトの部屋が保存、一般公開されている。

② 謁見の間、控え室

謁見の間へ通される前の待ち合い部屋。フランツ・ヨーゼフ1世統治期は、帝国内に住んでいる者なら誰でも謁見を願い出ることができた。

③ 謁見の間

皇帝は週2回、この部屋で謁見者を迎え、立ったまま面会を行っていたという。85歳の皇帝を描いた絵画も飾られている。

©SKB,Photo:Koller

⑤ 執務室

1日の大半をこの部屋で過ごし、早朝から執務にあたった。壁には皇帝お気に入りの、長い髪をほどいたエリーザベトの肖像画がある。

⑥ 皇帝の寝室

鉄製のベッドと簡素な洗面台が置かれた部屋から、質素な生活ぶりがうかがえる。浴室はなく、毎朝ゴム製のバスタブが運びこまれた。

©SKB,Photo:Lammerhuber

⑨ エリーザベト皇后の住まい、居間兼寝室

当初夫婦共同の寝室であったが、後にエリーザベト専用になった。陶器のストーブを見ることができる。

©SKB,Photo:Knaack

Episode
エリーザベトは真っ直ぐな姿勢を保つため枕は使用しなかったとか

©SKB,Photo:Wagner

⑩ 化粧と体操の部屋

美貌の皇后と讃えられたエリーザベトの体操器具が備わる。日課の美容体操と食事制限によりスリムな体型をキープしていた。

©SKB,Photo:Koller

美容体操用の吊り輪

Episode
壁にはエリーザベトが憧れた異国の風景画が飾られている

⑫ 大サロン

皇后エリーザベトが来客と接したサロン。部屋の中央には皇帝夫婦が朝食を共にする際の専用テーブルが置かれている。

©SKB,Photo:Knaack

⑯ 赤いサロン

カール1世のレセプションの間。フランス王のルイ16世とマリー・アントワネット夫妻から贈られた赤いゴブラン織りが飾られている。

部屋番号一覧

①護衛官の控え室／②謁見の間、控え室／③謁見の間／④会議室／⑤執務室／⑥皇帝の寝室／⑦大サロン／⑧小サロン・メキシコ皇帝マクシミリアン記念の間／⑨エリーザベト皇后の住まい、居間兼寝室／⑩化粧と体操の部屋／⑪浴室とベルグルの部屋／⑫大サロン／⑬小サロン／⑭大きな控えの間／⑮アレクサンドル皇帝の部屋・通路の部屋／⑯赤いサロン／⑰ディナールーム

⑰ ディナールーム

皇帝一家の食事室。通常9〜13品ほどのコース料理を食べるのが習わしだった。料理ごとに異なるワインが運ばれていたという。

伝説の皇后の面影を見つけに

市内に点在する
エリーザベトゆかりの地へ

皇帝フランツ・ヨーゼフ1世の妻、エリーザベト。シシィの愛称で親しまれ、
美貌の皇后と讃えられたエリーザベトゆかりの名所をピックアップ。

©Hofmobiliendepot

王宮家具博物館所蔵のエリーザベトの肖像画

PROFILE

エリーザベトの星シリーズ
のアクセサリー（→P74）

エリーザベト
Elisabeth Amalie Eugenie（1837〜98年）

バイエルン公爵の次女。16歳で後の皇帝フランツ・ヨーゼ
フ1世と結婚するが、堅苦しい宮廷生活や大公妃ゾフィー
との確執で精神を病み、皇室から逃れるように旅を重ねた。
1898年スイスで暗殺される。享年60歳。

1837年	ドイツのバイエルン地方で生まれる
1853年	フランツ・ヨーゼフ1世に見初められ婚約
1854年	婚礼式が行われる
1855年	長女ゾフィー誕生
1856年	次女ギーゼラ誕生
1858年	長男ルドルフ誕生
1867年	オーストリア＝ハンガリー帝国の女王に即位
1868年	三女マリア・バレリア誕生
1889年	長男ルドルフ、謎の死をとげる
1898年	スイスのレマン湖で無政府主義者に暗殺される

マリア
ヒルファー
通り　別冊 MAP P4B4

王宮家具博物館
Hofmobiliendepot Möbel Museum Wien

愛用の家具を展示

ハプスブルク家ゆかりの家具が並び、エリーザベト
が使用した筆記用具や化粧机などが見られる。プ
ロポーションを維持するため1日何回も乗っていた
という体重計も展示。　　　　　DATA→P53

©SKB,
Photo: Lammerhuber

1.エリーザベトお気に入りのブダペストにあるグドゥルー宮殿
の寝室を再現　2.花模様がペイントされた素朴なイス

郊外　MAP P25

馬車博物館
Wagenburg

馬車を通してシシィの生涯を知る

屋内馬場をハプスブルク家の馬車を展示する博
物館として公開。エリーザベトのお輿入れ馬車や
戴冠式用の馬車、彼女の棺を運んだ霊柩馬車が
並ぶ。注目はエリーザベトが婚礼式で着用したト
レーン。金銀糸で刺繍を施している。　DATA→P25

1.婚礼用のトレーン（裳裾）　2.オ
ーストリア＝ハンガリー帝国の戴冠
式で使用した黄金の馬車

プチ
情報　身長173cm、体重48kgと誰もが羨むプロポーションのエリーザベトだが、プロポーションを維持する
ために、ミルクやオレンジだけを食べるなど極端な食事制限も行っていた。

シェーンブルン宮殿

郊外 ／ 別冊MAP P4A4

Schloss Schönbrunn

結婚当初暮らした夏の離宮

結婚当初の数年間、夏の離宮として暮らしていた。スタイルを保つため化粧室には体重計が置かれている。手紙や詩を書いた書斎には当時、私室へ繋がる秘密の階段があり、ここを通って外出を続けた。 DATA→P24

1.毎日何時間もかけて髪を手入れしていた化粧室 2.エリーザベトが生活する場には必ず体重計がある

シシィお気に入りのスイーツ

スミレの砂糖漬け
スミレの花が好きなシシィのために、お菓子職人が作った。（ゲルストナー→P72）

ラスク
旅先に持参し食事代わりに食べていた、甘くないラスク。（ツム・シュヴァルツェン・カメール→P70）

ホーフブルク（王宮）

王宮周辺 ／ 別冊MAP P8A3

Hofburg

エリーザベトが暮らした宮殿

旧王宮の西側にあるアマリエ宮で暮らしていたエリーザベトは宮殿内に化粧室兼体育室を造り、美貌を保つ運動をしていた。 DATA→P28

1.髪の手入れに使った鏡 2.ダイエットのための運動器具や化粧台が並ぶ 3.皇室初となる専用浴槽

アウグスティナー教会

王宮周辺 ／ 別冊MAP P8A3

Augustinerkirche

結婚式を行った宮廷教会

フランツ・ヨーゼフ1世がエリーザベトに一目惚れした数日後に婚約式を行い、翌年この教会で結婚式を挙げた。教会内にはハプスブルク家故人の心臓を置く保管所もある。 DATA→P29

マリア・テレジアも結婚式を挙げた。心臓の保管所見学は日曜ミサの後のみ。12時〜

カプツィナー教会

王宮周辺 ／ 別冊MAP P8B4

Kapuzinerkirche

親子3人が並んで眠る

1898年に暗殺されたエリーザベト。亡骸はこの教会の地下にある礼拝堂に安置された。棺の横には夫のフランツ・ヨーゼフ1世と30歳で謎の死をとげた長男ルドルフ皇太子も眠る。 DATA→P52

中央がフランツ・ヨーゼフ1世、エリーザベトは左側で、右側がルドルフ皇太子

フォルクス庭園

王宮周辺 ／ 別冊MAP P12B2

Volksgarten

庭園の奥に立つエリーザベト記念像

王宮敷地内、英雄広場の北西側にある庭園。庭園の奥には1907年にフランツ・ヨーゼフ1世の命で造られたエリーザベト像が立つ。ほかに、テセウス神殿やバラ園もある。

DATA 交①D・1・2・71番Dr-Karl-Renner-Ringから徒歩2分 住Volksgarten ☎01-877-5087 時6時〜日没（夏期は〜22時、11〜3月は6時30分〜） 休なし（天候により休みの場合あり） 料無料

季節の花々に囲まれた記念像

3つのメイン通りをおさえておこう♪

みどころからショップまで 旧市街おさんぽマップ

石畳の道や古い建物など、中世の面影が残る旧市街はウィーンで最も華やかなエリア。
3つのメインストリートを歩きながら美しい街並みを楽しもう。

・街歩きポイント

みどころが集まるコールマルクト、グラーベン、ケルントナーの3つの通りは旧市街きっての目抜き通り。どれも歩行者天国なので歩きやすい。ただし、ケルントナー通りは国立オペラ座付近からは車が走る通常の道路になり、交通量も多いので注意しよう。通りの脇路にもおしゃれなショップがあるので、要チェック。

コールマルクト通り
Kohlmarkt / 別冊MAP ● P8A2

王宮から続く高級ブランド通り

旧王宮のミヒャエル門とグラーベン通りを結ぶ、約200mの短い通りで、ハイブランド店が並ぶ。世紀末建築のロースハウス(→P49)も見逃せない。

1 ゴールデン・クオーター
Goldenes Quartier / 別冊MAP ● P8B2

©Goldenes Quartier/Gregor Titze

コールマルクト通りとボーグナー通りの一角に広がる高級ショッピングエリア。ルイ・ヴィトンやプラダなどのハイブランドを中心に約20店舗が並ぶ。

5つ星ホテルも入っている

DATA 交U3号線 Herrengasse駅から徒歩4分 住Tuchlauben 3-7A/Bognergasse/Seitzergasse/Am Hof ☎代表なし 時休店舗により異なる

2 ホーフブルク(王宮)
Hofburg / 別冊MAP ● P8A3

広大な敷地には、3つの宮殿と2600もの部屋と19の中庭がある。旧王宮の見学だけでも2時間はかかる。 DATA→P28

3 国立オペラ座
Staatsoper / 別冊MAP ● P10B1

ネオ・ルネッサンス様式の壮麗な建物。オペラ座内部も見学したい人はガイドツアーに参加しよう。 DATA→P42

4 デメル Demel
/ 別冊MAP ● P8A2

店の紋章に王家と同じ双頭の鷲を掲げる菓子店。夏期は店頭でアイスクリームも販売している。 DATA→P57

5 ペスト記念柱(三位一体記念碑)
Pestsäule / 別冊MAP ● P8B2

グラーベン通りの中央に立つ、皇帝レオポルト1世がペスト流行の終焉を記念して作らせたバロック様式のモニュメント。1670年代に大流行したペストは、数万人にのぼる死者を出した。

ヘレンガッセ駅
コールマルクト通り
ミヒャエル広場
ホーフブルク
国立オペラ座

プチ情報 シュテファン寺院内の入口付近は無料エリアとなっていて、ここからも主祭壇を見ることができる。そのほか、343段の螺旋階段を上る高さ136.44mの南塔(€4.50)と、エレベーターで行く68.3mの北塔(€5.50)の展望塔もある。

⑥ アンカー時計
Ankeruhr / 別冊 ● P9C1

アンカーという保険会社の2つのビルの間、幅10mのところに作られたカラクリ時計。芸術家フランツ・フォン・マッチュの作品。 DATA → P49

⑦ ペーター教会
Peterskirche/ 別冊 ● P8B2

18世紀にバロックの巨匠ルーカス・フォン・ヒルデブラントにより改築された。 DATA → P52

⑧ ユリウス・マインル
Julius Meinl/ 別冊 MAP ● P8B2

コールマルクト通りとグラーベン通りの角に立つ、高級デリカテッセン。オリジナルのコーヒー製品が人気。 DATA → P80

オリジナル！

⑨ シュテファン寺院
Stephansdom / 別冊 MAP ● P9C2

1147年にロマネスク教会として建設され、14世紀にはルドルフ4世の命でゴシック様式の大教会になった。主祭壇をはじめ、地下のハプスブルク家歴代君主の内臓が入った壺があるカタコンベ(墓)を見学できる。

DATA 🚇 Ⓤ1・3号 Stephansplatz 駅から徒歩1分 ㊙Stephansplatz ☎01-515523054 時6～22時(日曜7時～) ※ミサ時は見学不可 ㊡なし ㊙入場無料(有料エリアは場所により異なる)

グリーヒェンバイスル →P64

ザノーニ・ザノーニ →P69

ツヴェルフ・アポステルケラー →P66

フィグルミュラー →P63

⑥

⑦

5

グラーベン通り

Ⓤ

⑨ シュテファン寺院

⑩

シュテファンプラッツ駅

おいしい店が集まるグルメスポット

⑪

ケルントナー通り

グラーベン通り
Graben / 別冊 ● P8B2

カフェやショップがひしめく

ローマ時代から12世紀末にかけての堀(グラーベン)が残っていたことが名前の由来。広くて長い歩行者天国の両側にはショップやカフェが並ぶ。

ケルントナー通り
Kärntner Str. / 別冊 ● P8B4

旧市街で一番賑わう繁華街

シュテファン寺院から国立オペラ座まで続く旧市街随一の通り。老舗からファストファッションまでさまざまなショップが並び、ソーセージの屋台もある。

⑩ トーマス・サボ
Thomas Sabo / 別冊 ● P8B3

1本西側の通り、ザイラー通りにある。ウィーン女子に大人気のアクセショップ。 DATA → P77

⑪ スワロフスキー
Swarovski / 別冊 ● P8B4

日本でもおなじみの老舗ジュエリー店。ひと際目立つ豪華な外観もチェック。 DATA → P76

一大センセーションを巻き起こした
世紀末芸術のカリスマ クリムトの魅力に迫る！

19世紀末に、新時代の芸術としてウィーンを中心に広まった世紀末芸術。
その中心となる画家クリムトは、官能と退廃を併せもつ作品を世に生み出した。

©Belvedere, Wien

男女の衣服に用いられている美しい幾何学模様は、絵画に装飾性を融合させたクリムトの代表的な技法。直線的な文様は男性性、円形の色鮮やかな文様は女性性を表しているという。

『接吻』
Der Kuss（1908年）

当時タブーとされていた男女間の性愛が主題。金箔の背景に日本美術からの影響がみてとれる。
展示⇒ベルヴェデーレ宮殿

リンク周辺　別冊MAP P11D4

ベルヴェデーレ宮殿
Schloss Belvedere

世紀末アート作品が集合

ハプスブルク家に仕えた貴族オイゲン公が建てた夏の離宮。上宮と下宮があり、迎賓館として使われた上宮がクリムトやシーレなど世紀末芸術を展示する絵画館になっている。見学は所要1時間30分ほど。下宮（料€14）は特別展会場。庭園もみどころ。

DATA　交Ⓣ D番 Schloss Belvedereから徒歩3分　住Prinz Eugen Str. 27　☎01-795570　時9～18時（金曜～21時）　休なし　料€16（下宮とのコンビチケットは€24）Ⓔ ※下宮はクローズ中の場合あり

ミュージアムショップで見つけたクリムトグッズ

小物入れ €9.90
ノート €12.90
ピルケース €2.90
ボールペン €2.90～

プチ情報　クリムトは、哀愁を帯びたタッチで裸婦や肖像画を描いたエゴン・シーレ（→P41）や、過激な表現主義のオスカー・コシュカなど若い才能を見い出したことでも知られている。

PROFILE

グスタフ・クリムト
Gustav Klimt（1862〜1918年）

保守、伝統主義と異なる「分離派」の初代会長。彫金師の家に生まれ、若くして美術史博物館の装飾などを手がける。女性とエロスをテーマに、甘美で退廃的な絵画を発表。

©Leopold Museum,Wien
恋人エミーリエと一緒に

『フリッツァ・リードラーの肖像』
Fritza Riedler
（1906年）

パトロンを描いた作品。表面的に描いたイスや家具に分離派独特の装飾が施されている。
展示⇒ベルヴェデーレ宮殿

©Belvedere, Wien

『ユディト』
Judith（1901年）

旧約聖書外典に登場する美しい女性ユディト。敵の将軍の首を切り落とした後の、妖艶で官能的な姿を描いた。
展示⇒ベルヴェデーレ宮殿

©Belvedere, Wien

©Secession Foto:Oliver Ottenschläger

『ベートーヴェンフリーズ』
Beethovenfries（1901〜02年）

ベートーヴェンの『交響曲第9番』が主題。3連の壁画から成る超大作。
展示⇒分離派会館

リンク周辺　別冊MAP P10A2

分離派会館
Secession

新しい芸術を牽引した分離派の拠点

クリムトを中心に結成されたウィーン分離派の活動拠点となる、ユーゲントシュティール様式のアートギャラリー。クリムトが描いた大壁画は地下展示室にある。　　　DATA →P48

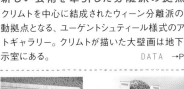

1.扉の上には3人のメデューサの装飾がある
2.分離派のシンボル

©Belvedere, Wien

『カンマー城の並木道』
Allee im Park vor Schloss Kammer（1912年）

ウィーンから西へ約230kmのアッター湖畔で描いた風景画。並木道は現在も残っている。
展示⇒ベルヴェデーレ宮殿

※各作品はメンテナンスや展示替えのため、展示されていない場合があります

ヨーロッパ屈指の美術館
美術史博物館で
じっくり名画鑑賞

美術史博物館は、ハプスブルク家が収集した美術品を展示するヨーロッパ屈指の美術館。
ブリューゲルやフェルメール、ベラスケスなど、世界に名だたる巨匠の名画はどれも必見。

マリア・テレジア広場に立ち、向かいには自然史博物館がある

**MQ
周辺**　別冊MAP
P13B1　## 美術史博物館
Kunsthistorisches Museum

珠玉のアートが一堂に集まる

1階はギリシャ、エジプトの美術品、3階は貨幣を展示。絵画は2階に集まっており、初期ネーデルラント絵画の巨匠ブリューゲルの作品群は世界一の規模を誇る。見学は2階だけで約2時間はかかる。

DATA ⊗①D・1・2・71番Burgringから徒歩2分　⊕Maria
Theresien Platz　☎01-525240　⊕10〜18時（木曜〜
21時）　㊡月曜　㊚€16（王宮宝物館との共通券€22）
※日本語オーディオガイドあり（€6）　Ⓔ

1.大理石を使った重厚な
造り　2.クリムトが手が
けた壁画も必見。2階、階
段ホールの柱の上部にあ
る　3.ベラスケスなど宮
廷肖像画が並ぶフロアは2
階10番の部屋

Check

カフェとショップも忘れずに

2F　カフェ KHM
Café KHM

吹き抜けの天井や美しい壁装
飾など豪華絢爛な造りは、休
憩せずとも見ておきたい。ケー
キは約15種類揃う。
DATA ☎050-8761001
⊕10時〜17時30分（木曜は〜
20時30分）　㊡月曜　Ⓔ Ⓔ

カフェ・ラテ€5.40
とスイーツ€6.30
〜

1.『子供の遊戯』などのトランプ€12.95
2.『バベルの塔』ノート€4.50　3.『雪中
の狩人（冬）』とピーテル・ブリューゲル（父）
作『青い花瓶の花束』ぬいぐるみ各€29.95

**1F　KHM-
ミュージアムショップ**
KHM-Museumshop

主に博物館所蔵の作品をモ
チーフにしたグッズを販売。な
かでもブリューゲルグッズが充
実。店内は広々としている。
DATA ☎01-525243300
⊕10〜18時（木曜〜21時）
㊡月曜　Ⓔ

プチ
情報　作品の展示場は特別展の開催や貸出しなどで変更する場合もあるので要確認。館内にはハプスブルク家が収集した工
芸品を収蔵する美術史工芸収集室Kunstkammerもある。

必見名画はコレ！

絵画コレクションは2階にあり、全38部屋。ブリューゲル
はX番、フェルメールは22番、ベラスケスは10番の部屋。

『バベルの塔』
ピーテル・ブリューゲル
Turmbau zu Babel (1563年ごろ)

旧約聖書創世紀に記される伝説の塔の
建設場面を、建物の内部で働く人間ま
で細かく描いている。

『農民の結婚式』
ピーテル・ブリューゲル
Bauernhochzeit (1568年ごろ)

ベルギー、フランドル地方の農民の婚礼
式を描いた作品。黒い壁掛けの前にいる
のが花嫁。花婿の姿はない。

『雪中の狩人（冬）』
ピーテル・ブリューゲル
Jäger im Schnee(Winter) (1565年ごろ)

季節ごとの農民の生活を描いた、6枚か
ら成るシリーズの1枚。『暗い日(早春)』と
『牛群の帰り(秋)』も所蔵している。

『白いドレスの王女マルガリータ』
ディエゴ・ベラスケス
Infantin Margarita Teresa
in weißem Kleid (1656年)

スペイン王フェリペ4世の娘。政略結婚
相手の神聖ローマ帝国皇帝レオポルト1
世のもとに送られた、5歳のマルガリータ
王女の肖像画。

『絵画芸術の寓意』
ヨハネス・フェルメール
Die Malkunst (1665～66年ごろ)

フェルメールの代表作のひとつ。
歴史の女神クレイオがモデルとな
っている。絵を描いているのはフ
ェルメール自身。

『青いドレスの王女マルガリータ』
ディエゴ・ベラスケス
Infantin Margarita Teresa
in blauem Kleid (1659年ごろ)

8歳のマルガリータ。スペインのハプスブ
ルク家からウィーンへ送られた、いわばお
見合い写真のようなもの。上の絵画も同
様。

巨大な複合芸術施設

ミュージアムクォーター・ウィーンで アートにふれる

美術館や博物館などが集結した、MQ(エムキュー)の愛称で親しまれるモダンアートの複合施設。
カフェやレストランもあるので、ゆったり美術鑑賞を楽しめる。

別冊
MAP.
P13A1

ミュージアムクォーター・ウィーン
MuseumsQuartier Wien

モダンアートが大集合

2001年に帝国厩舎跡を利用しオープンした複合芸
術施設。絵画や映像、演劇がテーマの美術館、博物
館が10施設以上集まっている。敷地が広いので、み
どころを押さえてまわりたい。

DATA
交Ｕ2号線Museumsquartier駅から徒歩2分
住Museumsplatz 1　電01-5235881(MQポイント)
時各施設により異なる　料敷地内は入場無料、共通割
引チケットはMQコンビチケット€32など(MQポイント
で購入可能)※施設ごとのチケットもあり

クンストハレ
レオポルト・ミュージアム B　C　E ハレ
近代美術館ルートヴィッヒ・ A
コレクション・ウィーン F カフェ・
コルバチ
マリアヒルファー
通りへ D MQポイント
▼Ｕ2号線Museumsquartier駅へ　Ｕ2・3号線Volkstheater駅へ▶

1. エンツィとよばれる斬新なデザイン
のベンチが並ぶ
2. シーレを中心に、多くの作品を鑑賞
できるレオポルト・ミュージアム

A ## 近代美術館 ルートヴィッヒ・コレクション・ウィーン
MUMOK(Museum moderner Kunst Stiftung Ludwig Wien)

ピカソからウォーホルまで近現
代で活躍した芸術家の彫刻や
絵画といった作品を約9000
点収蔵する。常設展示はなく、
さまざまなテーマの企画展を常
時4つほど開催。

1. 企画展は2カ月から半年ごと
に替わり、リピーターでも楽しめ
るようになっている　2. 通称ム
モック(MUMOK)とよばれる

DATA ☎01-525000　時10〜
19時(月曜14時〜、木曜〜21時)
休なし　料€13　E

 プチ
情報　MQポイントで販売する商品はオリジナルグッズ以外、2カ月ほどで入れ替わる。また、店内には若手デザイナーをフィー
チャーした、月替わりの展示コーナーを設けている。

Ⓑ レオポルト・ミュージアム
Leopold Museum

アートコレクターのルドルフ・レオポルトの個人コレクションを一般公開している。注目は200点にも及ぶシーレの作品。ほか、クリムトやココシュカ、ウィーン工房による工芸品なども展示。

ミュージアムショップやカフェもある

DATA ☎01-525700 時10〜18時（木曜〜21時）休火曜、12月24日 料€14 E

PROFILE
エゴン・シーレ
Egon Schiele
（1890〜1918年）

16歳でウィーン美術アカデミー入学。翌年クリムトと出会い、強い影響を受けた矢先、28歳で他界。作品は男女の裸体や死を過激な描写で表現している。

『ほおずきの実のある自画像』
エゴン・シーレ
Selbstbildnis mit Lampionfrüchten (1912年)

短い生涯のなかで数多くの肖像画を描き、特に心の動きを直接表現できる自画像を好んだ。代表作のひとつ。

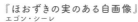

『死と生』グスタフ・クリムト
Tod und Leben (1910〜15年)

寄り添う人間を生、その対極に死神を描き、生と死が身近であることを表現した作品。

『恋人ヴァリーの肖像』
エゴン・シーレ
Bildnis Wally Neuzil (1912年)

『ほおずきの実のある自画像』と対になっていて、お互いが見つめ合っている構図。2人はその後、離別した。

Ⓒ クンストハレ
Kunsthalle

2つの展示会場から成る近現代アートの美術館。収蔵品、常設展示はなく、年間を通じて国内外の絵画や写真などのアート作品を企画展として開催。併設のカフェレストラン「ハレ」も人気。

DATA ☎01-521890 時11〜19時（木曜〜21時）休月曜 料クンストハレMQ€8（クンストハレ・カールスプラッツは無料、特別展は別料金の場合あり）

1.MQの中央部分に立つ美術館 2.最新の現代アートを知ることができる

Ⓓ MQポイント
MQ Point

オリジナルグッズや輸入雑貨を扱うミュージアムショップ。総合案内所やチケット販売のカウンターも併設している。

個性あふれるグッズがたくさん並ぶ

DATA ☎01-52358811731 時10〜19時 休なし

1.エンツィ形のUSB（4GB）各€25 2.純金を使ったグラス€8.90

Ⓔ ハレ
Halle

クンストハレ2階のカフェレストラン。野菜やパンなど主にBIO（有機栽培の農産物）の食材を使った料理を提供。2020年2月現在、改装のため休業中。

DATA ☎01-5237001 時10時〜翌2時 休なし E E

1.モダンで明るい店内
2.季節のフルーツが添えられたパンケーキ€6.10（朝食のみ）と生姜ハーブティー€4.70

Ⓕ カフェ・コルバチ
Café Corbaci

建築センター1階にあるレストラン＆カフェバー。トルコタイルで装飾された天井が印象的。メランジェ€2.90〜、日替わりスイーツ€6.50〜。

DATA ☎01-066473630036 時11〜24時（日曜〜23時）休なし E E

1.モダンとオリエンタルが調和した店内
2.日替わりランチは€4.10〜13.80、ベジタリアンメニューもある

ゴージャスな夢の舞台へ

音楽の都ウィーンで
オペラ鑑賞デビュー

ウィーンでオペラが上演され始めたのは、ハプスブルク王朝期の18世紀後半ごろから。
現在も9月上旬から翌年6月下旬までのシーズン中はほぼ毎日どこかの劇場で上演されている。

1.過去にグスタフ・マーラーなどが音楽監督を務めた　2.休憩ホール　3.大理石の階段など豪華な造り

 王宮周辺　別冊MAP P10B1　**国立オペラ座** Staatsoper

© Wiener Staatsoper / Michael Poehn

世界三大オペラ座のひとつ

1869年、ハプスブルク家の宮廷歌劇場としてモーツァルトの『ドン・ジョヴァンニ』で幕を開けた。第2次世界大戦中に全焼し、現在見られるのは1955年に再建されたもの。パリのオペラ座、ミラノのスカラ座と並び、世界三大オペラ劇場のひとつで、シーズン中は、ほぼ毎日オペラやバレエが上演される。内部はガイドツアーで見学可。

DATA 交U1・2・4号線Kar lsplatz駅から徒歩4分 住Opern Ring 2　☎01-5144 42250　〔客席数〕総客席数2298席（うち立見席567席、車椅子専用席22席）URL www. wiener-staatsoper.at/ E

 プチ情報　舞台裏や皇帝専用席など普段見られない国立オペラ座内部を見学できるツアーがあり、日本語ガイドツアーもある。
（☎01-514442606※日程はHPで要確認　料€9　※ガイドツアー入口に開始時間の案内板がある）

まだまだあります オペラSPOT

演劇博物館
Theater Museum

王宮周辺 ／ 別冊MAP P8B4

オペラ『ローエングリン』で使用した衣装

豪華な舞台衣装を展示

ベートーヴェンの支援者であった貴族のロブコヴィッツ家が所有していた宮殿を利用。オペラや演劇で使用した衣装を展示するほか、テーマ別展示を季節によって行う。

- - - - - - - - - - - - - - - - - -

DATA 交Ⓤ1・3号線Stephansplatz駅から徒歩6分 住Lobkowitzplatz 2 ☎01-525242729 時10〜18時 料€12 休火曜

アルカディア
Arcadia

王宮周辺 ／ 別冊MAP P10B1

1

2

オペラグッズを買うなら

国立オペラ座と同じ建物内にある音楽専門店。クラシックのCDやコンサートDVD、楽譜をはじめ、音楽をモチーフにした個性あるグッズが多数揃う。入口はケルントナー通り側にある。

1. グランドピアノ型の電卓
2. 『魔笛』の5線譜ノート

- - - - - - - - - - - - - - - - - -

DATA 交Ⓤ1・2・4号線Karlsplatz駅から徒歩4分 住Kärntner Str. 40 ☎01-5139568 時9時30分〜19時(日曜10時〜) 休なし Ⓔ

フォルクスオーパー
Volksoper

郊外 ／ 別冊MAP P4B2

気軽に楽しめる歌劇場

©Dimo Dimov/Volksoper Wien

フランツ・ヨーゼフ1世の即位50周年を記念して1898年に建設。国立オペラ座に次ぐ大きさでオペレッタとよばれる歌劇を中心に、オペラやミュージカル、バレエも上演する。

- - - - - - - - - - - - - - - - - -

DATA 交Ⓤ6号線Währinger Straße-Volksoper駅から徒歩3分 住Währinger Str. 78 ☎01-514443670 ※劇場ボックスオフィス：時8〜18時(土・日曜9〜12時) 休なし 〈客席数〉総客席数1337席(うち立見席72席、ほか4席) URLwww.volksoper.at/

Check!

How to オペラ鑑賞

予約の仕方

日本で

公演日3週間前までに、ドイツ語か英語で劇場名、公演日、演目、枚数、金額、氏名、住所、日付を記入して郵送またはFAXで送る。返事がきたら指定口座へ送金。チケットの引き取りは、前日まではオペラ座内の前売り券売所、当日は劇場窓口。
郵送先：Wiener Staatsoper, Hanuschgasse 3, 1010 Wien, Austria/Europe
FAX：+43-1-514442969

インターネットで

下記サイトから予約できる。支払いはクレジットカードで、チケットは自分でプリントアウトするか現地で引き取る(引き取り方法は上記と同じ)。
Culutural：URLwww.culturall.com/
Wiener Staatsoper：URLwww.wiener-staatsoper.at/

現地で

国立オペラ座横のチケットオフィスで購入できる(住Operngasse 2 ☎01-514447880 時8〜18時(土・日曜、祝日9〜12時) 休なし)。座席は8つの料金ランクに分かれていて、€9〜500くらい。立見席€10の販売は当日のみで、上演80分前から国立オペラ座正面左にある立見席の入口で販売する。

当日の流れ

開演30分前 **到着**

劇場到着。開演時間に遅れると、幕間まで中に入れないこともあるので注意。余裕をもって30分前には到着したい。

開演 **開演**

ブザーがなったら開演。上演中、素晴らしければ「ブラボー!」と叫んでも構わない。ただし周囲の迷惑になる行動は慎む。

25分前 **クローク**

クロークは劇場内に何カ所かあるので、自分の席に近いところでコートや荷物を預けよう(利用必須)。

幕間 **休憩**

ロビーでは飲み物やオードブルを購入できるので、グラス片手にゆっくり過ごそう。

20分前 **入口**

劇場入口にいる案内係にチケットを見せると座席を教えてもらえるので、指示に従って席へ行こう。

終演 **カーテンコール**

ステージが終わるとカーテンコールが始まるので、大きな拍手で迎えよう。撮影可能な場合が多い。

10分前 **予習**

劇場内の案内係からプログラムをもらうのがおすすめ。細かいお釣りはチップとして渡すのがマナー。

退場 **終演**

荷物を受け取り、各自宿泊先へ。オペラが終了するのは夜なので、タクシーを利用して帰るのが安全。

マナー

上演中、写真やビデオ撮影は禁止。自分の座席が内側の場合、早めに着席すること。他の人の前を通るときは、お尻を向けず「ダンケ!」のひとことを。

美しい音色に酔いしれる

ウィーン少年合唱団とクラシックコンサート

オペラとともに人気なのが、ウィーン少年合唱団とクラシック音楽のコンサート。
気軽に聴きに行ける会場もたくさんあるので、気負わず参加してみよう。

＼天使の歌声が響く／

ウィーン少年合唱団

1498年にマクシミリアン1世が創設した、宮廷礼拝堂専用の少年聖歌隊が前身。合唱団は6〜14歳位の少年のみで構成されていて、モーツァルト組やハイドン組など4つのグループに分かれている。

© Wiener Hofmusikkapelle / Andy Wenzel 2016
© Wiener Hofmusikkapelle / Lukas Beck 2018

1.合唱団メンバーは約100名　2.ミサの最後には舞台上で歌を披露する　3.ミサで歌うのは10〜13歳の少年たち

| 王宮周辺 | 別冊MAP P8A3 | 王宮礼拝堂 Burgkapelle |

バロック様式の礼拝堂

ホーフブルク最古のスイス宮内にあり、ウィーン少年合唱団が毎年9月第2週から翌年6月まで行なわれる9時15分〜の日曜ミサに参列する。演奏はウィーン・フィルハーモニー管弦楽団が担当している。

入口は王宮宝物館の上

DATA　🚇U3号線Herrengasse駅から徒歩5分
☎01-5339927　時10〜14時（金曜11〜13時）　休水・木・土・日曜　料内部見学は無料

Check! 予約、座席について

現地購入の場合、金曜11〜13時、15〜17時に王宮礼拝堂の窓口で2日後のチケットを販売。当日券は日曜8時〜8時45分。日本からの予約は公式サイト、Eメール、FAXで。EメールとFAXの場合は希望日、枚数、席のカテゴリー、氏名、住所などを英語かドイツ語で送る。チケットの受け取りは窓口に。座席は€12、€18、€28、€38の4つで立聴席は無料。申込先：URLwww.hofmusikkapelle.gv.at/、E-mail：office@hofmusikkapelle.gv.at、FAX：01-533992775

プチ情報　王宮礼拝堂の日曜ミサの座席数は約650席。どの座席からも合唱団の姿を見ることはほとんどできないが、ミサ終了後、祭壇前に出てきて歌を披露してくれる。

クラシックコンサート

演奏、音響ともにトップレベル

ウィーンでは毎日どこかの会場でコンサートが行われている。オーケストラのレベルは高く、上質な音楽を聴ける。ウィーン交響楽団など人気のコンサートは早めに予約を。

1.金箔で飾られた「黄金のホール」 2.フランツ・ヨーゼフ1世の都市改造計画の一環として1870年に誕生

リンク周辺　別冊MAP P11C2　 **楽友協会**
Musikverein

世界屈指の音響設備

ウィーン・フィルハーモニー管弦楽団の本拠地で、新年のニューイヤー・コンサート会場もここ。豪華な装飾が施された大ホールは「黄金のホール」とよばれ、音が美しく響きわたるように設計されている。

DATA 交Ü1・2・4号線Karlsplatz駅から徒歩4分 住Bösendorferstr. 12 ☎01-5058190 ガイドツアー（英語）時13時〜（7・8月は変動あり）休日曜 料€9 〈客席数〉総客席数1744席（立見席別にあり）E

リンク周辺　別冊MAP P11D2　 **コンツェルトハウス**
Konzerthaus

幅広い演奏ジャンル

楽友協会と並ぶ2大演奏会場のひとつ。ウィーン交響楽団の本拠地だが、クラシックのほかにジャズやポップスなどさまざまなジャンルのコンサートも開催する。収容人数が多く、チケットも比較的手に入れやすい。創立は1913年。

DATA 交Ü4号線Stadtpark駅から徒歩5分 住Lothringerstr. 20 ☎01-242002 劇場ボックスオフィス：時9時〜19時45分（土曜10〜14時）※開演45分前に開場 休日曜（開演日は無休）〈客席数〉総客席数1808席 URLkonzerthaus.at/（チケット予約可）E

1.1913年に建造。館内には計5つの演奏場がある 2.天井の装飾が美しい大ホール。立聴席はない

郊外　別冊MAP P4A4　**オランジェリー・シェーンブルン**
Orangerie Schönbrunn

室内アンサンブルを披露

シェーンブルン宮殿の敷地内にあり、かつてモーツァルトとサリエリが競演したことでも有名。年間を通してモーツァルトとヨハン・シュトラウス2世の楽曲が演奏される。

『美しく青きドナウ』など初心者でも楽しめる楽曲が多い

DATA 交Ü4号線Schönbrunn駅から徒歩2分 住Schönbrunner Schloss Str. 47 ☎01-8125004 時20時30分〜 休不定休 料€45〜105※ディナーやドリンク付きは異なる 〈客席数〉総客席数500席※プログラムにより異なる URLwww.imagevienna.com/（ネット予約可）E

Check!

予約、座席について

チケットの予約は、各会場の窓口やインターネットの公式サイトで。ブルグ劇場とフォルクスオーパーはCuluturalのサイト（→P43）からも可能。シュテファン寺院前にはモーツァルトのような格好をしたチケット売りの人たちがいるので、その人たちから購入できる。その場合、会場やコンサート内容の確認を忘れずに。ホテルのコンシェルジュに頼むのも手。当日の流れはオペラとほぼ同じ。

シュテファン寺院の前には、楽士の格好をしたチケット売りがたくさん

EHRENGRÄBER
GRUPPE 32A

音楽好きにはたまらない

偉大なる音楽家たち ゆかりのスポットへ

ハプスブルク家の繁栄により宮廷文化が開花したウィーンでは、多くの音楽家が活躍した。モーツァルトやベートーヴェンなど、名曲を生み出した楽聖と関わりの深い場所をめぐろう。

ウォルフガング・アマデウス・モーツァルト

Wolfgang Amadeus Mozart

(1756～91年)

オーストリアのザルツブルク生まれ。幼少期から音楽教育を受け、3歳で絶対音感を身につけ、35歳で没するまで700以上の名曲を作った。

●シュテファン寺院周辺

モーツァルトハウス・ウィーン

Mozarthaus Vienna

別冊MAP ● P9C2

名曲を生んだ住居

モーツァルトが3年住んだ家で、代表曲の『フィガロの結婚』を作曲した場所でもある。現在は、モーツァルト博物館になっている。DATA ➡P52

直筆の楽譜などを展示している

●シュテファン寺院周辺

シュテファン寺院

Stephansdom

別冊MAP ● P9C2

結婚式を挙げた思い出の場所

1782年、片思いの相手だった女性の妹、コンスタンツェ・ヴェーバーとシュテファン寺院で結婚式を挙げた。DATA ➡P35

●郊外

ザンクト・マルクス墓地

Friedhof St. Marx

別冊MAP ● P5C4

ここに埋葬された

1791年12月5日に死去したモーツァルト。誰に見送られることもなくこの墓地に埋葬されたため、現在の墓は推定する場所。

墓は入口正面の緩やかな坂道を上った左手

DATA ㉂Ⓣ18、71番St. Marxから徒歩8分 ㊟Laber Str. 6-8 ☎なし 時6時30分～20時(10～3月は～18時) ㊡なし ㊕無料

●郊外

シェーンブルン宮殿

Schloss Schönbrunn

別冊MAP ● P4A4

御前演奏の場

1762年、6歳のモーツァルトが鏡の間で、マリア・テレジアを前に演奏を披露。演奏後、テレジアにキスをした。DATA ➡P24

©SKB,Photo:Wurning

クリスタル製の大鏡が美しい

●王宮周辺

国立オペラ座

Staatsoper

別冊MAP ● P10B1

こけら落としはモーツァルトの作品

宮廷歌劇場として1869年に完成。モーツァルトが作曲した『ドン・ジョヴァンニ』で幕を開けた。

DATA ➡P42

プチ情報 ウィーン中央墓地の0区にはピアノ練習曲で有名なツェルニーと、宮廷楽長と楽友協会の指揮者を務めたサリエリの墓もある。場所は第2門から入った左側の外壁沿い。

フランツ・シューベルト

Franz Schubert

（1797〜1828年）

ウィーン生まれの作曲家。少年聖歌隊や王室学校で学び、才能を見出された。代表曲『魔王』など歌曲を多く生み出した。31歳の若さで死去。

●リンク周辺
市立公園
Stadtpark

別冊MAP ● P9D4

音楽家の像が多く立つ

ウィーンでは唯一ここだけにシューベルトの像がある

1862年、フランツ・ヨーゼフ1世によって開園。ヨハン・シュトラウス2世の像も立つ。DATA ➡P54

DATA ➡P54

Check！
音楽家相関図

才能あふれる音楽家たちは、互いに影響を受けて独自の音楽世界を確立していった。

ハイドン

深い親交　　少年聖歌隊に所属（時期は異なる）

モーツァルト　教授／師事　シューベルト

憧れ　　　　　尊敬

ベートーヴェン

ルートヴィヒ・ファン・ベートーヴェン

Ludwig Van Beethoven

（1770〜1827年）

ドイツのボン生まれ。ハイドンらに師事した後、ピアニストとしてデビュー。難聴に苦しむなか数々の大作を発表した。

●郊外
ベートーヴェン博物館
Beethoven Museum

MAP ● P51

遺書を残した家

現在は記念館になっている

難聴に苦しんだベートーヴェンが、静養のため暮らした。悪くなる聴力に絶望し、弟宛に遺書を書いた。

DATA ➡P51

フランツ・ヨーゼフ・ハイドン

Franz Joseph Haydn

（1732〜1809年）

幼少期は少年聖歌隊で活躍。20代の終わりころから名門貴族家の宮廷楽長を務めた。代表曲『四季』など。

●シュテファン寺院周辺
エスターハージーケラー
Esterhazykeller

別冊MAP ● P8A2

ワインケラーで暮らした

ワインを飲みながら作曲していた

名門貴族エスターハージ家所有のワインケラー。ハイドンはここに住み込みながら作曲していた。

DATA ➡P67

巨匠たちの眠る場所

●郊外
ウィーン中央墓地
Zentralfriedhof

別冊MAP ● P5D1

市内5カ所にあった墓地を集め、1874年に造られた。0から186の区画に分かれていて、名誉区32Aにはベートーヴェンなどウィーンで活躍した著名な音楽家が眠っている。

DATA ⊕Ⓣ 71番 Zentralfriedhof 2.Torから徒歩4分 ⓐSimmeringerHaupt Str. 234 ☎01-53469-28405 ⓣ7〜19時（季節により異なる）⑰なし ⑭無料

中央墓地名誉区32A

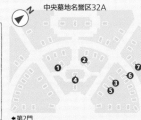

◆第2門

1ベートーヴェン
2シューベルト
3ヨハン・シュトラウス（2世）
4モーツァルト（記念碑）
5ヨハネス・ブラームス
6ヨハン・シュトラウス（1世）
7ヨーゼフ・シュトラウス

19世紀末にタイムトリップ

斬新!実用的!かつ美しい!
世紀末建築めぐり

世紀末建築とは19世紀末に誕生したユーゲントシュティールとよばれる建築スタイル。
過剰な装飾を排し、機能性を重視した斬新な建築物は、見ていて飽きることが無い。

分離派会館
Secession

リンク周辺 / 別冊MAP P10A2

分離派の活動拠点地

分離派の拠点として建造された。設計は分離派の結成メンバーのオルブリヒ。「金色のキャベツ」とよばれる月桂樹のドーム屋根や動植物をモチーフにした装飾が目を引く。地下展示室にあるクリムトの壁画『ベートーヴェンフリーズ(→P37)』は必見。

DATA 交U1・2・4号線Karlsplatz駅から徒歩3分 住Friendrich Str. 12 ☎01-5875307 時10〜18時 休月曜 料€9.50 E

設計者/完成年
ヨゼフ・マリア・オルブリヒ(1898年)

1.正面には分離派のスローガンが記されている 2.壁面にあるフクロウのモチーフ

パヴィリオン・カールスプラッツ
Pavillon Karlsplatz

リンク周辺 / 別冊MAP P10B2

金×グリーンアーチ屋根が目印の駅舎

白壁に金色のヒマワリの装飾が描かれた2棟の駅舎で、ヴァーグナーが手掛けた36の市営地下鉄施設のひとつ。現在は、駅舎としては機能しておらず、1棟はオットー・ヴァーグナー博物館、1棟はカフェとして建物が利用されている。

DATA 交U1・2・4号線Karlsplatz駅から徒歩1分 住Karlsplatz ☎01-5058747-85177 時10〜13時、14〜18時 休月曜、5月1日、11〜3月 料€5(第1日曜は無料) E

設計者/完成年
オットー・ヴァーグナー(1898年)

1.ヴァーグナー設計の傑作 2.庇の裏側にまで細かい装飾が施されている

Check!

世紀末建築とは?

19世紀末〜20世紀初頭にかけて広がった「ユーゲントシュティール(ドイツ語で青年様式)」の建築様式。バロックやロココなど歴史主義的な建築物とは異なり、若手建築家が生み出した新たな建築様式。カラフルな色彩や自然をモチーフとした装飾、有機的な曲線などを取り入れる大胆な発想で、機能主義を目指した。

《おもな建築家》

オットー・ヴァーグナー
世紀末建築を代表する建築家。自然をモチーフにした装飾が特徴。1841〜1918年。

アドルフ・ロース
装飾をそぎ落とした機能主義を追求。後年のモダニズムの基礎となった。1870〜1933年。

オスカー・ラスケ
エンゲル薬局を設計。ヴァーグナーの弟子。1874〜1951年。

フランツ・フォン・マッチュ
分離派の芸術家で、クリムトの友人。1861〜1942年。

ヨゼフ・マリア・オルブリヒ
美術学校でヴァーグナーに学んだ建築家。1867〜1908年。

プチ情報 1980年代に登場した建築家フンデルトヴァッサーHundertwasser(1928〜2000年)もウィーン生まれ。曲線を多用し、ウィーンのガウディと称された。クンストハウス・ウィーン(→P55)などで作品を見られる。

郵便貯金局
Postsparkasse

設計者/完成年
オットー・ヴァーグナー
（1912年）

美しいガラスの大天井

現代建築のパイオニア

ウィーンの現代建築の先駆けとして有名。ガラスの天井や鉄筋コンクリート、アルミなどの新素材を取り入れた、画期的なデザイン。

DATA ㊞Ⓤ1・4号線Schwedenplatz駅から徒歩4分
㊟Georg-Coch-Platz 2 ☎01-53453-33088
㊞10〜17時 ㊡土・日曜
㊅無料

アンカー時計
Ankeruhr

設計者/完成年
フランツ・フォン・マッチュ
（1915年）

歴代の偉人が登場

ふたつの建物を繋ぐ通路に設置された、カラクリ時計。オイゲン公やマリア・テレジア、ハイドンなど12人の偉人が横に移動しながら時を告げる。

正午には12人全員がパレードする

DATA ㊞Ⓤ1・3号線Stephansplatz駅から徒歩5分
㊟Hoher Markt 10-11

リンク周辺

メダイヨン・マンション＆マヨリカハウス
Medaillon Mansion & Majolikahaus

花模様と金装飾がマッチ

設計者/完成年
オットー・ヴァーグナー
（1899年）

ヴァーグナーを中心とした設計チームによる集合住宅。イタリアのマヨリカ産のタイルで飾られたマヨリカハウスと、女性の顔が彫られた金のメダルが輝くメダイヨン・マンションのふたつの建物が隣り合う。

DATA ㊞Ⓤ4号線Kettenbrückengasse駅から徒歩2分
㊟Linke Wienzeile 38&40

1．メダルに彫られた女性の顔の表情がそれぞれ異なり、周囲には植物が描かれている 2．カラフルなタイルのマヨリカハウス 3．住宅なので、内部の見学は不可

王宮周辺

エンゲル薬局
Engel Apotheke

天使のモザイク画がシンボル

設計者/完成年
オスカー・ラスケ
（1902年）

現存するウィーン最古の薬局で、1902年に建物をユーゲントシュティール様式に改装。描かれた天使は、薬杯を掲げている。

DATA ㊞Ⓤ3号線
Herrengasse駅から徒歩3分
㊟Bognergasse 9

薬学のシンボル、蛇も描かれている

ロースハウス
Looshaus

シンプルなデザイン

設計者/完成年
アドルフ・ロース
（1911年）

装飾を施さない白壁や庇のない窓など、あまりのシンプルさに建設当時は街の景観を損ねると物議を醸したとか。

1．店舗部分には実用的な外灯が備わる
2．下部は店舗、上部は集合住宅

DATA ㊞Ⓤ3号線Herrengasse駅から徒歩3分
㊟Michaelerplatz 3

ひと足のばしてリフレッシュ
緑豊かなウィーンの森とホイリゲを満喫

ウィーン市の郊外には、ウィーンの森とよばれる丘陵地帯が広がる。
なかでもハイリゲンシュタットとグリンツィングには散策道やホイリゲが点在している。

ウィーンの森って？

ウィーン市街地の北西から南に広がる自然豊かな丘陵地帯のこと。なかでも北側に位置するハイリゲンシュタットの周辺はベートーヴェンが暮らした町として知られている。また、古くからホイリゲ（ワイン酒場）が集まるエリアとしても人気。

1．軒先に吊るしてある松の小枝はホイリゲの目印　2．にぎやかなホイリゲ。夕方ごろからゆっくり過ごす人も多い

散策道　MAP P51　**ベートーヴェンの散歩道**
Beethovengang

小川が流れる伝説の散歩道

シュライバー川沿いの静かな小径は、ベートーヴェンが散策しながら交響曲第6番『田園』の着想を得たといわれている。約300m続く散策道の奥にはベートーヴェン記念胸像が立つ。

1．ベートーヴェンはこの道を何度も歩いた　2．記念胸像は小さな広場に立つ

> DATA 交Ｕ4号線Heiligenstadt駅からバス38Aで5分。Armbrustergasse下車、徒歩20分　住Beethovengang

展望地　別冊 MAP P5D1　**カーレンベルクの丘**
Kahlenberg

ドナウ河とウィーン市街を一望

ウィーン市街とドナウ川の眺望が楽しめる展望地。丘の上に教会や数軒のカフェが立ち並ぶ。カーレンベルクから38Aのバスで2つ先にある、レオポルツベルクの展望台はドナウ川の眺めがすばらしい。

1．ハイリゲンシュタットのブドウ畑も一望できる　2．記念撮影スポット

> DATA 交Ｕ4号線Heiligenstadt駅からバス38Aで25分。Kahlenberg下車すぐ　住Kahlenberg

  プチ情報　ホイリゲとは、「今年のワイン」と「ワインの新酒を飲ませる居酒屋」という意味。料理はセルフサービスで、カウンターのショーケースに並ぶなかから選ぶ。飲み物はテーブルの担当スタッフに注文。

記念館 / MAP P51

ベートーヴェン博物館
Beethoven Museum

ベートーヴェンが遺書を残した家

難聴を悲観したベートーヴェンが、1802年10月6日に2人の弟宛に遺書を書いた家。二間続きの質素な部屋には、直筆遺書のコピーや愛用品などが展示されている。

DATA 交Ｕ4号線Heiligenstadt駅からバス38Aで Armbrustergasse下車、徒歩4分 住Probusgasse 6 ☎0664-88950801 時10〜13時、14〜18時 休月曜 料€7（第1日曜は無料）

1.遺書のコピー。手紙は発送されず死後見つかった
2.受付は入口から中庭へ出た、中2階

 ホイリゲ / MAP P51

クローンプリンツ・ルドルフホーフ
Kronprinz Rudolfshof

著名人に愛された老舗

ハイリゲンシュタットの隣町、グリンツィングにあり、かつてユングやフロイトも訪れた。広々とした中庭が自慢で、グリル料理に定評があり、ケバブが名物。黄色い建物が目印。

DATA 交Ｕ38番Grinzingから徒歩2分 住Cobenzlgasse 8 ☎01-32021085 時13〜24時 休11〜3月の平日（クリスマスは営業）Ｅ Ｅ

1.建物の手前側はカフェ
2.豚肉と牛肉、焼きリンゴの串焼き€18.90

 ホイリゲ / MAP P51

ワイングート・ヴェルナー・ヴェルザー
Weingut Werner Welser

昔ながらの素朴なホイリゲ

ベートーヴェン博物館の並びにある、古いブドウ農家を利用した雰囲気のよいホイリゲ。料理の皿は、国の北西部ザルツカンマーグート地域のグムンデン焼き。ワインは自家製のもののみ。

DATA 交Ｕ4号線Heiligenstadt駅からバス38AでArmbrustergasse下車、徒歩4分 住Probusgasse 12 ☎01-3189797 時15時30分〜24時 休なし Ｅ Ｅ

1.ブドウの木に覆われたテラス席 2.3.4.5.料理を4品頼んで€17〜20。左からジャガイモと豆のサラダ、トマトといんげんのサラダ、ローストポーク、マッシュルームのフライ

ベートーヴェン博物館
ベートーヴェンの散歩道
クローンプリンツ・ルドルフホーフ
Grinzing
Grinzing（トラム38番）
Beethovengang
Armbrustergasse
ワイングート・ヴェルナー・ヴェルザー
ハイリゲンシュタット駅 Heiligenstadt
0 300m

Check! Access

地下鉄4号線Karlsplatz駅から約25分、終点Heiligenstadt駅下車。駅からはバス38A番に乗車。または、地下鉄2号線Schottentor駅からトラム38番でGrinzing下車。

音楽やアート、歴史的建造物が目白押し

まだまだあります ウィーンの観光スポット

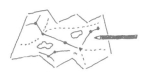

旧市街をはじめ、リンク周辺には美術館や博物館などじっくり楽しめる観光スポットが多い。トラムや地下鉄を利用して効率よくまわろう。

教会 | 別冊 MAP P8B4 | ●王宮周辺

カプツィナー教会
Kapuzinerkirche

ハプスブルク家一族が眠る納骨堂

カプツィン派修道院の教会として1632年に創建。ハプスブルク家代々の墓所でもあり、地下にはマリア・テレジアやフランツ・コーゼフ1世、エリーザベト、ルドルフ皇太子をはじめ、皇帝マティアス以降の皇帝12人と皇后19人を含む一族150人の遺体が安置されている。

DATA 交U1・3号線Stephansplatz駅から徒歩5分 住Neuer Markt ☎01-5126853 時7〜20時（納骨堂は10〜18時、木曜は9〜18時） 休なし 料納骨堂€7.50

1.マリア・テレジアとフランツ1世の合同棺 2.マリア・テレジアの母の棺も納められている

劇場 | 別冊 MAP P12B2 | ●王宮周辺

ブルク劇場
Burgtheater

クリムト作の天井画は必見

ヨーゼフ2世の時代に建てられ、1888年に現在の位置に移された。外部はネオ・バロック様式、内部はフランス・バロック様式の壮麗な造り。

DATA 交T D・1・71番Rathausplatz、Burgtheaterから徒歩1分 住Dr.-Karl-Lueger-Ring 2 ☎01-514444140 英・独語ガイドツアー：時15時〜（15分前より入場券販売） 料€8 E

教会 | 別冊 MAP P8B2 | ●シュテファン寺院周辺

ペーター教会
Peterskirche

バロック装飾が美しい教会

9世紀に建てられたウィーンで2番目に古い教会。内部のバロック装飾と、ザルツブルク出身の画家ロットマイヤーによる天井画は要注目。

DATA 交U1・3号線Stephansplatz駅から徒歩3分 住Petersplatz 1 ☎01-5336433 時7〜20時（土・日曜、祝日9〜21時、冬期は変動あり） 休なし 料無料

博物館 | 別冊 MAP P9C2 | ●シュテファン寺院周辺

モーツァルトハウス・ウィーン
Mozarthaus Vienna

モーツァルトが暮らした建物

モーツァルトが1784年から3年間住んだ建物を、博物館として開放。展示内容は3〜4カ月ごとに替わるが、直筆の楽譜と手紙のコピーは常時展示している。

DATA 交U1・3号線Stephansplatz駅から徒歩3分 住Domgasse 5 ☎01-5121791 時10〜19時 休なし 料€11（ハウス・デア・ムジークとの共通券€18） E

1.モーツァルトの住居は2階部分で、6つの部屋からなる 2.名曲『フィガロの結婚』はこの建物で作られた

  プチ情報 モーツァルトは1781年からこの世を去るまでの約10年間、ウィーン市内で何度も住居を変えていた。その中で現存するのはモーツァルト・ハウス・ウィーンのみ。最後の住居は現在「シュテッフル」（→P76）になっている。

ハウス・デア・ムジーク

博物館　別冊MAP P11C1　●シュテファン寺院周辺
Haus der Musik Wien

さまざまな方法で音楽を楽しむ

スクリーンに映るウィーン・フィルハーモニー管弦
楽団を指揮できる疑似体験コーナーや、著名な作
曲家たちの衣装や資料の展示を行っている。

DATA　交Ⓤ1・2・4号線Karlsplatz
駅から徒歩6分　住Seilerstätte 30
☎01-5134850　時10〜22時　休な
し　料€14（モーツァルトハウス・ウ
ィーンとの共通券€18）Ⓔ

マリア・テレジア広場

広場　別冊MAP P13B1　●MQ周辺
Maria-Theresien-Platz

女帝の像が堂々と立つ

美術史博物館と自然史博物館の間にある広場。
中央には女帝マリア・テレジアの像が立ち、像の
側面には幼いモーツァルトの姿も見られる。

DATA　交Ⓣ D・1・2・71番Burgring
から徒歩2分
住Maria Theresien Platz
時休見学自由

国会議事堂

国会議事堂　別冊MAP P12A2　●リンク周辺
Parlament

女神アテナが街を見守る

民主主義発祥の地、ギリシアにちなんだ古代ギリ
シア風神殿の造り。正面にある噴水には、英知の
女神アテナの彫像が立つ。完成は1883年。

DATA　交Ⓤ2・3号線Volkstheater
駅から徒歩5分　住Dr.-Karl-Renner-
Ring 3　☎01-4011011　Ⓔ
※2021年まで改修工事中

ヴォティーフ教会

教会　別冊MAP P6A1　●リンク周辺
Votivkirche

天にそびえる2本の尖塔が目印

1853年、暗殺テロにあったフランツ・ヨーゼフ
1世の無事を祝して建てられた、ネオ・ゴシック様
式の教会。内部のステンドグラスが見事。

DATA　交Ⓤ2号線Schottentor駅か
ら徒歩5分　住Rooseveltplatz
☎01-4061192　時10〜18時（日曜
9〜13時）　休月曜　料無料

王宮家具博物館

博物館　別冊MAP P4B4　●マリアヒルファー通り
Hofmobiliendepot Möbel Museum Wien

ハプスブルク家ゆかりの家具が並ぶ

元は皇帝一族の家具を収納する倉庫だった。マリ
ア・テレジアの母が使用した車イスやフランツ・ヨ
ーゼフ1世の玉座など展示数、内容とも充実。

DATA　交Ⓤ3号線Zieglergasse駅
から徒歩3分　住Andreasgasse 7
☎01-5243357　時10〜18時
休月曜　料€10.50　Ⓔ

©Hofmobiliendepot

自然史博物館

博物館　別冊MAP P12B4　●MQ周辺
Naturhistorisches Museum

自然科学に関する展示が充実

マリア・テレジアの夫フランツ1世のコレクション
を中心に、恐竜の化石や動物のはく製、ドナウ河
畔の出土品など約4万点を収蔵。

DATA　交Ⓣ D・1・2・71番Dr.-Karl-
Renner-Ringから徒歩2分
住Burgring 7　☎01-521770
時9時〜18時30分（水曜〜21時）
休火曜　料€12　Ⓔ

市庁舎

市庁舎　別冊MAP P12A1　●リンク周辺
Rathaus

ネオ・ゴシック様式の市庁舎

高さ98mの中央塔を含む、5本の尖塔が並ぶ市
庁舎。建設は1872〜83年。正面広場ではコンサ
ートやクリスマス市など各種イベントが催される。

DATA　交Ⓤ2号線Rathaus駅から
徒歩2分　住Rathauslaz 1　☎01-
52550　ガイドツアー：時議会開催
時を除く月・水・金曜の13時〜　料
無料　Ⓔ

フロイト記念館

博物館　別冊MAP P6B1　●リンク周辺
Sigmund-Freud-Museum

フロイト博士の研究を知る

精神分析学の祖、ジークムント・フロイト博士の家
を記念館として公開。館内には応接間や診療室
が再現されている。フロイトの著書も閲覧可能。

DATA　交Ⓤ2号線Schottentor駅か
ら徒歩7分　住Berggasse 19
☎01-3191596
時10〜18時
休なし　料要確認　Ⓔ

市場 別冊MAP P10A3 ●リンク周辺
ナッシュマルクト
Naschmarkt

いつもにぎやかなウィーン市民の台所

細い路地の両側約1kmに野菜やフルーツ、パン、チーズなどの専門店が並ぶ屋外市場。ケバブやソーセージなどのテイクアウトグルメやワインバーもある。近くでは毎週土曜日の朝7時ごろから蚤の市が開催（雨天中止）。掘り出し物を探す人たちでにぎわう。

DATA 交Ⓤ4号線Kettenbrückengasse駅から徒歩すぐ 時6時30分～19時30分（季節や店により異なる）休日曜

1.レストランやカフェもあるので休憩におすすめ 2.季節のフレッシュ野菜やフルーツは種類も豊富

教会 別冊MAP P10B3 ●リンク周辺
カールス教会
Karlskirche

ウィーンバロック建築を代表する教会

1713年、カール6世の命によりペスト終焉を記念して建てられた。設計はバロックの巨匠、フィッシャー・フォン・エアラッハ親子。ドーム型の天井に描かれたフレスコ画はペーター教会（→P52）と同じロットマイヤー作。

DATA 交Ⓤ1・2・4号線Karlsplatz駅から徒歩4分 住Kreuzherrengasse 1 ☎01-5046187 時9～18時（日曜、祝日12～19時）休なし 料€8 Ⓔ

1.2本の円柱と大きなドームが特徴 2.祭壇画や彫刻で彩られた主祭壇。守護聖人はボロメウス

美術館 別冊MAP P10A2 ●リンク周辺
造形美術アカデミー絵画館
Akademie der bildenden Künste Gemäldegalerie

美術学校に備わるアートギャラリー

エゴン・シーレなど多くの芸術家たちが学んだ美術学校内にある。ボッシュやルーベンスなどオランダ絵画やフランドル絵画が充実。

DATA 交Ⓤ1・2・4号線Karlsplatz駅から徒歩3分 住Schillerplatz 3 ☎01-588162201 時10～18時 休火曜 料€12 Ⓔ

公園 別冊MAP P9D4 ●リンク周辺
市立公園
Stadtpark

ヨハン・シュトラウス2世像がシンボル

1862年開園。中央にウィーン川が流れる緑豊かな園内には、ヨハン・シュトラウス2世やワーグナー、シューベルトなど音楽家たちの像が点在する。

DATA 交Ⓤ4号線Stadtpark駅、Ⓤ3号線Stubentor駅Ⓣ2番Weihburggasse、Stubentorから徒歩1分 住Parkring 時休料見学自由

博物館 別冊MAP P9D3 ●リンク周辺
応用美術博物館
Österr. Museum für angewandte Kunst

工芸とアートが融合した多彩な展示

ウィーン工房デザインの家具や、ユーゲントシュティールの調度品など、美術工芸品を時代や様式ごとに展示。クリムトの壁画下絵もある。

DATA 交Ⓤ3号線Stubentor駅から徒歩2分 住Stubenring 5 ☎01-71 1360 時10～18時（火曜～21時）休月曜 料€14（火曜の18～21時は€6）Ⓔ

建築物 別冊MAP P7D2 ●リンク周辺
フンデルトヴァッサーハウス
Hundertwasserhaus

フンデルトヴァッサー設計の市営住宅

ウィーンのガウディとよばれた近代建築家、フンデルトヴァッサーが最初に手がけた建築作品。1986年完成。内部見学は不可。

DATA 交Ⓣ1番Hetzgasseから徒歩3分 住Kegelgasse 34-38, Löwengasse 41-43 時休外観のみ見学自由

 プチ知識 美術館、博物館に入場する際、大きな荷物やコートはクロークに預けよう（貴重品は預けないこと）。引き取り時にチップとして€0.8～1程度渡すのがスマート。

美術館 別冊MAP P7D2 ●リンク周辺

クンストハウス・ウィーン
Kunsthaus Wien

フンデルトヴァッサーの世界を体感

建築家、フンデルトヴァッサー設計の美術館。絵画や模型などの作品を展示する常設展のほか、現代美術の企画展を開催。ユニークで斬新なデザインのカフェ、「ティアン」やミュージアムショップも人気。

DATA　交⊤1・0番Radezky Platzから徒歩5分　住Untere Weißgerber Str. 13　☎01-7120491　時10～18時　休なし　料€11～（展示により異なる）Ⓔ

1.曲線を多用した色彩豊かな設計が特徴
2.食事も楽しめるティアン。テラス席もある

美術館 別冊MAP P5C4 ●リンク周辺

21世紀館
21er Haus

オーストリアの現代芸術美術館

彫刻家フリッツ・ヴォトルバの作品展示をはじめ、1945年以降の現代アートを企画展で紹介する。

DATA　交⊤D番Südbahnhof/Ostbahnから徒歩3分　住Arsenalstr. 1　☎01-795570　時11～18時（木・金曜～21時）　休月曜　料€9（ベルヴェデーレ宮殿上宮、下宮（→P36）とのコンビチケットは€27）Ⓔ

工房 別冊MAP P5C2 ●郊外

アウガルテン
Augarten

王室御用達の歴史ある磁器工房

1654年に狩猟用の館として建てられた宮殿。現在、ハプスブルク家の磁器を取り扱うアウガルテン磁器工房とその博物館、ショップがある。

DATA　交31番Obere Augartenstraßeから徒歩2分　住Obere Augarten Str. 1　☎01-21124200　時10～18時（工場見学は月～金曜の10時30分～と11時30分～）　休日曜　料€17（博物館と工場共通）Ⓔ

展望台 別冊MAP P5D1 ●郊外

ドナウタワー
Donauturm

高さ252mの展望タワー

ドナウ公園に立つ、ウィーン随一の眺望を誇るタワー。レストランやカフェのほか、最上階には展望テラスが備わる。夜景スポットとしても人気。

DATA　交Ⓤ1号線Kaisermühlen-VIC駅からバス20B番でDonauturm下車、徒歩5分　住Donauturm Str. 4　☎01-2633572　時10～24時　休なし　料展望台€14.50 Ⓔ

公園 別冊MAP P7D1 ●郊外

プラーター公園
Prater

大観覧車に乗って市街を一望

ハプスブルク家の狩猟場であった森が、ヨーゼフ2世によって1766年に一般市民に開放された。園内には高さ約65mのクラシカルな大観覧車がある。

DATA　交Ⓤ1・2号線Praterstern駅から徒歩8分　住Prater　☎01-7280516　観覧車：時9～24時（冬期は10～20時、季節により異なる）　休なし　料€12（公園は入場無料）Ⓔ

墓地 別冊MAP P5C4 ●郊外

ザンクト・マルクス墓地
Friedhof St. Marx

モーツァルトが眠る墓地

閑静な住宅街にある共同墓地でモーツァルトの墓が立つ。また、ヨーゼフ・シュトラウスの旧墓石（現在はウィーン中央墓地）が残る。

DATA　交18・71番St. Marxから徒歩12分　住Leber Str. 6-8　時6時30分～20時（10～3月は～18時30分）　休なし　料無料

墓地 別冊MAP P5D1 ●郊外

ウィーン中央墓地
Zentralfriedhof

各界の著名人が眠る広大な共同墓地

1874年に5つの墓地を集めて造られた。楽聖（→P46）をはじめ、芸術家や作家、学者などウィーンで活躍した多くの偉人たちが眠る。

DATA　交⊤71番Zentralfriedhof 2. Torから徒歩4分　住Simmering Haupt Str. 234　☎01-53469　時7～19時（季節により異なる）　休なし　料無料

ウィーンの必食スイーツ

超有名2大カフェで味わう
本場のザッハートルテ

ウィーンで誕生したザッハートルテは、チョコレートケーキの王様といわれるほど有名。
せっかく食べるなら、歴史ある2つの名店で味わってみてみては?

チョコレート
濃厚な甘さと香りが広がる

クリーム
滑らかな無糖ホイップクリーム

王宮
周辺

別冊
MAP
P8B4

カフェ・ザッハー
Café Sacher

ザッハートルテ発祥の店

5つ星ホテル「ザッハー」の1階。
1832年に16歳のフランツ・ザッハーが考案したザッハートルテが評判となり、一躍ウィーンを代表するカフェとなった。店内は深紅の絨毯やシャンデリアなどクラシカルな雰囲気。

**オリジナル・
ザッハートルテ**
Original
Sachertorte
€7.50
チョコスポンジの間にある3層のアプリコットジャムが特徴

スポンジ
しっとり食感でやや重め

ジャム
甘酸っぱいアプリコットジャム

DATA 交ⓉD・1・2・71番Kärntner Ring,
Operから徒歩1分 住Hザッハー（→P84）1
階 ☎01-514561053 時8〜24時 休なし E E

**おみやげは
コチラ!**

クラシカルな缶に入ったホットチョコレート€14.50

木箱に入ったザッハートルテ。
サイズPiccolo（直径12cm）€29

1. かつては上流階級の社交場であった
2. 入口右手の部屋にはショーケースがある
3. フランツの息子が創業したホテルに入る

and more... こちらのトルテもおすすめ

シュテ
ファン寺院
周辺

別冊
MAP
P11C2

クリムト・トルテ
Klimt torte
€4.90

カフェ・シュヴァル
ツェンベルク
Café Schwarzenberg

1861年創業の、リンク沿い初となるカフェ。ウィーン工房の創始者、ヨーゼフ・ホフマンが常連で数々の作品をここで考案した。

DATA 交ⓉD・2・71番Schwarzen
bergplatzから徒歩1分 住Kärntner
Ring 17 ☎01-5128998 時7時30
分〜24時（土・日曜8時30分〜）
休なし E E

1. クリムトの絵のチョコが乗っている
2. ヨーゼフ・ホフマンがデザインした椅子を使用

プチ
情報 デメルでの注文方法は、ショーケースのケーキを指でさすと、その商品名が書かれた紙をわたされる。席に着いたらそれをテーブル担当の店員に渡せばいい。飲み物はその時に注文しよう。

ザッハートルテの歴史

当初は門外不出のレシピで、ホテル・ザッハーでのみ提供されていたザッハートルテ。1930年代に経営難に陥り、資金繰りのため、デメルにトルテの販売を譲渡した。しかしその後、商標をめぐる訴訟へと発展。1962年に「両店での販売を認めるが、オリジナルを名乗れるのはザッハー」という判決で決着した。

デメルズ・ザッハートルテ
Demels Sachertorte
€5.50(生クリーム別途€1.20)
スポンジの上にアプリコットジャムが塗られている。全体的に甘さはやや抑えめ。

クリーム
無糖の生クリーム。やや濃厚

チョコレート
少し甘めだがしつこくない

ジャム
酸味が効いたアプリコットジャム

スポンジ
ふんわりとした食感

王宮周辺 別冊 MAP P8A2

デメル
Demel

皇帝夫妻も通った菓子店
王宮のミヒャエル門とは目と鼻の先で、かつてフランツ・ヨーゼフ1世とエリーザベト夫妻も通っていた、まさに皇室御用達カフェ。店内は19世紀末のカフェハウスを彷彿とさせる優雅な造り。人気があるので混雑覚悟。

DATA 交Ｕ3号線Herrengasse駅から徒歩3分 住Kohlmarkt 14 ☎01-53517170 時8〜19時 休なし ＥＥ

「ねこの舌」という意味のミルク味のチョコレート€23.50

おみやげはコチラ！

レトロなパッケージがかわいい、5種類のチョコレートが入ったボックスも

1.2階のフロアはゆったりとした造り 2.おみやげコーナーは入口の右側 3.オープンサンドは€2.50〜

インペリアルトルテ
Imperialtorte
€9.50

リンク周辺 別冊 MAP P11C2

カフェ・インペリアル
Café Imperial

創業1863年のホテル・インペリアル内。フランツ・ヨーゼフ1世のために作ったとされるインペリアルトルテが有名。

1.アーモンド生地とチョコをマジパンで包みミルクチョコでコーティング
2.ホテルの1階

DATA 交①D・2・71番Schwarzenbergplatzから徒歩1分 住Ｈインペリアル（→P84）1階 ☎01-50110389 時7〜23時 休なし ＥＥ

カフェ文化発祥の地ウィーン
老舗カフェで過ごす
至福のひととき

文化人や芸術家が交歓の場として集い、新しい文化を生み出したウィーンのカフェ。
今なお人々に愛され続ける老舗のなかから、伝説的な名店をご紹介。

 王宮周辺 ／ 別冊MAP P8A1
ツェントラル
Café Central

文豪や芸術家が通った
宮殿内のカフェハウス

フェルステル宮殿の一部を利用したカフェで、1876年にオープン。フランツ・カフカやアルテンベルクなど多くの文豪に愛され、特にアルテンベルクはこの店で1日のほとんどを過ごすというほどお気に入りだったとか。店内の一角には彼の人形も置かれている。

1. いくつも連なるアーチ型の天井と大理石の柱が壮麗

 朝食セット€9.90〜もあります！

2. オレンジ風味のスポンジにダークチョコをコーティングした、ツェントラルトルテ€4.60
3. アイシュペンナー€5.40

```
DATA 交U3号線Herrengasse駅から徒歩1分
住Herrengasse 14 ☎01-533376324
時7時30分〜22時（金・日曜10時〜） 休なし
□日本語スタッフ    □日本語メニュー
☑英語スタッフ      ☑英語メニュー    □要予約
```

マリアヒルファー通り ／ 別冊MAP P13B3
シュペール
Café Sperl

分離派メンバーが集った
アンティークな内装

分離派会館のすぐそばにあり、かつての常連客には建築家のヨーゼフ・ホフマンやオルブリヒなど分離派メンバーが名を連ねた。内装は1880年の創業当時の面影をそのままに残してあり、伝統的なカフェには欠かせなかったビリヤード台が今も残る。

1. 店内にはユーゲントシュティールの家具やガラスが残る

 5代目店主のシュタウプです

2. 食事メニューも充実。鶏肉の野菜ソテー
3. シュペールシュニッテ（チョコレートケーキ）

```
DATA 交U2号線Museumsquartier駅から徒歩6分
住Gumpendorfer Str. 11 ☎01-5864158
時7〜22時（日曜10〜20時） 休7・8月の日曜
□日本語スタッフ    □日本語メニュー
☑英語スタッフ      ☑英語メニュー    □要予約
```

プチ情報　朝7、8時から夜遅くまで営業しているウィーンのカフェは、食事メニューやアルコール類が充実しているので、バーやレストランとして利用するのもおすすめ。朝食やランチのセットメニューはお得。

ムゼウム
MQ周辺 **別冊MAP P10A2**
Café Museum

分離派の画家も訪れたカフェ

クリムトとシーレが初めて出会った場所として有名。1899年創業当時の内装を手掛けたのは、世紀末建築家の1人、アドルフ・ロース。2010年に改装され、現在は1931年当時のヨーゼフ・ゾッティのデザインになっている。

季節のケーキもあるよ！

DATA 交Ü1・2・4号線Karlsplatz駅から徒歩2分
住Operngasse 7 ☎01-24100620
時8〜23時 休なし
□日本語スタッフ □日本語メニュー
☑英語スタッフ ☑英語メニュー □要予約

1.創業110年を超す老舗 2.泡立てたミルクたっぷりのメランジェ€5.50 3.マロンブリューテ(マロンケーキ)

1.天井が高く開放的 2.ピスタチオムースのモーツァルトトルテ€5.70 3.オレンジリキュールのカフェ・マリアテレジア€8.50

テラス席もおすすめ！

モーツァルト
王宮周辺 **別冊MAP P8B4**
Café Mozart

名作映画に登場するカフェ

1794年に創業したカフェで、天井から下がるシャンデリアなど豪華な造り。国立オペラ座から近く、公演の前後に訪れる人も多い。ウィーンを舞台とした映画『第三の男』に登場したことでも有名。メニューの一部に日本語がある。

DATA 交Ü1・2・4号線Karlsplatz駅から徒歩5分
住Albertinaplatz 2 ☎01-24100200
時8〜24時 休なし
□日本語スタッフ ☑日本語メニュー
☑英語スタッフ ☑英語メニュー □要予約

ハヴェルカ
シュテファン寺院周辺 **別冊MAP P8B3**
Café Hawelka

創業時と変わらぬ姿をとどめる

1939年の創業当時から一度も改装をしていないという、ユーゲントシュティール様式の内装。1950年代からウィーンの前衛的な芸術家のたまり場となり、建築家フンデルトヴァッサーも常連だった。

DATA 交Ü1・3号線Stephansplatz駅から徒歩3分 住Dorotheergasse 6 ☎01-5128230
時8〜24時(金〜土曜〜翌1時、日曜、祝日10時〜) 休なし
□日本語スタッフ □日本語メニュー
☑英語スタッフ ☑英語メニュー □要予約

深夜まで営業してますよ！

1.伝統的なカフェには新聞がある 2.ブラックコーヒーのグローサーブラウナー 3.人気のブフテルン(蒸しパン)は20時から。1個€2(5個からの注文)

シシィごひいきスイーツから定番まで

カフェでのひとやすみに
トルテ&カフェ図鑑

ハプスブルク家の繁栄とともに誕生したウィーンならではのスイーツと
19世紀に花開いたカフェ文化。ここではカフェの定番モノをセレクトしました。

● アップフェルシュトゥルーデル
Apfelstrudel

薄く延ばしたパイ生地にリンゴと
シナモンを巻いて焼き上げた伝統
菓子。レーズンが入ることも。

モチモチの
食感！

● パラチンケン
Palatschinken

もともとはルーマニア料理で、ハン
ガリーを経てウィーンに伝わっ
たクレープ。アプリコットジャムや
チョコレートソースをかける。

スイーツ
デザー
Dessert

酪農が盛んな風土と宮廷
文化の中で培われた菓子作
りの伝統が融合し、豊かで
奥深い絶品スイーツが勢揃
いしている。

● シシィ・テルトヒェン
Sisi Törtchen

エリーザベトのお気に入りだったス
ミレの花の砂糖漬けをトップにあ
しらった、食べきりサイズのトルテ。

● クレームシュニッテ
Cremeschnitte

サクサクの分厚いパイ生
地の間に柔らかいバニラ
クリームを挟み、層状にし
たケーキ。

● エスターハージーシュニッテ
Esterhazyschnitte

ハンガリーの貴族、エスター
ハージー家の紋章がチョコ
レートで描かれる。スポン
ジはヘーゼルナッツ風味。

軽い
口当たりです

● カイザーシュマーレン
Kaiserschmarren

一口大のパンケーキに粉
砂糖をかけたもの。ジャ
ムと一緒に食べられるこ
とが多い。フランツ・ヨー
ゼフ1世のお気に入り。

● トプフェンゴラチェ
Topfengolatsche

シュー生地の中にトプフェン（チー
ズクリーム）と生クリームが入った
シュークリームのような伝統菓子。
チーズの爽やかな酸味が特徴。

● ザッハートルテ
Sachertorte

ウィーンを代表するチョコレートケー
キ。多くの店で味わえるが、発
祥のカフェ・ザッハーではアプリ
コットジャムが特徴。

プチ情報　上記の他に、メレンゲとスポンジケーキの間にクリームを挟んだケーキ「カーディナルシュニッテKardinalschnitte」
や、チーズクリームを挟んだチーズパイ「トプフェンシュトゥルーデルTopfenstrudel」なども人気。

おいしいよ

● モカ／シュヴァルツァー
Mocca/Schwarzer

濃厚で苦みがあるブラックコーヒー。一般的に2サイズあり、大はグロッサー Grosser、小はクライナー Kleiner。

● ウィンナー・アイスカフェ
Wiener Eiskaffee

冷やしたモカ／シュヴァルツァーにバニラアイスクリームと生クリームをのせたデザート感覚の一品。暑い夏はこれが一番。

ひんやり!

● アインシュペナー
Einspänner

モカ／シュヴァルツァーにホイップクリームをのせている。日本でいうウィンナーコーヒーだが、意味は「一頭立ての馬車」。

コーヒー
カフェー
Kaffee

コーヒーの種類が豊富。ウィンナーコーヒーというメニューがないなど、日本とは呼び方が違うので、指さし注文が間違いない。

● メランジェ
Melange

モカ／シュヴァルツァーと温かく泡立てたミルクを1対1で混ぜたもの。最も人気のカフェメニューで、ほとんどのカフェで味わえる。

● マリア・テレジア
Maria Theresia

ちょっと大人味

熱いモカ／シュヴァルツァーにオレンジリキュール、生クリームを加えた香り高い一杯。アルコールに弱い人は注意が必要。

● フランツィスカーナー
Franziskaner

メランジェのミルクの代わりにホイップクリームをのせたもの。クリームは甘くないので、甘みが欲しい時は砂糖を足す。

● フェアケアター
Verkehrter

「逆さま」という意味で、ミルクに少量のモカ／シュヴァルツァーを加えたメニュー。ホワイト・コーヒーともよばれる。

カフェの豆知識

● 水は無料です

海外では珍しく、コーヒーを注文すると水が付いてくる。これは19世紀末期頃から続く習慣と言われている。水道水を利用しているが、アルプス山脈から引いた水を使用しているので、おいしいと評判。

● オリジナルケーキが豊富

カフェのショーケースに並ぶ、おいしそうなケーキの数々。それぞれの店にオリジナルメニューがあり、ツェントラル(→P58)なら「ツェントラルトルテ」など店名がついた名前のケーキがある。

● 生クリームは別注文のことも

ザッハートルテは甘くない生クリームと一緒に食べると、口どけまろやかに。カフェによっては別注文なので、つけるときは「mit Sahneミット ザーネ」、不要な場合は「ohne Saneオーネ ザーネ」。

● カフェごはんにも注目

スイーツとコーヒーに注目しがちなカフェだが、店によっては朝食やランチのセットからアラカルトまで食事メニューが充実している。オープンが早い店もあるので朝食利用してみては。

王朝の歴史と共に発展した
ウィーン伝統の 3大メニューはこちら！

ウィーン伝統料理の3大定番といえば、"ターフェルシュピッツ"、"グラーシュ"、"ウィンナー・シュニッツェル"。市内の至る所で食べられるが、なかでも評判のよいレストランをご紹介！

シュテファン寺院周辺 ／ 別冊MAP P9D3

プラフッタ
Plachutta

ターフェルシュピッツ
Tafelspitz

じっくり煮込んだ牛ランプ肉と野菜を、2種類のソースに付けて食べる。鍋ごと出てくる店もある。

スープも楽しめる名店の味

契約農家で育てた牛肉を野菜とじっくり煮込んだターフェルシュピッツが自慢の店。サイドディッシュの野菜やパンと合わせて食べる。旨みが凝縮されたスープも絶品。

DATA　交U3号線Stubentor駅から徒歩2分住Wollzeile 38☎01-5121577時11時30分～24時休なし E E

スープが美味です！

1．市立公園近くにある　2．ビーフスープ€5.50　3．ターフェルシュピッツ€24.90。サイドディッシュは別途€4.90～。ソースは西洋ワサビが決め手

グラーシュ
Gulasch

ハンガリーから伝わった、パプリカソースで煮込んだシチューのようなもの。メインの具材は牛肉が一般的。

シュテファン寺院周辺 ／ 別冊MAP P9C3

グラーシュムゼウム
Gulaschmuseum

定番から変わり種まで

牛肉からチキンレバーや魚、豆など13種類ものグラーシュが揃い、店名の「グラーシュ博物館」という名そのもの。定番のウィーン風フィアカーグラーシュ€17.30で、発祥となるハンガリー風もある。

クネーデル付きです！

DATA　交U3号線Stubentor駅から徒歩3分住Schulerstr. 20　☎01-5121017時11時30分～23時休なし E

1．ウィーン風フィアカーグラーシュは牛肉と目玉焼き、ソーセージ、クネーデル（蒸しパン団子）が定番　2．客席は奥に広がっている　3．テラス席もある

プチ情報　ハンガリーから伝わったグラーシュ（ハンガリー語Gulyásグヤーシュ）は、牛飼いが野外で食べていた料理。ターフェルシュピッツはフランツ・ヨーゼフ1世がお気に入りだった。

Check! ウィーンの伝統料理とは？

ハプスブルク帝国時代、周辺諸国からさまざまな料理や腕利きの料理人が流入。その諸民族の郷土の味を宮廷料理として洗練・完成させたのがウィーン料理なのだ。

・ヴィーナー・シュニッツェル
Wiener Schnitzel

シュテ ファン寺院 周辺 | **別冊 MAP P9C3**

ツム・ヴァイセン・ラオホファングゲーラー
Zum Weissen Rauchfangkehrer

"ウィーン風カツレツ"。薄くたたいた仔牛肉または豚肉に、パン粉をまぶしてじっくり炒め揚げる。

新鮮な食材にこだわった料理の数々

ウィーン周辺の農場から毎日仕入れる、新鮮食材を使った料理が定評。シュニッツェルは豚肉€17.90と仔牛肉€23.90。毎夜ピアノの生演奏（夏期は不定期）が披露される。

DATA 交①1・3号線Stephansplatz駅から徒歩3分 住Weihburggasse 4 ☎01-5123471 時12〜24時 休5〜9月の日曜 Ｅ Ｅ

生演奏 オススメです！

1.シュテファン寺院が見られる席もある　2.店名は白い煙突掃除人という意味　3.オーガニック農場の豚肉を使ったヴィーナー・シュニッツェル

シュテ ファン寺院 周辺 | **別冊 MAP P9C2**

フィグルミュラー
Figlmüller

超特大シュニッツェルに驚き

1日360〜400人は訪れるという、1905年創業のウィーンで最も有名な店。名物のシュニッツェルは直径約30cm、重さ250gとビッグサイズだが、薄いのでペロリと食べられる。近くに支店もある。

DATA 交①1・3号線Stephansplatz駅から徒歩3分 住Wollzeile 5 ☎01-5126177 時11時〜22時30分 休8月の2週間 Ｅ Ｅ

サラダ€4.70もどうぞ

豚ロースのフィグルミュラー・シュニッツェル€15.50。衣はサクサクの食感

シュテ ファン寺院 周辺 | **別冊 MAP P8B1**

オーフェンロッホ
Ofenloch

路地裏の老舗バイスル

旧市街の北側、昔ながらの店が軒を連ねるクレント通りで300年以上続くレストラン。伝統的なウィーン料理を堪能でき、民族衣装に身を包んだ店員が出迎えてくれる。カイザー・シュニッツェルは€23.90。

DATA 交①3号線Herrengasse駅から徒歩6分 住Kurrentgasse 8 ☎01-5338844 時11時30分〜23時 休日曜 Ｅ Ｅ

赤スグリソース付き

仔牛肉を使用している。バターの風味が豊か

老舗からニューフェイスまで

大衆的なバイスルで ウィーン伝統料理を

バイスルとは、手ごろな値段で伝統料理が食べられる大衆的なレストランのこと。
どの店も服装など気にせず寛げる雰囲気なので、おなかが空いたら気軽に行ってみよう!

シュテファン寺院周辺	別冊 MAP P8B1

ゲッサー・ビアクリニック
Gösser BierKlinik

古くからある老舗ビアホール

創業1683年のビアホールで、現在はオーストリアを代表するゲッサービールの直営店となっている。料理はシュニッツェル€21.90やターノェルシュピッツ€21.90など多彩。サラダ、メイン、デザートのコース€38.90〜もある。

DATA
交Ⓤ1・3号線Stephansplatz駅から徒歩5分
住Steindlgasse 4 ☎01-5337598
時10〜23時 休なし
□日本語スタッフ □日本語メニュー
☑英語スタッフ ☑英語メニュー □要予約

1. ゲッサーのグラスビール€3.40〜、黒ビール€3.50。瓶ビールもある 2. ウィーンでも古くからある14世紀の建物

バウエルンシュマウス
Bauernschmaus
クネーデル(じゃがいもと小麦粉の団子)とベーコンの盛り合わせ

ウィーン風ビーフステーキ
Wiener Zwiebelrostbaten
Mit Blattsalat
玉ネギソースをたっぷりかけたローストビーフ。
€21.20

シュテファン寺院周辺	別冊 MAP P9D1

グリーヒェンバイスル
Griechenbeisl

あの音楽家たちも訪れた

古代ローマ期の建造物を含む建物で、1477年から営業を続けている。ウィーン最古のレストランとして名高く、ベートーヴェンやモーツァルト、エゴン・シーレなど著名人が訪れたときに書いたサインが店内に残っている。

DATA
交Ⓤ1・4号線Schwedenplatzから徒歩3分
住Fleischmarkt 11 ☎01-5331977
時11時30分〜24時 休なし
□日本語スタッフ ☑日本語メニュー
☑英語スタッフ ☑英語メニュー □要予約

1. 著名人の直筆サインが壁中にあるのは「マーク・トウェインの間」のみ 2. ベートーヴェンのサインを発見!

 プチ情報　どこのバイスルでも季節の食材を使った料理を提供している。春はホワイトアスパラガス(Spargelシュパーゲル)、秋はカボチャ(Kurbisキュルビス)やキノコ(Pilzeピルツェ)などをオーダーしてみよう。

ミュラー バイスル
Müllerbeisl

シュテファン寺院周辺 ／ 別冊 MAP P9C4

素朴なウィーン料理が揃う

ターフェルシュピッツ€19.90やシュニッツェル€18.90など伝統的なウィーン料理が楽しめる。平日は€10〜とお得な伝統料理のランチもある。

```
DATA
交Ⓤ4号線Stadtpark駅から徒歩5分
住Seilerstätte 15  ☎01-5129347
時9時〜翌2時  休なし
□日本語スタッフ  ☑日本語メニュー
☑英語スタッフ  ☑英語メニュー  □要予約
```

鶏肉のホウレン草包み
Hühnerbrust mit Spinat
ホウレン草を挟んだ鶏胸肉をこんがり焼いたもの。€15.90

客席は地下にもある

ターフェルシュピッツ
Tafelspitz
ウィーン風ビーフの煮込。じっくり煮込んだ肉とソースが絶品€21.90

季節の野菜、ポテトと揚げ玉子添え€15.90

プフードゥル
Pfudl

シュテファン寺院周辺 ／ 別冊 MAP P9D2

地元の人が多い人気店

女性店主、カタリーナさんが営む地元人御用達の店。前菜はニシンの自家製マリネ€13.90、メインはポークグリル€19.90など。日替わりランチ(月〜金曜)はスープとサラダ、メインで€9.50〜とお得。

```
DATA
交Ⓤ3号線Stubentor駅から徒歩4分
住Bäckerstr. 22  ☎01-5126705
時10〜24時  休月曜(12〜3月は月・火曜)
□日本語スタッフ  □日本語メニュー
☑英語スタッフ  ☑英語メニュー  □要予約
```

ヴィトヴェ・ ボルテ
Witwe Bolte

MQ周辺 ／ 別冊 MAP P13A2

皇帝も訪れた老舗バイスル

創業は1778年。風致保存地区のシュピッテルベルクに位置し、皇帝ヨーゼフ2世が訪れたことでも有名。オススメメニューは、グラーシュ€16、シュニッツェル€22。

```
DATA
交Ⓤ2・3号線Volkstheater駅から徒歩6分
住Gutenberggasse 13  ☎01-5231450
時17時30分〜23時(土・日曜12時〜)
休なし  □日本語スタッフ  □日本語メニュー
☑英語スタッフ  ☑英語メニュー  □要予約
```

ウィーン風グラーシュ
Wiener Gulasch
クネーデル(蒸しパン団子)、ソーセージがのった典型的なグラーシュ。

小ぢんまりとした店内

おいしい料理とワインに大満足☆
雰囲気抜群の
ワインケラー

オーストリアでは、地下貯蔵庫を利用したワイン酒場を"ワインケラー"とよぶ。
ソーセージなどのおつまみからウィーン料理までいろいろ揃っているので、グルメ三昧したい。

MENU
○オープンサンド
　€3.30〜
○ターフェルシュピッツ
　€18.90
○ハウスプラッター
　€25.90(2人前)
○カイザーシュマーレン
　€8.50

・ハウスプラッター€25.90(2人前)

1. ローストポークやブルートヴルスト(血のソーセージ)など6種類の盛合せ　2. 設計は宮廷建築家ヒルデブラント　3. 入口には聖パウロ像が立つ

シュテファン寺院周辺 ／ 別冊MAP P9C2

ツヴェルフ・アポステルケラー
Zwölf Apostelkeller

階段を下りれば巨大ケラーが広がる

1300年代建造の歴史的な建物を利用。300人以上収容可能という店内には、古い調度品が置かれ、中世にタイムスリップしたかのよう。小皿から盛合せなどメニューが豊富で、11〜15時はランチセット€8.50も。ワインはグラス€3.90/250㎖〜。

DATA
交U1・3号線Stephansplatz駅から徒歩6分　住Sonnenfelsgasse 3　☎01-5126777　時11〜24時　休7月中旬〜8月中旬　□日本語スタッフ　□日本語メニュー　☑英語スタッフ　☑英語メニュー　□要予約

・ターフェルシュピッツ€16.20

MENU
○フリターテン・ズッペ
　€4.80
○白身魚のフィレ
　€19.10
○シュニッツェル(仔牛)
　€21.50
○バックヘンデル(チキン)
　€12.50

1. リースリングなどオーストリア産ワインが揃う。グラス€5.30/125㎖〜　2. 天井の装飾がオリエンタルな騎士の間　3. 入口は市庁舎の正面右側にある

リンク周辺 ／ 別冊MAP P12A1

ヴィーナー・ラートハウスケラー
Wiener Rathauskeller

洗練された、とっておきの贅沢空間

市庁舎(→P53)の地下。店内は趣の異なる6つの部屋に分かれており、いずれも高級感ただよう贅沢な造り。メニューは主にオーストリア産の食材を使った、シュニッツェルをはじめとする伝統料理と季節のモダンな創作料理。

DATA
交U2号線Rathaus駅から徒歩2分　住Rathausplatz 1　☎01-4051210　時11時30分〜15時、18時〜23時30分　休日曜　□日本語スタッフ　□日本語メニュー　☑英語スタッフ　☑英語メニュー　☑要予約

プチ情報　オーストリアワインのおもな産地は、ヨーロッパ内の首都としては最大のブドウ畑をもつウィーン、北部のヴァッハウ渓谷周辺のクレムスやデュルシュタイン、貴腐ワインが作られる西部のノイジードラー湖周辺など。

and more...

自家製ビールも
おすすめ

お酒といえばワインが有名なオーストリアだが、自家製ビールを味わえるビアハウスも人気だ。

1.新鮮な生ビールは0.3ℓで€3.50　2.カジュアルな雰囲気の店

シュテファン寺院周辺	別冊MAP P9C4	ツム・ベッテルシュトゥデント Zum Bettelstudent

地元の若者で賑わう、ウィーン最古のビアレストラン。2フロアからなる店の中心にビールタンクが置かれている。

DATA 交Ⓤ4号線Stadtpark駅から徒歩4分 住Johannesgasse12☎01-5132044時11時～翌0時30分(金・土曜は～翌3時) 休なし

MENU
○オードブル
　€12.90
○ザッハー・ソーセージ
　€7.10
○季節の魚料理
　€21
○ターフェルシュピッツ
　€18.50

・豚肩肉のグリル€28(2人前)

1.マスタードと西洋ワサビをつけて　2.本日のおすすめワインは黒板でチェック。ビールは10種類で€4.90/500㎖～　3.手前がバーでテーブル席は奥にある

王宮周辺	別冊MAP P8B4

アウグスティナーケラー
Augustinerkeller

ホーフブルク敷地内の人気店

アルベルティーナ(→P29)の地下。名物はオーブンでじっくり焼いた、豚肩肉のグリルHintere Stelze Gegrillt。ワインも豊富で、オーストリア産だけでも90種類揃う。グラス€3/125㎖～。水～土曜は18時30分から楽士による演奏が披露される。

DATA
交Ⓤ1・2・4号線Karlsplatz駅から徒歩6分　住Augustinerstr. 1　☎01-5331026 時11時～24時 休なし
□日本語スタッフ　□日本語メニュー
☑英語スタッフ　☑英語メニュー　□要予約

・8種盛り合わせ€18.90

MENU
○グラーシュ(仔牛)
　€15.90
○シュニッツェル(豚)
　€11.90
○赤ワイン
　ボトル€29～

1.ローストビーフやソーセージなど食べごたえ抜群　2.量り売りのほか、1品料理も　3.ハイドンの間。彼はエスターハージー家付きの音楽家だった

シュテファン寺院周辺	別冊MAP P8A2

エスターハージーケラー
Esterhazykeller

ホイリゲ気分も楽しめる大貴族のケラー

ハンガリー出身の大貴族、エスターハージー家が所有するワイン蔵を改装して1683年にオープン。17世紀からブドウ栽培を行っており、オリジナルワインが豊富に揃う。グラス€2.20/125㎖～。料理はショーケースから選ぶスタイル。

DATA
交Ⓤ3号線Herrengasse駅から徒歩2分　住Haarhof 1
☎01-5333482 時11～23時 休7・8月
□日本語スタッフ　□日本語メニュー
☑英語スタッフ　☑英語メニュー　□要予約

屋台から有名チェーンまで

散策途中に立ち寄りたい
ウィーン軽食メニュー

小腹が空いたときや軽い食事ですませたいランチにピッタリなメニュー。
気取らず、手軽に食べられる、街歩きのお供にどうぞ！

ブレートヒェン
Brötchen

1個€1.40
黒パンのうえにタマゴやサーモン、オニオンなどのペーストをのせたオープンサンド。全22種類 Ⓐ

ケーゼクライナー
Käsekrainer

€4.40
濃厚なチーズ入りのソーセージをスライスしたもの。お好みで西洋ワサビをつけよう Ⓑ

たまご＋たまご
Ei mit Ei

にんじん＋
クリームチーズ
Karotte mit Gervais

スモークサーモン
Räucherlachs auf
Krengervais

チキンレバー
Geflügelleber

クリームチーズ＋
オニオン
Gervais mit
Zwiebeli

リーゼン・ホットドッグ・ケーゼクライナー
Riesen Hotdog Käsekrainer

€4.80
ジューシーなチーズが入ったソーセージのホットドッグ。肉汁が染み込んだパンはおいしさ倍増 Ⓑ

チキンサラダ"マドラス"
Hühnersalat "Madras"

€7.80
レタスのうえにチキンカレーをのせたサラダ。メニューは週ごとに変わる Ⓒ

Ⓐ ●シュテファン寺院周辺
シェシニェフスキー
Trzesniewski
別冊MAP●P8B2

創業100年を超すオープンサンド店。ウィーンでは珍しくコーヒーメニューがなく、ビオ・アイスティ€2.90などが人気。ランチタイムには大混雑となる。市内に8店舗展開している。

DATA 交Ⓤ1・3号線Stephansplatz駅から徒歩3分 住Dorotheergasse 1 ☎01-5123291 時8時30分〜19時30分（土曜9〜18時、日曜・祝日10〜17時）休なし Ⓔ

Ⓑ ●王宮周辺
ビッツィンガー
Bitzinger
別冊MAP●P8B4

国立オペラ座とアルベルティナーの間、小さな広場にあるソーセージ専門の屋台。焼きソーセージは10種類€3.80〜、大きなホットドッグは8種類€3.40〜。マスタードは辛口と甘口を選べる。テーブルはあるが、イスはない。

DATA 交Ⓤ1・2・4号線Karlsplatz駅から徒歩6分 住Augustinerstr. 1 ☎0664-886224 28 時8時〜翌4時 休なし

Ⓒ ●シュテファン寺院周辺
フレッシュ・
スープ＆サラダ
Fresh Soup & Salad
別冊MAP●P8B1

ファーストフード感覚でリーズナブルに食べられるサラダやスープが人気。サラダ€5.70〜やスープ€4.60〜、カレー€7.30などがある。テイクアウトも可能。

DATA 交Ⓤ1・3号線Stephansplatz駅から徒歩5分 住Wipplinger Str.1 ☎0676-5313077 時11〜21時（金曜〜16時、土曜〜15時）休日曜 Ⓔ

 プチ情報 軽食メニューのなかでも特に人気なのがソーセージやピザ、ケバブなど。屋台は地下鉄1号線シュヴェーデンプラッツや、トラム1・2・D番ケルントナー・リンク・オーパー停留所地下に集まっている。

Check! 冬限定の屋台おやつ

寒さが感じられるころに登場するのが、焼き栗の屋台。日本の焼き栗より大きくて甘さは控えめ。地下鉄駅付近に多い。

冬の風物詩。1袋7個入り、€2くらい

コルンシュピッツ・ベシュトロイツ
○ Kornspitz Bestreut

各€0.99
ライ麦や大豆などから作るパン。ややハード系で、トウモロコシ(上)やカボチャ(下)の種をまぶしてある **F**

€6.20
生クリームとバニラ、イチゴアイスのうえにフルーツをたっぷりのせたゴージャスなパフェ **D**

フリッテンズッペ
○ Frittatensuppe

€4.50
細かくカットしたクレープの皮が入ったコンソメスープ。コクがあり味わい深い **E**

フルーツパフェ
○ Fruchtbecher

ズッペントップフ・アルト・ウィーン
Suppentopf Alt Wien

€6.20
コンソメスープに牛肉やニンジン、タマネギ、細麺が入った具だくさんのスープ **E**

イチゴクレープ
○ Erdbeeren Crêpes

€7.60
フレッシュなイチゴを大胆にのせたクレープ。下には生クリームとイチゴアイスがかくれている **D**

D ●シュテファン寺院周辺

ザノーニ・ザノーニ
Zanoni & Zanoni

別冊MAP●P9C2

イタリアンジェラートやパフェ、クレープ、フローズンヨーグルトなどボリューム満点のスイーツを取り揃える。メニューは写真付きでわかりやすい。夏期にはテラス席が出て大にぎわいとなる。

DATA 交Ü1・3号線Stephansplatz駅から徒歩3分
住am Lugeck 7
☎01-5127979
時7~24時
休なし **E E**

E ●シュテファン寺院周辺

カフェ・コルプ
Café Korb

別冊MAP●P8B2

創業1904年。調度類は1950年代のもの。地元人がランチに利用することが多く、日替わりランチは€12.80(日曜は€14.80)。かつてフロイトが訪れては執筆活動を行なっていた。人気のスープは4種類。

DATA 交Ü1・3号線Stephansplatz駅から徒歩3分
住Brandstätte 9
☎01-5337215
時8~24時(日曜、祝日10~23時)
休なし **E E**

F ●シュテファン寺院周辺

アンカー
Anker

別冊MAP●P9D1

赤い看板が目印の1891年創業のウィーンを代表するベーカリー。主要地下鉄駅など市内に130店舗あり、常時25種類揃うパンのほか、サンドイッチやスープ、ヨーグルトが並ぶ店舗も。イートインできる店舗が多い。

DATA 交Ü1・4号線Schwedenplatz駅から徒歩1分
住Schwedenplatz 2
☎01-5320985
時5時30分~20時(土・日曜4時30分~19時30分)
休なし **E**

レストランからカフェまで盛りだくさん
まだまだあります ウィーンのグルメスポット

リンク内にはレストランや老舗カフェ、バーなどが多く集まっている。
早朝から深夜まで営業しているところもあるので時間は気にせず楽しもう。

ウィーン料理 別冊MAP P8B2 ●王宮周辺
マインル・アム・グラーベン
Meinl am Graben

高級フードストア2階のダイニング

高級食材店のユリウス・マインル(→P80)の2階にあるモダンなウィーン料理を提供するレストラン。季節の厳選食材を使い、盛り付けにも凝っている。仔牛のフィレグリル€39、ヴィーナーシュニッツェル€27。ランチは3コースで€39〜。

DATA 交Ü3号線Herrengasse駅から徒歩3分 住Graben 19 ☎01-53233346000 時8〜24時(土曜9時〜)※季節により異なる 休日曜、8月初旬〜中旬 ⒠Ⓔ

1.セットメニューの内容は季節ごとに変わる 2.コールマルクト通りとグラーベン通りの角に店を構える

ウィーン料理 別冊MAP P8B2 ●王宮周辺
ツム・シュヴァルツェン・カメール
Zum Schwarzen Kameel

伝統と創作が融合したウィーン料理

創業1618年、王室御用達のデリカテッセンに併設。伝統料理に創作が加わったメニューが揃う。シーバスのグリル€30。

DATA 交Ü1・3号線Stephanplatz駅から徒歩5分 住Bognergasse 5 ☎01-533812511 時12〜23時 休1月1日、12月25日 ⒠Ⓔ

ウィーン料理 別冊MAP P6B2 ●リンク周辺
ツム・ロイポルト
Zum Leupold

お酒も充実したシックなレストラン

ウィーン大学近くにある。ターフェルシュピッツやシュニッツェルなどのオーストリア料理のほか、肉料理に定評がある。ビアバーを併設。予算は€25〜。

DATA 交Ü2号線Schottentor駅から徒歩5分 住Schottengasse 7 ☎01-533938112 時10〜24時 休なし Ⓔ

ウィーン料理 別冊MAP P10B1 ●ケルントナー通り
ブリストル・ラウンジ
Bristol Lounge

格式と伝統を合わせもつ高級料理店

ウィーンを代表するホテルブリストル内。ランチはアラカルト€21〜のみで、グラーシュやシュニッツェルなどが揃う。ディナーは5品コース€89。

DATA 交Ü1・2・4号線Karlsplatz駅から徒歩4分 住Ⓗブリストル(→P84)内 ☎01-51516553 時7〜24時 休なし ⒿⒺⒺ

ウィーン料理 別冊MAP P8B4 ●ケルントナー通り
フューリッヒ
Führich

中心部にあるグルテンフリーのレストラン

地元料理のほか、ビーフステーキ€34やビーフバーガー€17.80、フィッシュグリル€23.80などメニュー豊富。ほとんどの料理をグルテンフリーに変更可能。

DATA 交Ü1・2・4号線Karlsplatz駅から徒歩6分 住Führichgasse 6 ☎01-5130880 時12〜24時 休なし ⒿⒺ

プチ情報 ウィーン市内のレストランやカフェでは、禁煙か喫煙可か分煙かを示すステッカーが入口に貼ってある(→P138)。喫煙者の多い国ではあるが、完全禁煙の店も少なくない。

●ケルントナー通り
ウィーン料理 / 別冊MAP P9C3

ギゲル
Gigerl Stadttheuriger

旧市街のホイリゲ風居酒屋

石畳が残る旧市街の小径にある。深夜まで営業している。メニューはウィンナー・シュニッツェル€19.50やグラーシュ€14.50などウィーンの代表料理がメイン。ホイリゲのように、つまみの注文はセルフサービス。

1.チーズと小麦粉で作る、すいとんのようなケーゼシュペッツレ€9.50　2.店内はアットホームな雰囲気

DATA　交Ⓤ1・3号線Stephansplatz駅から徒歩4分　住Rauhensteingasse 3　☎01-5134431　時15時〜翌1時　休なし　Ⓔ Ⓔ

●リンク周辺
ウィーン料理 / 別冊MAP P9D4

シュタイラーエック
Steirereck

ウィーングルメ界の最高峰

緑豊かな市立公園内。世界的権威を誇るフランスの組織ルレ・エ・シャトーのメンバーに認められた、オーストリアでトップクラスの名店。ランチコースは4品で€105。ディナーコースは6品で€155。ランチ、ディナーともにアラカルトもある。ドレスコードあり。要予約。

DATA　交Ⓤ4号線Stadtpark駅から徒歩5分　住Heumarkt 2a/im Stadtpark　☎01-7133168　時11時30分〜14時30分、18時30分〜22時　休祝日　Ⓔ Ⓔ

1.季節に応じた旬の食材をふんだんに使う料理が定評
2.市立公園のウィーン川のほとりに立つ一軒家レストラン

●リンク周辺
ウィーン料理 / 別冊MAP P9D3

サロンプラフォンド・イン・マック
Salonplafond im MAK

洗練された美術博物館のレストラン

応用美術博物館(→P54)内。290㎡の広いフロアに140席あり、美しい庭にテラス席も備わる。ランチは伝統的なウィーン料理のほか、フレンチトースト€8やエッグベネディクト€10などもある。ディナーはサーモンフィレ€28やビオ・ビーフフィレ€36がおすすめ。

DATA　交Ⓤ3号線Stubentor駅から徒歩2分　住Stubenring 5　☎01-2260046　時10〜24時(金・土曜は〜翌1時)　休なし　Ⓔ Ⓔ

1.アラカルトの一例、緑の春野菜の前菜　2.格子模様の天井にスタイリッシュな家具が見事に調和されている

●ケルントナー通り
イタリア料理 / 別冊MAP P8B4

ルベッラ
Lubella

気軽に訪れたい本格ピザの店

石釜で焼くピザが人気のイタリアン。パスタやサラダブッフェからオーストリア料理、ステーキも用意。予算は€14〜。店内はカジュアルな雰囲気。

DATA　交Ⓤ1・2・4号線Karlsplatz駅から徒歩6分　住Führichgasse 1　☎01-5126255　時11時〜23時30分　休なし　Ⓙ Ⓔ

●ケルントナー通り
日本料理 / 別冊MAP P10B1

雲海
Unkai

ホテルグランド内にある和食店

ホテル7階にある眺めのいい店。寿司、刺身、鉄板焼きなど、伝統的な日本料理が味わえる。オペラ座にも近く、オペラ鑑賞後の食事にもいい。

DATA　交Ⓤ1・2・4号線Karlsplatz駅から徒歩3分　住Ⓗグランド(→P84)内　☎01-51580-9110　時12時〜14時30分、18〜23時(月曜は18時〜のみ)　休月曜の昼　Ⓙ Ⓙ

●王宮周辺

カフェ 別冊MAP P8A4

パルメンハウス
Palmenhaus

かつての温室がカフェに大変身

ユーゲントシュティール様式の大温室の一部を利用。王宮庭園内の北側に位置し、陽光と緑に溢れる店内は休憩にぴったり。自慢のトルテはコクのある甘さが上品なスグリジャムとバニラクリームの。食事メニューも豊富で、夜はバーとしても利用できる。天気のいい日はテラス席がおすすめ。

DATA 交⑪D・1・2・71番Burgringから徒歩3分 住Burggarten 1 ☎01-5331033 時11〜23時（金曜10〜24時、土曜9〜24時、日曜、祝日9〜22時、季節により異なる）休1月上旬〜2月の月・火曜 EE

1.ハウストルテのスグリジャムとバニラクリームのケーキ€4.60 2.明るく開放的な店内。熱帯植物の緑がさわやか

●ケルントナー通り

カフェ 別冊MAP P10B1

ゲルストナー
Gerstner

エリーザベトも訪れた歴史あるカフェ

1847年、菓子職人のアントン・ゲルストナーが創業した老舗。帝国オペラ劇場やウィーン万博でのケータリングを任せられ、その褒賞として王室御用達菓子店の肩書きを得た。店では伝統のスイーツが楽しめるほか、シシィゆかりのスミレ菓子など、みやげ物も数多く揃える。

DATA 交⑪U1・2・4号線Karlsplatz駅から徒歩3分 住Kärntner Str.51 ☎01-5261361 時10〜23時 休なし EE

1.店オリジナルのケーキ、ゲルストナー・トルテ€5.20。 2.ケルントナー通りの入口に移転し、さらに優雅さが増した

●シュテファン寺院周辺

カフェ 別冊MAP P8B3

オーバラー・シュタットハウス
Oberlaa Stadthaus

バリエーション豊富なスイーツ

ケーキの種類が多いことで有名。甘さ控えめの現代的なスイーツが女性に支持されている。トルテやシュニッテなどケーキ類はほとんどが€4.30〜4.40で一部は季節ごとに入れ替わる。朝食はハムやチーズ、卵などで€12.90。

DATA 交⑪U1・3号線Stephansplatz駅から徒歩3分 住Neuer Markt 10-11 ☎01-51329360 時8〜20時 休なし EE

1.チョコレートのハウストルテ€4.40 2.ウィーン南部の温泉地、オーバラーが拠点のコンディトライ

●シュテファン寺院周辺

カフェ 別冊MAP P9C2

カフェ・ディグラス
Café Diglas

ケーキとボリューム満点の料理が自慢

自家製ケーキとランチの定食がリーズナブルに味わえる。おいしさの秘密は吟味した食材と家族経営ならではのレシピ。

DATA 交⑪U1・3号線Stephansplatz駅から徒歩5分 住Wollzeile 10 ☎01-5125765 時8時〜22時30分（土・日曜、祝日9時〜）休なし

●シュテファン寺院周辺

カフェ 別冊MAP P9C2

カフェ・アルト・ウィーン
Kaffe Alt Wien

食事もお酒も楽しめるアートなカフェ

ポスターや絵画が壁一面に貼られた店内は、ギャラリーのよう。ハウストルテは€4.80。ヴィーナーシュニッツェル€12.60も人気。

DATA 交⑪U1・3号線Stephansplatz駅から徒歩6分 住Bäckerstr. 9 ☎01-5125222 時9時〜翌2時 休なし EE

 旧市街のアンカー時計周辺（別冊MAP/P9C1）にはバーやパブが集まる一帯があり、バミューダ・トライアングルとよばれる。バミューダ海域の「魔の三角地帯」からなぞられたもので、酔いつぶれて沈没してしまうことから名付けられた。

●ケルントナー通り

別冊MAP P8B3

カフェ・コンディトライ・ハイナー
Café Konditorei Heiner

伝統のスイーツが揃う老舗カフェハウス

創業は1840年。王室御用達の証である双頭の鷲の紋章を掲げる。伝統を感じさせるスイーツは常時30種類以上。軽食もある。

DATA 交Ü1・3号線Stephansplatz駅から徒歩3分 住Kärntner Str. 21-23 ☎01-5126863 時8時30分〜19時30分(日曜、祝日10時〜) 休なし Ｅ Ｅ

 ●郊外

別冊MAP P4A4

カフェ・ドムマイヤー
Café Dommayer

ヨハン・シュトラウス2世、初演の場

1787年に食事や演奏を楽しめるサロンとしてオープン。ワルツ王のヨハン・シュトラウス2世が初演を飾った由緒あるカフェとしても有名で、記念碑も立つ。種類豊富なハウストルテのほか、卵やハム、チーズ、サーモンにフルーツヨーグルトが付いた朝食セット€19.80もおすすめ。

DATA 交Ü4号線Hietzing駅から徒歩5分 住Dommayorgasse 1,Auhof Str. 2 ☎01-87754650 時7時30分〜20時30分 休なし Ｅ Ｅ

1.イチゴムースのエルトベーアトルテ€4.30 2.シェーンブルン宮殿の近くにあるのであわせて訪れるのもいい

 ●シュテファン寺院周辺

別冊MAP P8B3

ロース・アメリカン・バー
Loos American Bar

アドルフ・ロース設計、伝説のバー

近代建築を牽引したアドルフ・ロースが設計。マホガニーの天井や鏡など、非装飾の斬新な内装は1908年の創業から100余年経った現在もそのまま。内部見学のみは不可。

DATA 交Ü1・3号線Stephansplatz駅から徒歩1分 住Kärntner Durchgang 10 ☎01-5123283 時12時〜翌4時 休なし Ｅ Ｅ

 ●リンク周辺

別冊MAP P4B2

カフェ・ワイマール
Café Weimar

毎夜ピアノの生演奏

ワインやつまみ系の食事メニューが豊富で、軽めの夕食やバーとして利用するのに最適。毎夜19時30分からピアノの生演奏が行われる。

DATA 交Ü6号線Währinger Straße-Volksoper駅から徒歩5分 住Währinger Str. 68 時8時〜23時30分(土・日曜8時30分〜) 休なし

 ●シュテファン寺院周辺

別冊MAP P8B1

ビアラディス
Bieradies

食事メニューも豊富に揃う

シュテファン寺院の北西、ユダヤ人広場の一角。オーストリア製の生ビールは€3.60/300mℓ〜。夏期はテラス席が大賑わい。

DATA 交Ü3号線Herrengasse駅から徒歩5分 住Judenplatz 1 ☎01-5356611 時11〜24時(日曜〜23時) 休なし Ｅ Ｅ

 ●シュテファン寺院周辺

別冊MAP P9C1

クラー・クラー
Krah Krah

リンク内の飲み屋エリアで最も古い

バミューダ・トライアングルとよばれる飲屋街で1950年から営業するビアハウス。ビールは生、瓶合わせて50種類以上、€3.30〜。

DATA 交Ü1・4号線Schwedenplatz駅から徒歩3分 住Rabensteig 8 ☎01-5338193 時11時〜翌2時(日曜〜翌1時) 休なし Ｅ Ｅ

1.店内はカウンターとテーブル席のワンフロアのみ 2.小さなフロアだが鏡などを使って広く見せている

長く愛用できるアイテムばかり
伝統を受け継ぐ
王室御用達の名店

王室御用達の称号を受けたショップや宮廷発祥の手工芸店には、上品なデザインと確かな品質のアイテムがずらりと並ぶ。一生モノの逸品を探しに行こう!

・ 創業1718年

シュテファン寺院周辺	別冊MAP P8B3

アウガルテン
Augarten

オーストリアが誇る高級磁器
1744年から王室直属窯になった、ヨーロッパで2番目に古い陶磁器ブランド。エリーザベトやマリア・テレジアが使用したものと同じデザインや、19世紀初頭に流行したビーダーマイヤー模様などが人気。すべて熟練した職人によるハンドペイント。

DATA 交Ü1・3号線Stephansplatz駅から徒歩1分 住Spiegelgasse 3
☎01-5121494 時10〜18時 休日曜
☑日本語スタッフ ☑英語スタッフ

1.マリア・テレジアシリーズ€195(手前)、ビーダーマイヤー・ガーランド€363(奥)のカップ&ソーサー 2.エリーザベトが使用したものと同じデザインの小皿€97、ミニ花瓶€78、小物入れ€88 3.デコヴィエン€81(左)とオールドウィーナー€43(右)の指ぬき 4.工房はアウガルテン宮殿内(→P55)

・ 創業1814年

シュテファン寺院周辺	別冊MAP P8B3

A.E.ケッヒェルト
A.E. Köchert

エリーザベトに贈られた星の宝石
フランツ・ヨーゼフ1世が妻エリーザベトに贈った、星の髪飾り「ダイヤモンドの星」をデザインした宝石商。王室御用達は1868年からで、これに似た髪飾りを付けた肖像画はシシィ・ミュージアム(→P30)と王宮家具博物館(→P32、53)にある。

DATA 交Ü1・3号線Stephansplatz駅から徒歩3分 住Neuer Markt 15 ☎01-5125828 時10〜18時(土曜〜17時) 休日曜 □日本語スタッフ ☑英語スタッフ

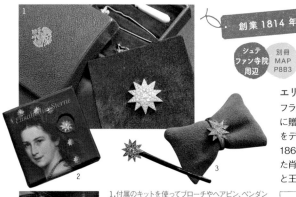

1.付属のキットを使ってブローチやヘアピン、ペンダントに加工できるダイヤモンドの星€3400〜 2.エリーザベトの三女「マリー・ヴァレリー」のダイヤモンドシリーズ。ペンダント€1480 3.エリーザベトの長女「ギーゼラ」を冠したダイヤモンドシリーズ。ヘアピン€1300(左)とリング€1380(右) 4.オーダーメイドも可能

プチ情報 王室御用達の店は菓子店にもあり、デメル(→P57)やゲルストナー(→P72)、カフェ・コンディトライ・ハイナー(→P73)はK&K(Kaiserlich und Königlich=帝国そして王国)の称号を看板に掲げている。

1

2

1

2

創業 1843 年

シュテ
ファン寺院
周辺

別冊
MAP
P9C2

ベルンドルフ
Berndorf

美しいフォルムのカトラリー

エリーザベトが愛用した、カトラリーの老舗店。100年前の形を引き継いだロイヤルシリーズをはじめ、スプーン1本€6.50〜などが並ぶ。子供用もある。

1.砂糖まぶし用カトラリー€9.90。エリーザベトが使ったカトラリーがモデル　2.約40種のカトラリーセットは€149〜5599。動物がデザインされた子供用セットは€14.90　3.銀製品はとくに高価

DATA　交Ｕ1・3号線Stephansplatz駅から徒歩5分
住Wollzeile 12　☎01-5122944　時10時〜18時30分（土曜〜17時、7・8月の土曜は〜13時）　休日曜
☑日本語スタッフ（週2・3日）　☑英語スタッフ

創業 1823 年

ケルン
トナー
通り

別冊
MAP
P8B4

ロブマイヤー
Lobmeyr

世界最高峰のクリスタルガラス製品

1835年から王室御用達の称号を与えられたクリスタルガラス店。王宮やオペラ座にここのシャンデリアが使われている。品質とデザイン性の高さで世界中にファンがいる。

1.クリスタルグラス。「バロック」シリーズ（左）は€272、（右）は€299　2.個性的なデザインのキャンディ・ディッシュ、小€149、中€165、大€198　3.光の彫刻と称される店内

DATA　交Ｕ1・3号線Stephansplatz駅から徒歩5分
住Kärntner Str. 26　☎01-512050888
時10〜19時（土曜〜18時）　休日曜
□日本語スタッフ　☑英語スタッフ

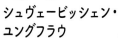

1

3

2

創業 1720 年

シュテ
ファン寺院
周辺

別冊
MAP
P8B2

シュヴェービッシェン・
ユングフラウ
Schwäbischen Jungfrau

上品で質のよいリネンが人気

ダマスク織りや正絹のベッドリネンにテーブルウエア、タオル類など、エレガントで高品質な製品を扱う。マリア・テレジアやシシィも訪れたことがある。

1.2.麻でできた布ナプキンやクッションなどには、シシィが注文した王冠マークが入っている　3.シシィの刺繍リボン€39　4.グラーベン通りに店を構える

DATA　交Ｕ1・3号線Stephansplatz駅から徒歩3分
住Graben 26　☎01-5355356
時10時〜18時30分（土曜〜17時）　休日曜
□日本語スタッフ　☑英語スタッフ

創業 1932 年

王宮
周辺

別冊
MAP
P8A3

1

2

3

マリア・シュトランスキー
Maria Stransky

宮廷発祥の伝統刺繍工芸

マリア・テレジア時代に宮廷女官たちの間で発展した刺繍工芸プチ・ポワンの伝統の技を引き継ぐ名店のひとつ。刺繍はステッチの数が多いほど値段が高くなる。

1.特別な日に使いたい、エレガントなハンドバッグ€900〜3500　2.コーディネートのポイントに使いたいハートペンダントヘッド€39〜　3.王宮内のパサージュ（小径）にある小ぢんまりとした店

DATA　交Ｕ3号線Herrengasse駅から徒歩4分
住Hofburg-passage 2　☎01-5336098　時10〜18時（土・日曜、祝日〜17時、13時〜13時30分は昼休み）
休なし　□日本語スタッフ　☑英語スタッフ

欲しいものがきっとみつかるよ

ショッピングストリート①
ウィーンで一番の繁華街
ケルントナー通り

国立オペラ座からシュテファン寺院を繋ぐケルントナー通りは、ウィーンで最もにぎやかな通り。
数あるショップのなかから特に人気のショップをセレクト！

1 別冊MAP P8B4　スワロフスキー
Swarovski

キラキラだよ

鍵も付けられるバッグチャームに注目！

キラキラ輝くクリスタル

創業1895年。インスブルックで誕生したクリスタルガラスメーカーの直営店で、3フロアからなる店内は世界最大級の広さ。アクセサリーから置物、小物類など品揃え豊富で、日本で購入するより断然お得。

1.スマホリング€39　2.クマの置物€249　3.スワン€79　4.オウム€69　5.ハートがかわいいペン€49　6.高級感漂うラグジュアリーな空間

DATA 交Ⓤ1・3号線Stephansplatz駅から徒歩5分　住Kärntner Str. 24　☎01-3240000　時9〜21時（土曜〜18時）　休日曜
□日本語スタッフ　☑英語スタッフ

2 別冊MAP P8B3　シュテッフル
Steffl

有名ブランドが目白押し

クロエやセリーヌなどハイブランドからラコステ、UGGといったカジュアルブランドまで揃うファッションビル。最上階には眺めのいいカフェがある。レディースフロアは2、3、6階。

DATA 交Ⓤ1・3号線Stephansplatz駅から徒歩3分　住Kärntner Str.19　☎01-930560　時10〜20時（土曜9時30分〜18時）　休日曜、祝日
□日本語スタッフ　☑英語スタッフ

3 別冊MAP P8B3　ビパ
Bipa

オリジナルコスメが人気

ピンク色の建物が目を引く、女性に人気のドラッグストア。オーストリア全土に600店舗以上あり、オリジナルコスメのIQやLOOK、日本で話題のオーガニックコスメ、ヴェレダも格安で購入できる。旧市街に8店舗ある。

1.マニュキュア（全20種類）€2.25〜　2.グラデーションもばっちり！アイシャドー（全8種類）€4.49　3.ウォータープルーフでボリュームアップできるマスカラ€2.75〜

このシャドー、発色いいね☆欲しいっ！

DATA 交Ⓤ1・3号線Stephansplatz駅から徒歩1分　住Kärntner Str. 1-3　☎01-5122210　時8〜20時（土曜〜18時）　休日曜　□日本語スタッフ　☑英語スタッフ

プチ情報　陶器や真鍮を使って動物のオブジェなどを作った、ウィーン生まれの造形美術家ウォルター・ボッセWalter Bosse。エースタライヒッシェ・ヴェルクシュテッテンで販売しているオブジェは約40種類ほど。

4 別冊MAP P8B3 ミュールバウアー
Mühlbauer

カジュアル×モードの帽子店

1903年から代々続く老舗帽子屋で、現在は4代目のクラウス氏が受け継いでいる。シーズンに合わせてクラシックなものからモードやカジュアルなものまで幅広いデザインを展開。

1.メンズ、レディースを手がける。海外セレブにも人気で€250〜 2.珍しい青いストローハット 3.ストライプのリボンがアクセント 4.ストローハット 5.デザイナーのクラウス氏

DATA 交Ｕ1・3号線Stephansplatz駅から徒歩3分 住Seilergasse 10 ☎01-5122241 時10時〜18時30分(土曜〜18時) 休日曜 □日本語スタッフ ☑英語スタッフ

シーズンごとのデザインを楽しんで

5 別冊MAP P8B3 トーマス・サボ
Thomas Sabo

ドイツ生まれのジュエリー

世界各地に店舗をもつドイツのジュエリーブランド。数あるアクセサリーのなかでも特にチャームに力を入れていて、その数1100種類!ネックレスなどに複数個付けるのがかわいい。

1.シルバーアクセサリーが中心 2.大きめチャームはネックレスに 3.チャームが並ぶ店内 4.ブレスレット€49〜、ラブチャーム€44 5.ブレスレット€79〜

DATA 交Ｕ1・3号線Stephansplatz駅から徒歩2分 住Seilergasse 4 ☎01-5123925 時10〜19時(土曜〜18時) 休日曜 □日本語スタッフ ☑英語スタッフ

6 別冊MAP P8B3 エースタライヒッシェ・ヴェルクシュテッテン
Österreichische Werkstätten

オーストリアの手工芸品が大集合

クリムトの絵をモチーフにしたスカーフやネクタイ、ウィーン工房デザインのファブリックを使ったカバンやクッションカバーなどオーストリア製のハンドクラフトグッズを揃える。

1.人気みやげをまとめ買いできる 2.ウォルター・ボッセの動物の超ミニサイズのオブジェ

DATA 交Ｕ1・3号線Stephansplatz駅から徒歩2分 住Kärntner Str. 6 ☎01-5122418 時10〜19時(土曜〜18時) 休日曜 □日本語スタッフ ☑英語スタッフ

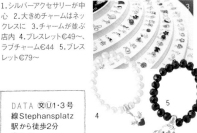

シュテファン寺院

Stephansplatz駅

地下鉄1号線

地下鉄3号線

ケルントナー通りは歩行者天国

国立オペラ座へ↓

ショッピングストリート②

マリアヒルファー通りでキュートな雑貨探し

ウィーン西駅からリンクへ通じるマリアヒルファー通りは、地元の人が集まる人気の買い物エリア。特に雑貨店が多く、大型店から個性派ショップまでさまざま。

1 別冊MAP P4B4 タリア Thalia

雑貨も並ぶ大型書店

地下1階から3階に、書店と雑貨店、カフェが入る。メインとなる書店にはソファーが置かれ、座って本を読むことができる。雑貨は文房具品からエコバッグ、ポストカードまでさまざま。地図の種類は豊富。

> DATA 交Ⓤ3号線Zieglergasse駅から徒歩2分 住Mariahilfer Str. 99 ☎0732-7615-66710 時9〜19時（木・金〜20時、土曜〜18時）休日曜 □日本語スタッフ ☑英語スタッフ

1.座りながらじっくり本を読める 2.エレガントなデザインの便せん 3.小物入れもいろいろ。バースデー用ボックス 4.個性的な形をした貯金箱などアイテムはさまざま

オリンピック選手の手型や足型がある

通りには大型店が点在する

Ⓤ Zieglergasse駅
地下鉄3号線

2 別冊MAP P13A3 グラーフ・ウント・グレーフィン・フォン・ライムントホーフ Graf und Gräfin vom Raimundhof

遊び心いっぱいの雑貨が大集合

マリアヒルファー通りから入ったライムトンホーフ通りにある。個性的な雑貨やアクセサリーなどファッションアイテムがたくさんあり、変わったおみやげが欲しい時におすすめ。

> DATA 交Ⓤ3号線Neubaugasse駅から徒歩4分 住Mariahilfer Str. 45, Raimundhofpassage ☎01-5850630 時11〜18時（金曜〜19時、土曜〜17時）休日曜 □日本語スタッフ ☑英語スタッフ

1.店の中央にアクセサリーが並ぶ 2.超個性的なトルテとカフェの指輪 3.キーホルダー 4.まな板

3 別冊MAP P4B4 ショコテーク Schokothek

チョコのセレクトショップ

オーストリア国内のチョコレートが集まる。おすすめはツォッターZotterの板チョコで、オレンジマジパンやテキーラなど変わり種が80種類以上。パッケージデザインもかわいい。

1.ツォッターは手作りチョコで有名 2.上からクルミヌガー、白ワイン&チーズ、幸運の1枚（サトウキビ）各€3.89

> DATA 交Ⓤ3号線Zieglergasse駅から徒歩3分 住Mariahilfer Str. 88a ☎01-5238104 時9時30分〜21時（土曜9〜19時、日曜10時30分〜17時）休なし □日本語スタッフ ☑英語スタッフ

プチ情報 マリアヒルファー通り沿いにあるデパート、ゲルングロスGerngross（別冊MAP/P6A4 時9時30分〜19時（木・金曜〜20時、土曜〜18時）休日曜）の地下にはフードコートがある。

4 別冊MAP P13B3 グリューネ・エルデ
Grüne Erde

オーストリアの自然派コスメ

バラやオリーブなど有機栽培の植物から抽出したエッセンシャルオイルで作る、オーガニックスキンケアブランド。オーガニックコットンを使った洋服、リネンも販売。

```
DATA
交U2号線Museum
squartier駅から徒歩3分
住Mariahilfer Str. 11
☎07615-203410
時9時30分〜19時
（木・金曜〜19時30分、
土曜〜18時）休日曜
□日本語スタッフ
☑英語スタッフ
```

1.店内はアロマの香りが漂う 2.ヤギのミルクの敏感肌用シャワージェル€9.92（左）とボディローション€14.92（右）。保湿力満点 3.肌をしなやかに保つスパイシーレモンのシャワー＆バスソルト€24.92

5 別冊MAP P13B2 カレ
Kare

個性派雑貨に出会える

ヨーロッパを中心に世界40カ国に展開する雑貨と家具の店。カラフルで個性的なデザインは見ているだけでも楽しい。店内は奥に広く、また地下の階ほど商品を多く陳列している。

```
DATA 交U2号線Museumsquartier駅から徒歩5分
住Mariahilfer Str. 5 ☎01-5856211 時9時30分〜
19時（木・金曜〜19時30分、土曜〜18時）休日曜
□日本語スタッフ ☑英語スタッフ
```

1.リンク通りに近い場所にある 2.車型貯金箱€11.50〜 3.存在感大の写真立て€23.95〜 4.ダリ風の時計各€16.95

ハイドン像が立つマリアヒルファー教会

マリアヒルファー通り
Mariahilfer Str.

ubaugasse駅

地下鉄2号線

Museumsquartier駅

6 別冊MAP P13A3 ライナー
Leiner

家具と雑貨のデパート

地下1階から6階までインテリア製品を販売する大型家具店。1階にはオーストリアやドイツ、デンマーク製などの食器や調理用品、寝具などがズラリと並ぶ。

```
DATA 交U2号線Museumsquartier
駅から徒歩5分 住Mariahilfer Str.
18 ☎01-521530 時10〜19時
（土曜9時30分〜18時）休日曜
□日本語スタッフ ☑英語スタッフ
```

1.MQポイント（→P41）から徒歩5分 2.店内は広いので時間をかけて見よう 3.クッションカバー 4.ハリネズミのチーズすりおろし器 5.ベルンドルフのみやげ用グラス 6.ユニークな形の栓抜き 7.トラウン湖畔の町発祥のグムンデン焼き。マグカップ、小皿

セレブ派も庶民派も納得の品揃え！

スーパーマーケットで
おみやげ探し

旅の楽しみのひとつ、おみやげ探しに欠かせないのがスーパーマーケット。
日本にはない珍しい商品もあり、思わず大人買いしてしまいそう。

シュタイヤーマルク州のカボチャオイル。€8.49（左）、€12.79（右）Ⓐ

ユリウス・マインルオリジナルのジャム。アンズ（左）クロスグリ（右）各€5.99Ⓐ

ミルクチョコ（左）€2.99ヘーゼルナッツ入りカラメルチョコ（右）€3.49Ⓐ

ヨウ素添加海水塩€4.29Ⓐ

高級スーパー

良質な商品が揃い、
自分や家族へのおみやげに
ピッタリ。

老舗調味料メーカーのチューブ入り西洋からし€1.99

アールグレイのアロマ紅茶€4.30Ⓐ

コーヒー缶€4.50（上）とモカコーヒー豆€13.49（左）Ⓐ

アールグレイのティーパック25袋入り€3.69Ⓐ

アラビカ豆のインスタントコーヒー€6.49Ⓐ

※参考価格

メランジェ用コーヒー豆€9.50Ⓐ

Ⓐ 別冊MAP P8B2 ●王宮周辺

ユリウス・マインル
Julius Meinl

高級スーパーの代名詞

オーストリア国内から世界各国まで多種多様な食料品が並び、原産国がわかるように国旗が商品タグに描かれている。1階にはカフェや総菜コーナー、2階はレストランのマインル・アム・グラーベン（→P70）がある。

DATA 交Ⓤ1・3号線Stephansplatz駅から徒歩3分
住Graben 19 ☎01-5323334 時8時～19時30分（土曜9～18時）休日曜 □日本語スタッフ ☑英語スタッフ

ユリウス・マインルといえばコーヒー！

もとはコーヒー豆の専門店で、世界で初めてコーヒーの焙煎を始めたといわれる。ウィーン市内のカフェやレストランではここのコーヒー豆を使う店が多い。

 プチ情報 スーパーマーケットのレジは日本と違って袋のサービスがないので、持参するかレジ近くにある袋を一緒に購入する（大きさによって1枚約€0.19～0.33）。商品はカゴから出して、自分でベルトコンベアに並べよう。

and more

自然派食品はココで

シュテファン寺院周辺 **別冊MAP P9C1**

ポルタ・デクストラ
Porta Dextra

国内産の食材から作るジャムやオイル、ワインなどを販売。紅茶専門店のハース&ハース（→P83）が経営している。

1. 左からカボチャオイル€11.90、アルガインオイル€13.50、ハーブオイル€8.50　2. お菓子類からスパイスまで幅広く扱う　3. イチゴと栗のジャム€5.90(左)とビタミンC豊富なミズキ科の果実ジャム(右)€5.90

DATA　交Ⓤ1・3号線Stephansplatz駅から徒歩2分　住Ertlgasse 4　☎01-5333534　時10時～18時30分（土曜～18時）　休日曜　Ⓔ

ヌーデルズッペ（左）グリースノッケルズッペ（右）のスープの素各€0.99Ⓑ

オイルサーディンの缶詰€1.99Ⓒ

レトルト食品も豊富。ハーブ肉とポテトの煮込み€2.79（下）とウィーン風ハンバーグ（ライス付き）€3.99（右）Ⓑ

庶民派スーパー

街なかの店舗数が多くなにかと便利。BIO(オーガニック)商品も見かける。

チロル地方の老舗、ダルボ社のハチミツ€4.49(手前)と松の木の樹液から採ったハチミツ€3.49（奥）Ⓑ

※参考価格

爽やかな酸味のリースリングワイン€9.99Ⓒ

オーストリアのエナジードリンク。レッドブル各€1.49Ⓒ

キビ粉で作ったオーガニックのスナック€0.79Ⓑ

モーツァルトチョコ。みやげに人気。各€1.39Ⓒ

Ⓑ **別冊MAP P10B1** ●リンク周辺

シュパー
Spar

ヨーロッパ全域に展開する

「安全な食品を低価格で販売」をコンセプトに、世界30カ国以上で展開する、オランダ生まれのスーパー。自社製のオーガニック食品も。

DATA　交Ⓣ D・1・2・71番Kärntner Ring, Operから徒歩2分　住Kärntner Ring 2　☎01-5046382　時7時30分～20時（土曜8時30分～18時）　休日曜　□日本語スタッフ　☑英語スタッフ

Ⓒ **別冊MAP P9C3** ●シュテファン寺院周辺

ビラ
Billa

店舗数ナンバーワン

オーストリア国内に1000店舗近くある、大手チェーン店。生鮮食品から日用品まで品揃え豊富。シュテファン寺院近くのこの店舗には、おみやげ用のチョコなどもあり、観光客が多く訪れる。

DATA　交Ⓤ1・3号線Stephansplatz駅から徒歩1分　住Singerstr. 6　☎01-5132579　時7時15分～19時30分（土曜～18時）　休日曜　□日本語スタッフ　☑英語スタッフ

定番ものからオリジナルまで

まだまだあります ショッピングスポット

歴史ある工芸品や、芸術作品をモチーフにしたミュージアムグッズが充実。
ショップはシュテファン寺院周辺に多く集まっているので要チェック。

ショッピングセンター | 別冊MAP P10B1 | ●ケルントナー通り

リンクシュトラーセン・ガレリエン
Ringstrassen Galerien

高級ブティックがずらりと並ぶ

70店舗が入る大型のショッピングセンター。ブランドショップが充実し、地下には食料品を扱うスーパーマーケットもある。

DATA 交Ü1・2・4号線Karlsplatz駅から徒歩3分 住Kärntner Ring 5-7, 9-13 ☎01-5125181 時10〜19時（土曜〜18時）、飲食店は8〜24時 休日曜 E

民族衣装 | 別冊MAP P9C2 | ●シュテファン寺院周辺

ヴィッツキー
Witzky

民族衣装を手ごろな値段で買うならココ

民族衣装や小物などを豊富に取り揃える。高価なディアンドゥル（伝統的な民族衣装）が€175〜、小物は€24〜とどれもお手ごろ価格。

DATA 交Ü1・3号線Stephansplatz駅から徒歩2分 住Stephansplatz 7 ☎01-5124843 時10〜18時（土曜〜17時） 休日曜 E

民族衣装 | 別冊MAP P8A3 | ●シュテファン寺院周辺

ローデン・プランクル
Loden Plankl

オーストリア各地の民族衣装が揃う

1830年創業の老舗洋服店。ウールを圧縮して作るローデン生地を用いた混紡スリッパは€40〜。チロル地方の民族衣装も人気。

DATA 交Ü3号線Herrengasse駅から徒歩3分 住Michaelerplatz 6 ☎01-5338032 時10〜18時（1・2・7・8月の土曜〜17時） 休日曜 E

ファッション | 別冊MAP P8B3 | ●シュテファン寺院周辺

ケットナー
Kettner

地元のご贔屓客に人気

民族的なデザインを現代に生かした服が、どの世代にも合うおしゃれなお店。AIGLEのレインブーツなどアウトドア系のアイテムもある。

DATA 交Ü1・3号線Stefansplatz駅から徒歩5分 住Plankengasee 7 ☎01-5132239 時9時30分〜18時30分（土曜〜17時） 休日曜 E

シューズ | 別冊MAP P10B1 | ●ケルントナー通り

フマニック
Humanic

豊富な種類とサイズがうれしい

オーストリア国内の主要都市に店を構える靴のチェーン店。デザイン性豊かなイタリア製の靴のほか、靴下やバッグなど小物類も取り扱う。

DATA 交Ü1・2・4号線Karlsplatz駅から徒歩4分 住Kärntner Str. 51 ☎01-51258920 時10〜19時（土曜〜18時） 休日曜 E

アクセサリー | 別冊MAP P8B4 | ●シュテファン寺院周辺

フライ・ヴィレ
Frey Wille

金とエナメルが融合したアクセサリー

鮮やかな色彩が特徴の高級エナメルアクセサリー店。ジュエリーのデザインはクリムトなど芸術家へのオマージュも込められている。

DATA 交Ü1・2・4号線Karlsplatz駅から徒歩6分 住Lobkowitzplatz 1 ☎01-5138009 時10〜19時（土曜〜17時） 休日曜 E

プチ情報 「アルトマン＆キューネ」のデザインもしているウィーン工房は、分離派メンバーのひとり、建築家ヨーゼフ・ホフマンが中心となって設立した。世紀末のウィーンで家具や食器など、さまざまな工芸品を手掛けた。

●MQ周辺
ミュージアムグッズ 別冊MAP P11D4

レプリックアート
Replicart

クリムト作品のグッズがたくさん

クリムトの作品をモチーフにしたアイテムや、NYのメトロポリタン美術館をはじめ、世界中からセレクトしたミュージアムグッズを販売。

DATA 交U4号線Stadtpark駅から徒歩9分 住Rennweg 11 ☎01-7987500 時10〜18時 休日曜 E

1.クリムトを代表する作品「接吻」がプリントされたコンパクト型ミラー€9.90
2.ポーチ€5.90 3.キーホルダー€6.90

●MQ周辺
みやげ 別冊MAP P10B2

ワルツ
Waltz

みやげからブランド品まで

オーストリアの代表的な特産品や一流ブランド品を中心に扱う。特にプチ・ポワントやスワロフスキーの洗練された商品が豊富。

DATA 交U1・2・4号線Karlsplatz駅から徒歩1分 住Kärntner Str.46 ☎01-5869171 時9時30分〜18時30分(土曜〜17時) 休日曜、祝日 J E

●シュテファン寺院周辺
ワイン 別冊MAP P8B2

ヴァイン・ウント・コー
Wein & Co

オーストリアワインが揃う

オーストリア産のワインを気軽に購入できる。地方産のオリジナルワインはもちろん、ヨーロッパ各地のワインも豊富。レストラン・バーを併設。

DATA 交U1・3号線Stephansplatz駅から徒歩2分 住Jasomirgott Str. 3-5 ☎050-7063121 時9〜22時(木〜土曜〜24時、日曜、祝日11時〜) 休なし E

●シュテファン寺院周辺
紅茶 別冊MAP P9C2

ハース&ハース
Haas & Haas

地元で大人気の紅茶専門店

種類豊富なお茶は100gからの量り売りで、香りを試してから購入できる。€4.50〜/100g程度。無農薬茶やフレーバーティーなどが揃う。

DATA 交U1・3号線Stephansplatz駅から徒歩2分 住Stephansplatz 4 ☎01-5129770 時9時〜18時30分(土曜〜18時) 休日曜 E

●シュテファン寺院周辺
お菓子 別冊MAP P9C2

マンナー
Manner

バラマキみやげにぴったりな定番菓子

ウエハースやチョコレートなど、オーストリアではポピュラーな製菓「マンナー」のショップ。菓子は€1.33〜。Tシャツやマグカップも人気。

DATA 交U1・3号線Stephansplatz駅から徒歩2分 住Stephansplatz 7 ☎01-5137018 時10〜21時 休なし E

●シュテファン寺院周辺
チョコレート 別冊MAP P8B2

アルトマン&キューネ
Altmann & Kühne

個性豊かなパッケージでお馴染み

1928年創業のチョコレート専門店。店を代表する商品は、カラフルで個性的な箱に入ったプラリネ。商品パッケージはウィーン分離派により設立されたウィーン工房が手がけている。

DATA 交U1・3号線Stephansplatz駅から徒歩1分 住Graben 30 ☎01-5330927 時9時〜18時30分(土曜10〜17時) 休日曜 E

1.グラーベン通りの中心にある、小さなチョコレート店 2.ロマンチックな宝の引き出し €55.90〜

目的に合わせてチョイス

人気のホテルリスト

観光に便利なのはリンク内やリンク周辺に位置するホテル。
夏は、観光客が多く訪れるため、早めの予約がおすすめ。

ケルントナー通り 別冊MAP P8B4 ザッハー
Hotel Sacher Wien

ザッハートルテで名高い老舗ホテル

ホテル創立者の父はザッハートルテを初めて作った人物で、1階のカフェ(→P56)では名物のザッハートルテが味わえる。格式高い館内には1000点にも及ぶ美術品が飾られ、なかでもフランツ・ヨーゼフ1世のサインの回りにはひときわ豪奢な刺繍が施されている。

DATA 交Ⓤ1・2・4号線Karlsplatz駅から徒歩5分
住Plilharmoniker Str. 4 ☎01-514560
料デラックス€559〜 150室 Ⓔ Ⓡ

↑国立オペラ座の裏手に位置 ←白と赤を基調とした、デラックスルームの客室

©Hotel Sacher

リンク周辺 別冊MAP P6B1 ドゥ・フランス
Hotel De France

作曲家ブルックナーの常宿

140年の歴史あるホテル。作曲家ブルックナーが愛し、ここで数々の名曲を生み出した。石造りでクラシックな外観だが、内部は時代とともに改装され機能的で快適な造りになっている。すしをメインにした日本料理「大八」は地元客も多い人気店。ランチ€13〜。

DATA 交Ⓤ2号線Schottentor駅から徒歩1分
住Schottenring 3 ☎01-313680
料スーペリア€185〜 194室 Ⓔ Ⓡ

↑7時30分〜翌1時まで営業しているロビーラウンジ ←スーペリアルーム

ケルントナー通り 別冊MAP P10B1 ブリストル
Hotel Bristol Wien

華やかな伝統と格式

1892年創業のウィーンを代表するホテル。国立オペラ座に面した部屋は特に眺望がよく、人気。レストラン「ブリストル・ラウンジ」(→P70)は高級店として名高い。

DATA 交Ⓤ1・2・4号線Karlsplatz駅から徒歩4分 住Kärntner Ring 1 ☎01-515160 料クラシック€290〜 150室 Ⓔ Ⓡ

リンク周辺 別冊MAP P11C2 インペリアル
Hotel Imperial

迎賓館だったホテル

元はヴュルテンブルク公爵の宮殿で、後に迎賓館として各国の要人を迎え入れてきた格式のあるホテル。リンク沿いにあり、観光に便利。2002年に上皇上皇后両陛下も宿泊。

DATA 交Ⓤ1・2・4号線Karlsplatz駅から徒歩5分 住Kärntner Ring 16 ☎01-501100 料クラシック€410〜 138室 Ⓔ Ⓡ

リンク周辺 別冊MAP P10B1 グランド
Grand Hotel Wien

国立オペラ座の近く

国立オペラ座から徒歩すぐ。古きよき時代の豪華さを残しつつ、最新の設備も整えている。日本人にうれしい和食レストラン「雲海」(→P71)のほかフレンチの「ル・シエール」も。

DATA 交Ⓤ1・2・4号線Karlsplatz駅から徒歩4分 住Kärntner Ring 9 ☎01-515800 料スーペリア€289〜 205室 Ⓔ Ⓡ

ル・メリディアン
Le Méridien Wien

ウィーン中心部の、リンク通りに位置するデラックスホテル。王宮や国立オペラ座へもわずかの距離で観光に最適。
DATA　交Ｕ1・2・4号線Karlsplatz駅から徒歩4分
住Robert-stolz-platz 1　☎01-588900
料クラシックコートヤード€235〜　294室　

 マリオット
Marriott Vienna

中央ホールはガラス天井から自然光が射し込んで明るいイメージ。客室も淡い優しい色を基調とし、落ち着いた雰囲気。
DATA　交Ｕ3号線Stubentor駅から徒歩5分
住Parkring 12a　☎01-515180
料デラックス€265〜　328室

 ヒルトン
Hilton Vienna

市立公園の近くに立つ大型ホテル。ウィーン中央駅や地下鉄駅に近く、ビジネスはもちろんアクティブ派の観光に便利。
DATA　交Ｕ3・4号線Landstraße駅から徒歩2分
住Am Stadtpark 1　☎01-717000
料キングゲスト€126〜　579室

 アストリア
Hotel Astoria

国立オペラ座が近いためオペラ歌手の常宿だったホテル。館内にはかつての常連歌手たちのポートレートが飾られている。
DATA　交Ｕ1・2・4号線Karlsplatz駅から徒歩6分
住Kärntner Str. 32-34　☎01-5157788
料クラシック€175〜　128室

 カイザリン・エリーザベト
Hotel Kaiserin Elisabeth

かのモーツァルトやメンデルも顧客リストに残る1348年創業の老舗ホテル。客室はシンプルにまとめられている。
DATA　交Ｕ1・3号線Stephansplatz駅から徒歩3分
住Weihburggasse 3　☎01-515260
料ダブル€128〜　63室

 オーストリア・トレンド・ホテル・サボイエン
Austria Trend Hotel Savoyen Vienna

ゆったりとした客室はシンプルモダンなインテリアでまとめられていて、落ち着く。ベルヴェデーレ宮殿のそば。
DATA　交Ｔ71・0番Rennwegから徒歩3分
住Rennweg 16　☎01-20633-0
料デラックスダブル€136〜　309室

 ヒルトン・プラザ
Hilton Vienna Plaza

商業エリアの中心に位置する。近年改装されモダンな雰囲気になった。エグゼクティブラウンジや9つの会議室を擁する。
DATA　交Ｕ2号線Schottentor駅から徒歩3分
住Schottenring 11　☎01-313900
料ツインゲスト€175〜　254室

 ザ・リッツ・カールトン・ウィーン
The Ritz-Carlton Vienna

19世紀建造の歴史ある宮殿を改装した、ラグジュアリーホテル。モダンで洗練された客室はアメニティも最高級。
DATA　交Ｕ1・2・4号線Karlsplatz駅から徒歩6分
住Shubertring 5-7　☎01-31188
料デラックスツイン€330〜　202室

 インターコンチネンタル
Inter-Continental Vienna

市立公園の西側に位置し、パソコン環境やジムなど充実した設備でビジネス客に人気がある。客室は上品な雰囲気。
DATA　交Ｕ4号線Stadtpark駅から徒歩1分
住Johannesgasse 28　☎01-711220
料クラシック€181〜　459室

 アンバサダー
Ambassador Wien

オペレッタの作曲家フランツ・レハールが常宿としたホテル。100年以上の歴史があり、改装後は禁煙ルームも用意する。
DATA　交Ｕ1・3号線Stephansplatz駅から徒歩4分
住Neuer Markt 5/Kärntner Str. 22　☎01-961610
料クラシック€189〜　89室

 アム・コンツェルトハウス
Hotel Am Konzerthaus Vienna

シンプルな外観だがクリムトの作品が飾られるアートホテル。客室アメニティはN.Y.発のシー・オー・ビゲロウ。朝食も充実。
DATA　交Ｕ4号線Stadtpark駅から徒歩5分
住Am Heumarkt 35-37　☎01-716160
料クラシック€128〜　211室

 K＋Kホテル・マリア・テレジア
K+K Hotel Maria Theresia

ミュージアムクオーター・ウィーン近くにある黄色い外観のホテル。周辺にはおしゃれなレストランやバーが並ぶ。
DATA　交Ｕ2・3号線Volkstheater駅から徒歩3分
住Kirchberggasse 6　☎01-52123
料クラシックウィーン€135〜　132室

ウィーンからのエクスカーション①

世界遺産のヴァッハウ渓谷で ドナウ河クルーズ

大河ドナウが流れるウィーン西部のメルクからクレムスまでのヴァッハウ渓谷は
風光明媚な景色が広がるエリアとして有名で、クルーズ船からその景観を楽しめる。

おすすめモデルコース

ウィーン西駅
▽ 電車50分
メルク駅
▽ 徒歩20分
メルク修道院
▽ 徒歩25分
メルク船着場
▽ 船1時間20分
デュルンシュタイン
▽ バス15分
クレムス
▽ 電車1時間10分
ウィーン・フランツ・ヨーゼフ駅

右岸の断崖に立つ古城

船から

シェーンビュール城
Schloss Schöbühel

タマネギ型の尖塔が目印
メルクを出航して約5km、右手に見えてくる。起源は9世紀にまで遡り、その美しい外観から「ドナウの女王」と称えられている。

メルク
Melk

メルクとはスラブ語で"緩やかな川"の意味

川沿いにひらけた街
ヴァッハウ渓谷の上流に位置する、緑の田園地帯に囲まれた小さな街。ドナウ川を下る出発点で、街道沿いにルネッサンスの面影を残す家が並ぶ。

DATA 観光案内所：� Kremser Str. 5 ☎02752-51160 時9時30分～18時（日曜、祝日は～16時、時期により異なる）休1月～3月下旬

メルク修道院
Stift Melk

国内有数のバロック建築様式を誇る、ベネディクト派の修道院。創建は11世紀で、10万冊以上の蔵書を誇る図書館や礼拝堂など見応え充分。

DATA 交メルク駅から徒歩20分 住Stift Melk ☎02752-555232 時9時～17時30分（11～3月は11時と14時発の英語ガイドツアーのみ）休なし 料€12.50（英語ガイドツアー€14.50）

宮殿のような壮麗なたたずまい

シュピッツ駅

アッグシュタイン城

アグスバッハマルクト駅

エマースドルフ駅

シェーンビュール城

メルク駅

プチ情報 ドナウ川クルーズの乗船場は全部で5つ。上記のおすすめモデルコースは下りのフェリーで乗船時間は約1時間40分。逆にクレムスから乗り、メルクで降りた場合は約3時間かかる。

Check!

ACCESS

メルク：ウィーン西駅から鉄道で約1時間10分。メルク駅から船着場まで徒歩約25分。クレムス：ウィーン・フランツ・ヨーゼフ駅からクレムス駅まで鉄道で約1時間10分。船着場まで徒歩約20分。

●クルーズ船時刻表

クルーズ船は2社が運航。料金は片道€25.50、往復€29.50（2020年度）。チケットは船着場で直接購入する。

下り							上り					
11:00	13:50	13:45	–	–	16:25	メルク	12:55	13:20	16:05	17:30※	–	18:50
11:40	14:40	14:30	17:05	17:10	17:25↓	シュピッツ	11:35	11:45	14:45	17:00※	17:20	17:30
12:30	15:10	15:00	17:30	–	17:50↓	デュルンシュタイン	10:40	13:45	13:40	16:10	16:20	–
12:50	15:30	15:25	17:55	–	18:10↓	クレムス	10:05	10:15	13:10	15:40	–	15:45
B	B	A	B	B	B		A	B	B	B	B	B

※シュピッツで下船後、メルク行きは接続バスに乗り換える
赤ブランドナー　Brandner Schiffahrt ☎07433-259021 URL www.brandner.at/
青デー・デー・エス・ゲー-DDSG ☎01-58880-437 URL www.ddsg-blue-danube.at/
運航日＝A：4/11～10/31　B：5/1～10/4

船から

ヴァイセルキルヘン
Weißenkirchen

世界的に有名な白ワインの生産地

白ワインのリースリング発祥の地として知られ、コンテストで受賞したワイナリーや、ブドウ造りの歴史がわかるワインミュージアムもある。

中世の要塞教会の警備塔

立ち寄り

クレムス
Krems

ワイン産地としても有名

中世の雰囲気が色濃く残る町。16世紀初頭に活動した芸術画家の一派、ドナウ派の拠点となったことでも知られている。

多くのワイナリーが点在する

デュルンシュタイン駅　クレムス駅　ウィーンへ
ドナウ河
ヴァイセルキルヘン駅
ザンクト・ペルテン駅　ウィーンへ

デュルンシュタイン
Dürnstein

メルヘンの世界が広がる

"ヴァッハウの真珠"とよばれる、童話の世界を思わせるかわいらしい街並みが魅力。英国王が幽閉されていた城跡や修道院などを見学できる。

中世の面影が漂う小さな町

DATA 観光案内所（町役場）：住Dürnstein 25 ☎02711-219 時8～12時（季節により異なる）休10月中旬～4月中旬

丘の上に見える

船から

アッグシュタイン城
Burg Aggstein

かつては盗賊の城

15世紀に盗賊騎士が支配し、捕虜を閉じ込めていたという逸話を持つ。小高い丘の上に立つ城跡からの眺望が素晴らしい。

必見

クーエンリンガー城跡
Ruine Kuenringerburg

クーエンリンガー城跡（右上）。水色の建物が聖堂参事会修道院

イギリスのリチャード獅子心王が、第三次十字軍遠征の帰路に幽閉された歴史がある。城跡まで坂道は少し大変だが、渓谷の絶景が眺められる。

DATA 交船着場から徒歩30分　時休見学自由

聖堂参事会修道院
Chorherrenstift

18世紀初頭に建てられたバロック様式の修道院。街の中心に立ち、塔のテラスからはドナウ川を一望できる。

DATA 交船着場から徒歩5分　住Pfarramt Dürnstein ☎02711-227　時9～18時（日曜、祝日10時～、7～9月の土曜～20時）休11～3月　料€6.50

ウィーンからのエクスカーション②
モーツァルト生誕の地 ザルツブルク

"塩の城"を意味するザルツブルクは、塩の採掘と交易によって栄えた街。モーツァルトが誕生した地でもあり、ウィーンから日帰りで行ける人気の観光地でもある。

1 MAP P91

5大必見スポット

ホーエン ザルツブルク城
Festung Hohensalzburg

街を見下ろす中世の城塞

ローマ教皇とドイツ王の叙任権闘争最中の1077年に、ザルツブルク大司教ゲプハルトによって築城された。以降700年間にわたる増改築によって18世紀半ばに現在の姿となった。城塞へは専用のケーブルカーで1分ほど。屋上の見張り台、大司教のギャラリー、1502年製造の巨大オルガン「ザルツブルクの雄牛」などをまわる。日本語オーディオガイドあり。

DATA 交モーツァルト広場から徒歩5分、乗り場からケーブルカーで1分 ☎0662-8424-3011 時9時30分〜17時（季節により異なる）休なし 料ベーシック€10（ケーブルカー込みは€12.90）Ｅ

旧市街の南側、メンヒスベルクの丘に立つ

城塞からはザルツブルクの街を一望できる

大司教のギャラリーには歴代大司教の肖像画や、城の遍歴を模型で表した展示がある

プチ情報 ホーエンザルツブルク城内には要塞や兵器庫、パペット博物館などもあり、ベーシックチケットであれば見学できる。

1. 街の中心を流れるザルツァッハ川　2. 花が咲き誇る庭園に囲まれたミラベル宮殿　3. 旧市街で最もにぎやかなゲトライデ通り　4. ミラベル宮殿は映画『サウンド・オブ・ミュージック』の舞台

② MAP P91 ミラベル宮殿
Schloss Mirabell

四季折々の花に彩られた宮殿

1606年に大司教ヴォルフ・ディートリヒが愛人のために造らせた宮殿。現在は一部が市庁舎として使われており、モーツァルトも演奏した大理石の間をはじめ、天使の階段や庭園を見学できる。

③ MAP P91 大聖堂
Dom

ローマ・バロック様式の聖堂

774年に創建されたが焼失、1614年に初期バロックとローマ建築様式が混在する現在の形で再建された。天井画や漆喰装飾が美しい堂内にはヨーロッパ最大級のパイプオルガンやモーツァルトの洗礼盤があり、歴代大司教の墓やドーム博物館も見学できる。毎年夏に開催されるザルツブルク音楽会は、大聖堂前の広場で幕を開ける。

1. 宮殿前には花壇や噴水、彫刻が配された庭園が広がる　2. 大理石と金箔装飾が美しい大理石の間

1. 高さ99mの荘厳な大聖堂　2. 主祭壇側にはモーツァルトも演奏したオルガンがある

DATA 交モーツァルト広場から徒歩15分 ☎0662-80720　時8〜18時　大理石の間：8〜16時（火・金曜13時〜）　天使の階段：8〜18時（行事により変動あり）庭園：6時〜日没　休土・日曜　料無料

DATA 交モーツァルト広場から徒歩2分 ☎0662-8047-1800　時8〜19時（日曜、祝日は通年13時〜、1・2・11月は〜17時、3・4・10・12月は〜18時）　休なし　料無料（寄付）

④ MAP P91 モーツァルトの生家
Mozarts Geburtshaus

天才音楽家が生まれた家

1756年1月27日に生まれたモーツァルトが17歳まで暮らした家。館内には直筆の手紙や楽譜、肖像画など、モーツァルトゆかりの品々が展示されている。

⑤ MAP P91 モーツァルトの住居
Mozart Wohnhaus

名曲の数々を世に生み出した

モーツァルト一家が1773〜1780年まで暮らした家。ここで200あまりの名曲が作られた。館内には楽譜や楽器などが飾られている。見学用に無料の日本語オーディオガイドがある。

DATA 交モーツァルト広場から徒歩5分 住Getreidegasse 9 ☎0662-844313　時9時〜17時30分（7・8月は8時30分〜19時）　休なし　料€12（住居との共通券€18.50）E

にぎやかなゲトライデ通りにある黄色の建物

DATA 交モーツァルト広場から徒歩10分 住Makartplatz 8 ☎0662-8742-2740　時9時〜17時30分（7・8月は8時30分〜19時）　休なし　料€12（生家との共通券€18.50）E

第二次大戦後に再建された

\まだある!/
おすすめスポット

観光 MAP P91 モーツァルト広場
Mozartplatz

街歩きの起点となる広場

中央にモーツァルトの像が立つ、街の中心地。かつてはミヒャエル広場とよばれていたが、1842年にモーツァルト像を建てたことから改名。周囲をカフェやみやげ店に囲まれ、像の手前には世界遺産のプレートが埋め込まれている。観光案内所が広場に面して立つので、ここから街歩きを始めるとよい。

1842年建造のモーツァルト記念像

DATA ⊗ザルツブルク中央駅から徒歩25分 ⊕Mozartplatz

観光 MAP P91 ドームクオーター＆レジデンツ
DomQuartier&Residenz

ザルツブルク歴代司教の居城

ザルツブルク大司教の居城として1619年に完成。ゴブラン織りの豪華なタペストリーが飾られた「謁見の間」などが見学できる。3階のレジデンツギャラリーでは16～19世紀の絵画を展示。

モーツァルト広場の隣、レジデンツ広場に立つ

DomQuartier Salzburg / H. Kirchberger

DATA ⊗モーツァルト広場から徒歩3分
⊕Residenzpkatz 1 ☎0662-80422109
時10～17時（7・8月は～18時）休9～6月の火曜
料€12（レジデンツギャラリーなどのコンビチケット）

観光 MAP P91 ザンクト・ペーター教会
St. Petersstiftskirche

ドイツ語圏内で最も古い歴史をもつ

696年に創設された修道院内にある教会。ベネディクト派のドイツ語圏では最も古いといわれる。基礎はロマネスク様式だが、内部はバロック・ロココ様式の壮麗な装飾が施されている。初期キリスト教時代のカタコンベが見学できる歴史的な建物。

タマネギ型の尖塔が目印

DATA ⊗モーツァルト広場から徒歩5分
⊕St. Peter-Bezirk I ☎0662-8445760
時8～18時 休なし

観光 MAP P91 ゲトライデ通り
Getreidegasse

鉄細工製の装飾看板が並ぶ

小路の両側にカフェやショップが軒を連ねる、旧市街の目抜き通り。それぞれの店に掲げられた鉄細工製の装飾看板は中世に、何の店かわかるように作られたものでこの通りの名物。店と店のあいだにあるパサージュとよばれる細い路地にもショップが並んでいるので、訪れてみよう。

常ににぎわいを見せる200mほどの短い通り

DATA ⊗モーツァルト広場から徒歩4分

三位一体教会
観光 MAP P91
Dreifaltigkeitskirche

天井画が美しいバロックの教会

1694～1702年にかけて、バロック建築の巨匠フィッシャー・フォン・エアラッハが建設。円形ドームに描かれたフレスコ画は必見。

フレスコ画はロットマイヤー作

DATA 交モーツァルト広場から徒歩11分 住Dreifaltigkeitsgasse 14 ☎0662-877495 時7～18時（日曜8時～）休なし 料無料

メンヒスベルクの丘
観光 MAP P91
Mönchsberg

映画にも登場した人気の丘

映画『サウンド・オブ・ミュージック』のロケ地にもなった丘。ホーエンザルツブルク城と旧市街が一望できる。

丘へはエレベーターですぐ

DATA エレベーター：交モーツァルト広場から徒歩15分 住Gstättengasse 13 ☎0662-88849772 時8～21時（月曜は～19時、7～8月は～23時）休無休 料€3.90（往復）

シュティーグルケラー
グルメ MAP P91
Stieglkeller

地ビール景色を楽しもう

大聖堂を見下ろす展望抜群のレストラン。有名なブロイで醸造された地ビールを堪能しよう。

DATA 交モーツァルト広場から徒歩5分 住Festungsgasse 10 ☎0662-8426810 時11時30分～22時（土・日曜、祝日11時～）休1～3月の月・火曜（2月は予約のみ営業の時期あり）EE

カフェ・フュルスト
グルメ MAP P91
Café Fürst

名物スイーツ発祥のカフェ

チョコ菓子モーツァルト・クーゲルを生んだ店。パッケージ入りクーゲルは9個€15.50。自家製ケーキもおすすめ。

DATA 交モーツァルト広場から徒歩3分 住Broadgasse 13 ☎0662-843759 時8～20時（日曜9時～）休なし EE

アツヴァンガー
ショッピング MAP P91
R.F.Azwanger

ザルツブルクみやげが豊富

1656年創業の老舗店。リキュールのシュナップスやワイン、近郊産の岩塩などみやげの品揃えが豊富。

DATA 交モーツァルト広場から徒歩6分 住Getreidegasse 15 ☎0662-84339413 時10～18時（土曜は～17時、日曜、祝日8・12月11～17時）休なし E

Check! ACCESS

ウィーン中央駅からザルツブルク中央駅まで鉄道RJまたはウィーン西駅からwestbahn鉄道で約2時間30分、駅からモーツァルト広場まで徒歩約20分。飛行機は1日2～3便で所要約50分、空港からモーツァルト広場まではタクシーで約20分。ウィーンからの日帰りツアーもある（→別冊P14）。

●街歩きPOINT

中心部の観光は徒歩で充分。モーツァルト広場を基点に回ると分かりやすい。市内交通機関が乗り放題、ほぼすべての観光名所への入場が無料になるザルツブルクカードがあると便利。有効期間は24時間（€29、€26※）、48時間（€38、€34※）、72時間（€44、€39※）。

●観光案内所

モーツァルト広場 MAP●P91

DATA 交ザルツブルク中央駅から徒歩25分 住Mozartplatz 5 ☎0662-88987-330 時9～18時（季節により異なる）休10・11・1～3月の日曜

※は11～4月の料金

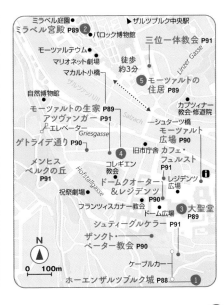

ウィーンからのエクスカーション③
ドナウ河沿いの美しい都 ブダペスト

ハンガリーの首都、ブダペストは「ドナウの真珠」と称される美しい街。
ドナウ河を境にブダとペストのふたつの地区が広がり、歴史的建造物が点在している。

1.マーチャーシュ教会の主祭壇　2.大河ドナウが街の中心を流れる　3.ペスト地区の繁華街、ヴァーツィ通り　4.くさり橋のライオン像　5.くさり橋と聖イシュトヴァーン大聖堂の夜景

Check!
街歩きポイント

ドナウ河を境に、西岸は王宮があるブダ地区、東岸は商業施設が立つペスト地区にわかれている。みどころはドナウ河に架かるくさり橋を中心とした半径約2kmに集中しているので、徒歩でまわることも可能。スムーズに移動したい場合は、4路線ある地下鉄かトラム、バスを利用しよう。
※ウィーンからのアクセスは→P132

パッチャーニ・テール Batthyány tér
マーチャーシュ教会 P93
バゴイヴァール P94→
西洋美術館 P94
ヘーシェク・テレ Hősök tere
英雄広場 P94
市民広場
西駅
セール・カルマン・テール Széll Kálmán tér
国会議事堂
アンドラーシ通り
漁夫の砦 P93
オペラハウス
くさり橋 P93
王宮の丘 P93
聖イシュトヴァーン大聖堂 P93
東駅
南駅
ヴェレシュマルティ・テール Vörösmarty tér
ディアーク・フェレンツ・テール Deák Ferenc tér
ブダ王宮 P93
ブダ地区
エルジェーベト橋
ヴァーツィ通り
国立博物館
ペスト地区
デーリ・パーヤウドゥヴァル Déli pályaudvar
ジェルボー P94
ヘレンド P94
ゲッレールトの丘 P94
自由橋
中央市場 P94
N
0　500m

プチ情報 王宮までのアクセスは、ブダ地区のくさり橋のたもと近くにある王宮ケーブルカー（片道1200Ft、往復1800Ft／P93上図）、または地下鉄2号線Széll Kálmán tér駅前から出るバス16、16A、116番を利用すると便利。

必見スポットBest3

地図：
- Széll Kálmán tér へ
- 軍事史博物館
- 中世ユダヤ博物館
- マリア・マグドルナ塔
- ヒルトン・ブダペスト Hilton Budapest
- 漁夫の砦
- マーチャーシュ教会 Ａ
- 三位一体広場 SZENTHÁROMSÁG TÉR
- 金の薬局博物館
- 城バスのルート
- DISZ TÉR VÁ.（城バス折り返し点）
- 王宮の丘
- 王宮劇場
- 国立美術館
- 王宮ケーブルカー Ｃ
- ブダ王宮
- ブダ王宮
- ブダペスト歴史博物館

0 100m

N

1 MAP P92 王宮の丘
Várhegy

威風堂々たるたたずまいの王宮

世界遺産の美しい丘

ドナウ河西岸のブダ地区、南北約1.5kmの小高い丘陵地帯に広がる王宮の丘は、ハンガリーの歴代国王の居城であったブダ王宮が立つ、ブダペスト観光のハイライト。王宮のほかにもみどころはたくさんある。

王宮の丘のみどころ

A マーチャーシュ教会
Mátyás templom

13世紀、ベーラ4世の命で王宮建設と同時に建てられた。内部には壮麗なフレスコ画が描かれ、鮮やかに輝くステンドグラスが美しい。博物館を併設。

DATA 交王宮ケーブルカー終点から徒歩10分 住Országház. 14 ☎06-1-489-0716 時9〜17時（土曜〜12時、日曜13時〜）休なし 料1800Ft（博物館を含む）、塔1800FT

B 漁夫の砦
Halászbástya

1899年から6年の歳月をかけて築かれた、ネオ・ロマネスク様式の砦群。ドナウ河とペスト地区が眺められる市内有数の展望地。

DATA 交王宮ケーブルカー終点から徒歩10分 展望デッキ：時9〜20時（3月中旬〜4月は〜19時）休11〜2月 料1000Ft

C ブダ王宮
Budavári Palota

いくどの戦争で崩壊、再建を繰り返し、現在の建物は1950年代に修復されたもの。内部は美術館、博物館として公開されている。

DATA 交王宮ケーブルカー終点から徒歩3分 住時休料施設により異なる

2 MAP P92 くさり橋
Széchenyi Lánchíd

ドナウ河に架かる街のシンボル

ブダ地区とペスト地区を繋いだ最古の橋。当時、権勢を奮っていたセーチェニ伯によって架設が始まり、1849年に完成した。2021年の春まで改修工事のため通行禁止。

DATA 交M1・2・3号線Deák Ferenc tér駅から徒歩10分

戦争で破壊され、1949年に復元された

3 MAP P92 聖イシュトヴァーン大聖堂
Szt. István Bazilika

市内最大規模の大聖堂

キリスト教を国教に定めた、初代国王イシュトヴァーンを祭る大聖堂。聖堂内にはイシュトヴァーンの右手のミイラが展示されている。

DATA 交M1号線Bajcsy-Zsilinszkyút駅から徒歩3分 ☎06-1-317-2859 大聖堂：時10時〜16時30分 休なし 料200Ft（寄付）宝物館：時10時〜16時30分 休なし 展望台：時10時〜16時30分（時期により異なる）休11〜3月 料1000Ft（宝物館と展望台共通）

1851年から54年の歳月を要して完成した大聖堂

おすすめスポット　まだあります!

観光　MAP P92　ゲッレールトの丘
Gellért-hegy

標高235mのパノラマスポット

エルジェーベト橋から自由橋のたもと一帯に広がる。丘の頂上は要塞が立つ展望地になっている。しゅろの葉を掲げた女性像が目印。

DATA　交M4号線Móricz Zsigmond körtérからバス27番で5分、Busuló Juhász（Citadella）下車、徒歩2分
時休見学自由

観光　MAP P92　英雄広場
Hősök tere

ハンガリー建国1000年の記念広場

中央の建国記念碑は高さ35m、大天使ガブリエルを頂に、マジャル7部族の長が控える。記念碑を囲むように立つのは、歴代王や独立戦争に貢献した貴族など14人の英雄像。

DATA　交M1号線Hősök tere駅から徒歩1分　時休見学自由

観光　MAP P92　西洋美術館
Szépművészeti Múzeum

ヨーロッパ諸国の絵画が多数

1906年に完成した美術館。エスターハージ家が収集した美術作品を展示。ゴヤやラファエロなど巨匠の作品が並ぶ。

DATA　交M1号線Hősök tere駅から徒歩3分　住Dózsa Ggörgy út 41　☎06-1-4697100　時10〜18時　休月曜　料3200Ft（特別展は別途）E

レストラン　MAP P92　バゴイ ヴァール
Bagolyvár Étterem

有名レストランの姉妹店

経験豊富なスタッフがスタイリッシュな料理を提供。鴨のグリルブダペストスタイル6300Ftなどがおすすめ。

DATA　交M1号線Hősök tere駅から徒歩10分　住Alllatkerti út 2　☎06-1-8898111　時12〜22時　休12月25・26日 E E

カフェ　MAP P92　ジェルボー
Gerbeaud

ブダペストを代表する老舗カフェ

1858年創業のカフェ。高い天井と重厚なインテリアが伝統を感じさせる。エリーザベトも愛したケーキ、ドボシュ・トルタは2250Ft。

DATA　交M1号線Vörösmarthy tér駅から徒歩1分　住Vörösmarthy tér 7　☎06-1-4299000　時9〜21時　休なし E E

ショップ　MAP P92　ヘレンド
Herendi Porcelán Palota

高級陶磁器ブランドの直営店

1826年創業の高級陶磁器ヘレンド。1842年にはハンガリー王室御用達となった。

DATA　交M1号線Vörösmarthy tér駅から徒歩2分　住József Nádor tér 11　☎06-20-2415736　時10〜18時（夏期の土・日曜は〜16時、冬期の土曜は〜14時）　休冬期の日曜、祝日 E

Check!　ブダペスト早わかり

概要

ハンガリーの首都。言語はハンガリー語。日本との時差は8時間で、サマータイム時は7時間。商品には5〜27%の付加価値税がかかる。

入国条件

パスポートの残存有効期間は、帰国時に3カ月以上必要。180日のうち最大90日以内の観光ではビザ不要。

出入国時の制限

空路で入国する場合の免税範囲（酒、タバコ類）は、オーストリアと同様（→P128）。ウィーンやプラハから陸路で入国する場合は、空路より免税範囲が多くなる。詳細はURLwww.nav.gov.hu/

通貨とレート

通貨の単位はフォリントForint（Ft）。100Ft=36円（2020年2月現在）。ユーロも使用できるが一部の店に限られる。

プチ情報　1897年に開業したブダペスト市民の台所、中央市場Nagyvárcsarnok（MAP/P92　時6〜18時（月曜〜17時、土曜〜15時）※店舗により異なる　休日曜）は、パプリカやフォアグラなど地元名産物がたくさん揃う。

Area2

プラハ
Praha

中世の街並みがそのまま残り、

世界で最も美しいと讃えられる街。

観光・グルメ・ショッピングと楽しみもいっぱい!

プラハ エリアNavi

みどころが凝縮されているプラハ。
主な観光エリアは、ヴルタヴァ川を挟んで東側と西側に広がっている。
それぞれ歩いてまわれる広さなので、エリアごとの特色をつかんで散策しよう。

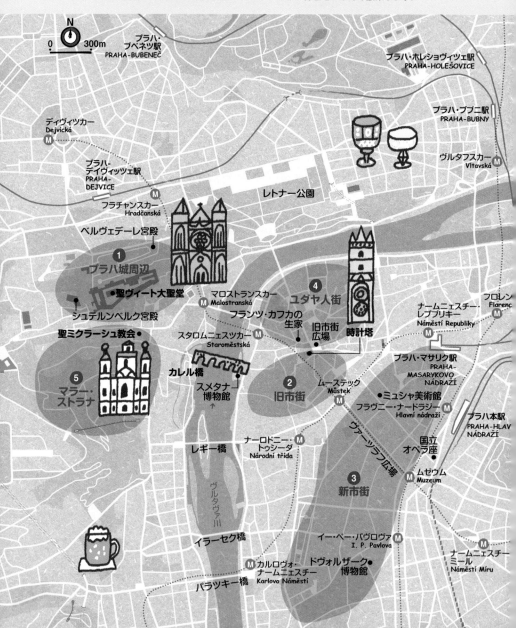

N

0　300m

プラハ・ブベネツ駅
PRAHA-BUBENEČ

プラハ・ホレショヴィツェ駅
PRAHA-HOLEŠOVICE

プラハ・ブブニ駅
PRAHA-BUBNY

ディヴィツカー
Dejvická

ヴルタフスカー
Vltavská

プラハ・デイヴィッツェ駅
PRAHA-DEJVICE

レトナー公園

フラチャンスカー
Hradčanská

ベルヴェデーレ宮殿

① プラハ城周辺

④ ユダヤ人街

フロレンツ
Florenc

聖ヴィート大聖堂

マロストランスカー
Malostranská

フランツ・カフカの生家

ナームニェスチー・レプブリキー
Náměstí Republiky

シュテルンベルク宮殿

スタロムニェスツカー
Staroměstská

旧市街広場

時計塔

聖ミクラーシュ教会

プラハ・マサリク駅
PRAHA-MASARYKOVO NÁDRAŽÍ

カレル橋

② 旧市街

ムーステック
Můstek

ミュシャ美術館

⑤ マラー・ストラナ

スメタナ博物館

フラヴニー・ナードラジー
Hlavní nádraží

プラハ本駅
PRAHA-HLAV NÁDRAŽÍ

レギー橋

ナーロドニー・トゥシーダ
Národní třída

ヴァーツラフ広場

国立オペラ座

ムゼウム
Muzeum

③ 新市街

イラーセク橋

ヴルタヴァ川

イー・ペー・パヴロヴァ
I. P. Pavlova

ドヴォルザーク博物館

ナームニェスチー・ミール
Náměstí Míru

カルロヴォ・ナームニェスチー
Karlovo Náměstí

パラツキー橋

1 プラハ城周辺 →P98
Pražský hrad a okolí/別冊MAP●P22-23

プラハ城のお膝元

ヴルタヴァ川西岸の、カレル橋より北に広がるエリア。小高い丘にそびえるプラハ城をはじめ、ストラホフ修道院（→P106）やロレッタ（→P107）など、多くのみどころがある。エリア全体が高台となっているので、旧市街を見渡す美しい眺めも楽しめる。特に、プラハ城の旧登城道は、ブドウ畑の向こうに旧市街を望む絶景スポット。

最寄り駅 Ⓜ️A線Malostranská駅、Ⓣ22番Pražský hrad

2 旧市街 →P100
Staré Město/別冊MAP●P24

中世の雰囲気たっぷり

10世紀ごろに商業の中心として発達した地区で、プラハ観光の拠点となるエリア。中心となる旧市街広場（→P101）の周辺には、旧市庁舎をはじめ、聖ミクラーシュ教会など14～19世紀の歴史的建造物が並ぶほか、カフェやショップも多い。入り組んだ石畳の道の両脇には古い建物が連続し、細い小路を散策するのも楽しい。

最寄り駅 Ⓜ️A線Staroměstská駅、Ⓣ17・18番Staroměstská

3 新市街 →P104
Nové Město/別冊MAP●P24-25

プラハ最大の繁華街

ヴァーツラフ広場（→P104）を中心に広がる新市街。大型のデパートが点在するショッピングエリアで、観光客のみならず地元の人も行き交う。旧市街との境目のナーロドニー通りは、19～20世紀建造の美しい建物が並び、路地裏にはアンティークショップもみかける。周辺は美術館や劇場なども多い。

最寄り駅 Ⓜ️A・B線Můstek駅、A・C線Muzeum駅など

4 ユダヤ人街 →P101
Josefov/別冊MAP●P24

フランツ・カフカゆかりの地

旧市街の北側に位置し、かつてユダヤ教徒が居住したエリアで中欧最古のユダヤ人街。シナゴーグ（ユダヤ教会）や墓地などが点在する場所で、フランツ・カフカの生家（→P108）があることでも有名。高級ブランド店が並ぶパリ通りも注目！

最寄り駅 Ⓜ️A線Staroměstská駅

5 マラー・ストラナ →P109
Malá Strana/別冊MAP●P23

貴族たちが住んだ城下町

17～18世紀に建てられた貴族の屋敷や教会などが残る昔の城下町。狭い路地や広場、庭園などで構成されている。ネルドヴァ通りはみやげ探しにおすすめ。番地のなかった時代、住所の代わりに掲げられた屋号の看板やレリーフも見逃さずに。

最寄り駅 ⓉMalostranské náměstí

プラハといえばまずはココ！

世界最大規模を誇る
プラハ城の必見ポイント

小高い丘の上にそびえるプラハ城。間近で見れば迫力ある美しさに心を奪われること必至。
プラハ観光最大のハイライトを120％楽しむために、城内のみどころを徹底ガイド。

別冊
MAP
P23C2

プラハ城
Pražský hrad

街を見守るプラハのシンボル

歴代のボヘミア王の居城。建設が始まったのは9世紀後
半で、現在の姿になったのはプラハが最も栄えた14世紀、
カレル4世のころ。支配者が代わる度に改築を繰り返し、
その結果さまざまな様式が混在する貴重な建築遺産とな
った。敷地内には教会や旧王宮などみどころが多い。

正門前で毎正時に行わ
れる衛兵交代式。特に
12時の式は楽器演奏
も加わり大規模

旧登城道で見か
けた路上パフォ
ーマー

DATA　交①22番Pražský hradから徒歩3分　住Pražský hrad
☎224-372-423　時6〜22時　休12月24日　料見学できる施設に
よって5種類ある。Bコース（ショート）250Kč：旧王宮、聖イジー
教会、黄金小路、聖ヴィート大聖堂　Aコース（ロング）350Kč：B
コースのほか、常設展「プラハ城物語」、ロジュンベルク宮殿　E
※入場時に手荷物検査を実施

黄金小路22番の家
は、フランツ・カフカ
が仕事場として使用
していた場所

 プチ
情報　衛兵交代式は人気イベントなので、いい場所で見たい場合は時間に余裕を持って行くこと。12時のセレモニーの際、音
楽隊や大規模な交代式が見られるのは門の内側。見学中はスリに充分注意すること。

Ⓐ 聖ヴィート大聖堂
Kathedrála Sv.Víta

600年の歳月をかけたゴシック建築

城内のなかでも圧倒的な存在感のある大聖堂。ロマネスク様式の教会を元に、14世紀中ごろから改築を始め1929年に完成した。ミュシャのステンドグラス（→P103）や純銀2tを使った聖ヤン・ネポムツキーの墓が有名。

DATA ☎224-372-423 時9〜17時（11〜3月は〜16時）※日曜は開館12時 休12月24日

1．大聖堂の正面。入口上部にあるバラ窓は美しいステンドグラス　2．幅50m、奥行き124mと広い空間の礼拝堂

Ⓑ 聖イジー教会
Bazilika A Klášter Sv.Jiří

プラハ城で最古の建築物

920年に建造された教会。ボヘミアで最も美しいロマネスク建築と称されている。17世紀に加えられたレンガ色のファサードと、背後にそびえる2本の白塔が印象的だ。内陣の天井を覆うフレスコ画『天井のエルサレム』は必見。

DATA ☎224-372-423 時9〜17時（11〜3月は〜16時）休12月24日

1．太さが微妙に異なる2本の尖塔に注目　2．身廊にはプシェミスル王朝の墓がある

Ⓐ 聖ヴィート大聖堂
↓火薬塔
チケット売り場
北門
旧王宮美術館
正門
聖イジー修道院
Ⓒ 旧王宮
常設展
ロジェンベルク宮殿
旧登城道へ
Ⓑ 聖イジー教会
Ⓓ 黄金小路

Ⓒ 旧王宮
Starý Královský Palác

歴代のボヘミア王の王宮

花を描くような梁が美しいヴラディスラフホールが最大のみどころ。現在は大統領選挙や戴冠式などで利用されている。バルコニーからはプラハ市街を一望できる。

DATA ☎224-372-423 時9〜17時（11〜3月は〜16時）休10月28日、12月24日

1．リブボールド天井のヴラディスラフホール　2．戴冠式で使われる王冠のレプリカ　3．新国事録の間の天井を覆う役人の紋章

Ⓓ 黄金小路
Zlatá Ulička

カラフルな家が並ぶ小道

16世紀の城主ルドルフ2世が、錬金術師を住まわせていたという伝説が道の名前の由来。15軒ほどの家が並び、ショップやギャラリーになっている。入口正面の家の2階では中世の鎧や武具を展示。

17時（11〜3月は16時）以降はチケットなしで入場できる

DATA 時9〜17時（11〜3月は〜16時）休なし※17時（11〜3月は16時）以降は建物内に入れない

石畳の小路をぐるぐる散策

カレル橋から旧市街へ 中世の街さんぽ

11〜18世紀のさまざまな建築様式の建物が残る旧市街。プラハが"建築の博物館"といわれる理由も納得できるはず。迷路のような路地を歩いて中世の雰囲気を味わおう!

旧市街側の橋塔から眺めたカレル橋

旧市街	別冊MAP P24A2

カレル橋
Karlův most

プラハ最古の石橋

1357年にカレル4世の命令で着工。その後建築家P.パルレーシュが60年の歳月を費やし完成させた。当時は街の東西を結ぶ唯一の橋であり、「王の道」として歴代王の戴冠式や馬上試合などにも利用された。橋の両端に並ぶ30体の聖像彫刻や路上パフォーマンスなどを楽しみながら歩こう。

DATA 交MA線Staroměstská駅から徒歩5分

必見POINT

2 聖ルトガルディス像
傷口に接吻をしようとする聖女のために、十字架上のキリストが身を屈めているところを表現。橋上で最も美しい彫像といわれる。

TOWER VIEW

4 旧市街側の橋塔
カレル橋とプラハ城を同時に望める。逆方向には旧市街の街並みが広がる。DATA ☎221-012-911（代表） 時10〜22時（季節により異なる） 休なし 料100Kč

3 聖ヤン・ネポムツキー像
台座のレリーフの右側、橋から落とされかけている聖ヤン・ネポムツキーを触ると幸せになれるという言い伝えがある。

TOWER VIEW

1 マラー・ストラナ側の橋塔
プラハ城と赤レンガ屋根の家々が続くマラー・ストラナ地区を一望できる。DATA ☎221-012-911（代表） 時10〜22時（季節により異なる） 休なし 料100Kč

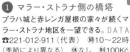

プチ情報 ヴルタヴァ川クルーズはプラハのパノラマ絶景を楽しむのにおすすめ。食事付きの船もある。
問合先：ジャズボート ☎731-183-180

別冊
MAP
P24B2

旧市街広場
Staroměstské nám.

旧市街の中心はココ！

旧市街観光の起点となるスポット。さまざまな様式の歴史建築が立ち並び、広場を馬車が走る光景は、中世にタイムスリップしたかのような気分にさせられる。周囲にはカフェやショップ、屋台なども多く、いつもにぎやか。

広場中央にはチェコの英雄ヤン・フス像が立つ

DATA 交Ⓜ A線Staroměstská駅から徒歩5分

A 聖ミクラーシュ教会
Chrám Sv. Mikuláše

別冊MAP●P24B2

18世紀前半に建設された教会。聖書に基づいて描かれた天井のフレスコ画は一見の価値あり。企画コンサートを随時開催している。

現在はフス派の教会となっている

DATA 住Staroměstské nám.27a ☎224-190-990 時10〜16時（日曜12時〜）休なし 料無料

B 石の鐘の家
Dům U Kamenného Zvonu

別冊MAP●P24B2

キンスキー宮殿に隣接して立つ、14世紀に建てられたゴシック様式の建物。内部では現代絵画の展示などを開催している。

建物の角にある鐘は16世紀に造られた

DATA 住Staroměstské nám.13 ☎224-828-245 時10〜20時 休月曜 料120Kč

C 旧市庁舎
Staroměstská Radnice

別冊MAP●P24B2

最初の建築は11世紀に遡るが、現在の姿は第二次世界大戦後の修復によるもの。内部には歴史画が飾られている。高さ69mの時計塔は、旧市街やプラハ城が360度のパノラマで見渡せる展望スポット。

DATA 住Staroměstské nám.1/3 ☎236-002-629 時9〜18時（時計塔は〜22時。月曜は11〜20時）休なし 料250Kč Ⓔ

フランツ・カフカの生家 P108 ／ ▼ユダヤ人街 ／ キンスキー宮殿 P107 ／ N

Pařížská

A 聖ミクラーシュ教会 ／ ヤン・フス像 ／ B 石の鐘の家 ／ 50m

旧市街広場 ／ モーゼル P116 ／ E 聖母ティーン教会

U radnice ／ Celetná

旧市庁舎 ／ 徒歩約1分

C ／ Zelezná

地下鉄A線 Metro A ／ i ／ D カフェ・モーツァルト

マレー広場 ／ ▪ エルベット P116

ここが必見！

15世紀に造られた天文時計。毎正時、キリストの十二使徒の人形が顔を出す

Check！

ひと足のばしてユダヤ人街へ

旧市街広場を北側に進むと、中欧最古のユダヤ人街がある。歴史あるシナゴーグ（ユダヤ教会）や墓地が残り、ユダヤ人博物館（→P109）として公開されている。

D カフェ・モーツァルト
Café Mozart

別冊MAP●P24B2

旧市庁舎前に立つカフェ。天文時計が望める2階の窓際席が人気。自慢のアップルパイのほか約10種類のケーキ95Kč〜が揃う。

DATA 住Staroměstské nám.22 ☎221-632-522 時7〜22時 休なし Ⓔ Ⓔ

甘さ控えめのイチゴのケーキも人気

E 聖母ティーン教会
Kostel Matky Boží Před Týnem

別冊MAP●P24B2

宗教改革時にフス派の拠点となった教会。80mもの高さを誇る2つの尖塔は、プラハで最も装飾的で美しいとされる。

DATA 住Staroměstské nám.27a ☎222-318-186 時10〜13時、15〜17時（日曜10〜12時）※ミサ中は見学不可 休月曜 料無料（20Kč程度寄付）

2つの尖塔の間には聖母マリア像が輝く

五感を研ぎすませて街歩き

アール・ヌーヴォーの巨匠
ミュシャの世界めぐり

チェコを代表する世界的な画家アルフォンス・ミュシャ(チェコ語ではムハ)。
美術館だけでなく、街のあちこちに見られるミュシャのアートにふれながら散策してみよう。

©Muchovo Muzeum

『ジスモンダ』
Gismonda(1884年)

人気女優サラ・ベルナールが主演する舞台『ジスモンダ』の宣伝ポスター。制作期間約1週間という厳しい依頼内容にもかかわらず、繊細な美しさと高い完成度で制作。これが評判を呼び一躍人気画家となった。

『ヒヤシンス姫』
Princeszna Hyacinta(1911年)

チェコへ帰国した翌年の作品。モデルはチェコの人気舞台女優アンドゥラ・セドラコヴァ。真っ直ぐな眼差しの女性はスラブ民族の衣服を纏っており、ミュシャの故郷を想う気持ちが感じられる。

©Muchovo Muzeum

PROFILE

アルフォンス・ミュシャ
Alfons Mucha(1860〜1939年)

チェコ南東部のブルノ近郊の街で生まれ、ミュンヘンやパリで絵画を学ぶ。パリの大女優サラ・ベルナールから依頼を受けた『ジスモンダ』を手がけ一躍有名に。チェコ帰国後もポスターや建築の装飾などの分野で活躍。草花や曲線を用いて表現するアール・ヌーヴォー様式で女性の美しさを表現する独自のスタイルは、現在もファンが多い。

新市街 別冊MAP P25C3 **ミュシャ美術館**
Muchovo Muzeum

100点を超えるコレクション

パリ在住時と、チェコ帰国後の作品を分けて展示。ポスターや装飾パネル画、油彩画のほか、聖ヴィート大聖堂のステンドグラスの下絵も公開している。館内ではミュシャの作品や生涯を紹介するビデオも上映している。

DATA 交MA・B線
Můstek駅から徒歩5分
住Panská 7
☎224-216-415
時10〜18時 休なし
料300Kč 🇪

お持ち帰りミュシャグッズ

©Mucha Trust 2020

館内のショップでは、ミュシャの作品をモチーフにしたグッズを販売している。

コースター1つ30Kč

バッグ70Kč

グリーティングカード50Kč

ブランクブック120Kč

プチ情報 「カヴァルナ・オベツニー・ドゥーム」では12時ごろから店内のクローク付近で、ポスター1枚200Kč〜などのミュシャグッズを販売している。ミュージアムショップにはないグッズを探してみよう。

聖ヴィート大聖堂

プラハ城周辺 | 別冊 MAP P22B2

Kathedrála Sv.Víta

目を奪う豊かな彩色にうっとり

教会内に数あるステンドグラスのなかでもひと
際妖艶な輝きを放つ、ミュシャの大作『聖キ
リルと聖メトディウス』。9世紀ごろ、スラブ語
訳の聖書を作りキリスト教を布教した2人の
兄弟が描かれている。ミュシャ特有の柔らか
な曲線と豊かな色彩が美しい。

DATA→P99

1.入口を入って左から3番目にある　2.中央に描かれて
いる聖ヴァーツラフのモデルは、ミュシャの息子イジー
3.作品下部にはミュシャのサインも記されている

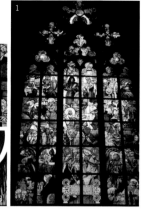

市民会館

旧市街 | 別冊 MAP P25C2

Obecní Dům

アール・ヌーヴォー建築の骨頂

1911年建造、2人の建築家による合作。最大
のみどころは、ミュシャが内装の装飾を手が
けた「市長の間」。館内はツアーでのみ見学可
能で、音楽祭「プラハの春」の会場でもある「ス
メタナホール」などもまわる。

DATA 交MB線Náměstí Republiky駅から徒歩2分　住nám.
Republiky 5　☎222-002-107　時10～20時(見学ツアー
は不定期開催)　休不定休　料290Kč（英語ガイド）　E

1.スラブ民族の団結をテーマにした天井画が見事な市長
の間　2.カーテンの朱雀をモチーフにした刺繍にも注目
3.入口上部に描かれた繊細なモザイク画が美しい

カヴァルナ・オベツニー・ドゥーム

旧市街 | 別冊 MAP P25C2

Kavárna Obecní Dům

ミュシャ作品巡りのあとに

市民会館の1階にある、アール・ヌーヴォー様
式のカフェ。吹き抜けの高い天井に下がるシ
ャンデリアが柔らかい光を放ち、落ち着ける
雰囲気。約10種類のケーキのほか、ランチや
ディナーメニューも充実。

DATA 交MB線Náměstí Republiky駅から徒歩2分
住nám. Republiky 5　☎222-002-763
時7時30分～23時　休なし　E E

1.朝は日が差し込み気持ちいい。朝食に利用するのも
2.季節のフルーツがたっぷりのタルト120Kč　3.メニュー
にはミュシャの絵が描かれている

プラハで一番の繁華街

プラハっ子でにぎわう 新市街をおさんぽ

"プラハの春"の舞台ともなった新市街は、地元の若者たちが集まる活気あるエリア。
博物館やショップ、カフェめぐりなど、自由気ままに散策を楽しんで。

街歩きポイント

にぎやかなヴァーツラフ広場を満喫したら、ナーロドニー通りを歩いてみよう。デパートやカフェもあり、路地裏をぐるぐるまわれば小さな教会やアンティークショップなどが見つかるはず。新市街はトラムが発達しているので、うまく活用しよう。

1.街で見かけた地元のオシャレさん　2.トラムかと思いきや実はカフェ！　3.ビールの銘柄の看板探しも楽しい

A 別冊MAP P25C3 ●大通り
ヴァーツラフ広場
Václavské náměstí.

新市街のメインストリート
国立博物館から地下鉄ムーステック駅まで続く、長さ約750mの大通り。国立博物館寄りには、ボヘミア初代王といわれている聖ヴァーツラフの騎士像が立つ。通りの両側にショップやカフェが並び、地元客や観光客でにぎわっている。

DATA 交MA・B線Můstek駅から徒歩すぐ 住Václavské nám

1.「プラハの春」でソ連の軍事介入に抗議して焼身自殺を図ったヤン・パラフの墓
2.プラハの英雄、聖ヴァーツラフ騎士像が通りを見守る

B 別冊MAP P24B4 ●劇場
ミノール劇場
Divadlo Minor

本場の人形劇や演劇を楽しもう
作家のオリジナル作品を中心に上演する劇場。チェコ語のみの上演だが、子供向けの内容なのでわかりやすい。公演は1日1～3回。チケットはウェブサイトでも購入可。

DATA 交T3・9・14・24番Vodičkovaから徒歩2分 住Vodičkova 6 ☎222-231-351 時休料演目により異なる E

C 別冊MAP P25C4 ●博物館
国立博物館
Národní Muzeum

チェコ最大の総合博物館
歴史鉱物や動物標本などさまざまな展示が魅力の新館と本館からなる博物館。建国100年を記念して改装し、2018年に再オープンした。

DATA 交MA・C線Muzeum駅から徒歩すぐ 住Václavské nám 68 国立博物館新館 ☎224-497-111 時10～18時 休なし 料200Kč E

プチ情報 「世界一の犬好きの国」ともいわれるチェコでは、街なかで散歩中の犬を見かけることもしばしば。レストランはもちろん、犬用の切符さえ購入すれば公共交通の利用も認められている。しっかりしつけられているのでご安心を。

別冊MAP P25C3

"プラハの春"って？

1968年の春から夏の改革運動のことを指す。ソ連影響下の政権に国民の不満が高まり、自由化を求め民主化運動が興ったが、ソ連軍率いるワルシャワ条約機構軍の軍事介入により鎮圧された。当時ヴァーツラフ広場には戦車が並び、これに抵抗するプラハ市民であふれていたという。

D 別冊MAP P25C3

●本
パラーツ・クニフ・ルクソール
Palác knih Luxor

プラハで最大級の書店

「本の宮殿」という店名のとおり、4階建ての店内には8万5000タイトル以上の本が並ぶ。2階には児童書のコーナーがあり、かわいい絵本はおみやげにも人気。

DATA　交MA・B線Můstek駅から徒歩5分　住Václavské nám. 41　☎296-110-351　時8〜20時（土曜9〜19時、日曜10〜19時）　休なし E

1.童話作家ヨゼフ・ラダの代表作『ミケシュ』269Kč
2.日本でも人気のクルテクの絵本『クルテクとテレビ』169Kč

E 別冊MAP P25C3

●アクセサリー
ミス・ビジュー
Miss Bijoux

チェコアクセを買うならココ

ショーケースにはガーネットやチェコビーズを使ったアクセサリーがいっぱい。花や動物をモチーフにしたものが多く、手ごろな値段の商品から揃う。

DATA　交MA・B線Můstek駅から徒歩3分　住Václavské nám. 23　☎224-213-627　時10〜20時　休なし

1.上品なデザインの品も豊富
2.花モチーフのネックレス＆ピアス。セットで930Kč

---

and more… **おなかが空いたらココで！**

別冊MAP●P25C3
F ウ・ピンカスー
U Pinkasů

地元で人気のピヴニッツェ

1843年創業の路地裏ピヴニッツェ。1階はドリンク専門、2階がレストランになっている。ピルスナー・ウルケルなどのビールのほか、ワインも充実している。

DATA　交MA・B線Můstek駅から徒歩2分　住Jungmannovo Námesti 15/16　☎221-111-152　時10〜23時　休なし E E

別冊MAP●P25C3
G オヴォツニー・スヴェトゾル
Ovocný Světozor

地元で愛され度No.1のジェラート

市内に9店舗を展開するスイーツ店。ジェラートは常に約10種類の味が揃う。"Super Ovocná"のマーク付きは、砂糖不使用で素材本来の甘さが楽しめる。

DATA　交MA・B線Můstek駅から徒歩5分　住Vodičkova 39　☎774-444-874　時8時〜20時30分（土曜9時〜、日曜10時〜）、夏期は延長あり　休なし E

小さな街にみどころがギュッと凝縮

まだまだあります
プラハの観光スポット

レンガの屋根と石畳の路、芸術的な建物が並ぶプラハにはみどころがいっぱい。たいてい旧市街から徒歩圏内だが、トラムや地下鉄を活用すればより多くの観光スポットをめぐれる。

修道院 ｜ 別冊MAP P22A3 ｜ ●プラハ城周辺

ストラホフ修道院
Strahovský klášter

壮麗なフレスコ画は必見

12世紀にプレモントレ会の僧院として建設された。現在は歴史図書館として20万冊の本を抱え、『ストラホフの福音書』や『シェルメンベルグの聖書』、『ストホフの薬草図鑑』など貴重なものも多い。「神学の間」や「哲学の間」のバロック様式の装飾や天井のフレスコ画は圧巻。

DATA ◇Ⓣ22番Pohořelecから徒歩1分 ⊕Strahovské nádvoří 1/132 ☎233-107-704 時9〜12時、13〜17時 休イースターマンデー、12月24・25日 料150Kč

1.哲学の間の天井画は18世紀のA・マウルベシュ作　2.眺望のいい丘の上に立つ

庭園 ｜ 別冊MAP P23C1 ｜ ●プラハ城周辺

王宮庭園
Královská zahrada

花と緑あふれるプラハ城の庭園

プラハ城の北側に広がるイタリア式の庭園。第2の中庭の北側の門をくぐると庭園へ続く道がある。散策途中の休憩スポットとしてもおすすめ。

DATA ◇プラハ城正門から徒歩3分 ⊕Královská zahrada ☎224-371-111 時10〜18時 休11〜3月 料無料

宮殿 ｜ 別冊MAP P23C1 ｜ ●プラハ城周辺

ロブコヴィッツ宮殿
Lobkowiczký palác

チェコの歴史を学べる宮殿

プラハ城内にあり、16世紀後半にボヘミアの貴族によって建てられた宮殿。絵画や武器などの展示を通してチェコの歴史を紹介している。

DATA ◇プラハ城正門から徒歩7分 ⊕Jiřská 3 ☎720-201-145 時10〜18時 休なし 料295Kč

©Lobkowicz Palace, Prague Castle, Czech Republic

宮殿 ｜ 別冊MAP P22B2 ｜ ●プラハ城周辺

シュテルンベルク宮殿
Šternberský palác

ヨーロッパの巨匠の作品が集結

バロック建築の宮殿で、現在は国立美術館として公開されている。デューラーやゴヤ、レンブラントなど有名画家の作品を展示。

DATA ◇プラハ城正門から徒歩1分 ⊕Hradčanské nám.15 ☎233-350-068 時10〜18時 休月曜 料220Kč

宮殿 ｜ 別冊MAP P23C1 ｜ ●プラハ城周辺

ベルヴェデーレ宮殿
Královský letohrádek

王宮庭園の先に立つ優美な離宮

16世紀にボヘミア王フェルディナンド1世が、王妃アンナのために夏の離宮として建設。企画展の開催時のみ宮殿内の見学ができる。

DATA ◇プラハ城正門から徒歩10分 ⊕Mariánské hradby 1 ☎224-372-434 時休料企画展により異なる

 プチ情報　オペラ鑑賞のときの服装はスマートカジュアルがベター。マリオネット鑑賞や教会コンサートはジーンズやTシャツでも大丈夫なので、気軽に鑑賞してみよう。コートなどの上着は必ずクロークに預けよう。その際、10Kč程度のチップを忘れずに。

| 教会 | 別冊MAP P22A2 | ●プラハ城周辺 |

ロレッタ
Loreta

豪華なカトリック美術に圧巻

1626年建造のバロック様式の教会。礼拝堂に飾られた聖母マリア像や木製の聖母像、6222個のダイヤモンドがはめ込まれた聖体顕示台などが有名。

DATA　交Ⓣ22番Pohořelecから徒歩7分　住Loretánské nám.7
☎220-516-740　時9〜17時（11〜3月は9時30分〜16時）　休12月24日　料180Kč

| 宮殿 | 別冊MAP P24B2 | ●旧市街 |

キンスキー宮殿
Palác Kinských

淡いピンク色の装飾が印象的

J・A・ゴルツ伯爵の宮殿として18世紀後半に完成し、その後キンスキー侯爵の所有となった。現在は国立美術館の企画展に使用されている。

DATA　交旧市街広場から徒歩すぐ
住Staroměstské nám.12
☎220-397-211
時10〜18時（水曜〜20時）　休月曜
料220Kč

| 塔 | 別冊MAP P25C2 | ●旧市街 |

火薬塔
Prašná brána

旧市街を一望する展望スポット

15世紀後半に建設されたゴシック様式の塔。17世紀に火薬貯蔵庫として利用され、火薬塔とよばれるようになった。内部はギャラリー。

DATA　交Ⓜ B線Náměstí Republiky駅から徒歩4分　住Na Příkopě
☎725-847-875　時10〜22時（3・10月は〜20時、11〜2月は〜18時）
休なし　料100Kč

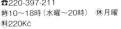

| 礼拝堂 | 別冊MAP P24B3 | ●旧市街 |

ベツレヘム礼拝堂
Betlémská kaple

ヤン・フスゆかりの礼拝堂

15世紀初頭、教会の腐敗を糾弾したヤン・フスが、自らチェコ語で説教した礼拝堂。

DATA　交Ⓜ A・B線Můstek駅から徒歩8分　住Betlémské nám. 4　☎224-248-595　時9〜19時（11〜3月は〜18時）※入館は閉館30分前まで　休12月24・31日、チェコ工科大学の式典時
料60Kč

| 博物館 | 別冊MAP P23C1 | ●プラハ城周辺 |

おもちゃ博物館
Muzeum Hraček

魅惑のおもちゃが勢揃い

世界でも指折りの規模を誇るおもちゃ博物館。テディベアやバービー人形、ロボットなど、フランス、ドイツ、アメリカ製品を中心に展示。

DATA　交プラハ城正門から徒歩7分　住Jířská 6
☎224-372-294
時10〜18時　休なし　料70Kč

| 劇場 | 別冊MAP P25C2 | ●旧市街 |

スタヴォフスケー劇場
Stavovské divadlo

プラハに初めて建てられた劇場

1783年に建てられた劇場。その後改修を重ね、1989年に現在の姿になった。モーツァルトがオペラ『ドン・ジョヴァンニ』を初演したことで知られ、映画『アマデウス』のオペラシーンのロケ地にもなった。現在はオペラや演劇を中心に上演している。

DATA　交Ⓜ A・B線Můstek駅から徒歩3分　住Ovocný trh 1　☎224-901-448　時チケットオフィス（国民劇場と共通）：10〜18時（当日券は劇場で開演45分前から販売）　休なし　料160〜1390Kč ※演目により異なる

1.品のよい装飾が施された劇場内。天井には、大理石が埋め込んである　2.入口は小さいがとても美しい

| 教会 | 別冊MAP P25C2 | ●旧市街 |

聖ヤコブ教会
Bazilika sv. Jakuba

プラハ最大級のパイプオルガンが壮麗

1232年建造。改修を重ねバロック様式の建物になった。パイプオルガンや聖ヤコブ像がつかんだと伝わる、吊り下げられた泥棒の腕の骨が必見。

DATA　交Ⓜ B線Náměstí Republiky駅から徒歩5分　住Malá Štupartská 6　☎224-828-816
時9時30分〜12時、14〜16時
休月曜　料無料

記念館 別冊MAP P24B2 ●旧市街
フランツ・カフカの生家
Expozice Franze Kafky

ブロンズのカフカの顔が目印

聖ミクラーシュ教会の近くにあるフランツ・カフカの生家。旧市街でユダヤ人家庭に生まれたカフカは、生涯のほとんどをユダヤ人街で過ごした。外観のみ自由に見学できる。

DATA 交Ⓜ線Staroměstská駅から徒歩3分
住nám. Franze Kafky 5
時休料外観のみ見学自由

1.不安と孤独を抱えた作者の軌跡をたどろう
2.建物の隅にあるカフカの顔の像

博物館 別冊MAP P21C4 ●新市街
ドヴォルザーク博物館
Muzeum Antonína Dvořáka

作曲家愛用の品々を展示

交響曲『新世界より』の作曲家として知られるドヴォルザークの生誕120周年を記念してオープン。生前に愛用していたピアノやヴィオラなど、ゆかりの品々を展示している。2階はコンサートホール。2017年4月に改装を終え、リニューアルした。

DATA 交Ⓒ線I.P.Pavlova駅から徒歩5分
住Ke Karlovu 20 ☎774-845-823
時10～17時 休月曜 料50Kč

1.フミナ伯爵の別荘を利用した建物
2.生前愛用した楽器も展示されている

博物館 別冊MAP P24A2 ●旧市街
スメタナ博物館
Muzeum Bedřicha Smetany

祖国を愛した音楽家の足跡

作曲家、指揮者として世界的に有名なスメタナの博物館。実際に住んでいたラジャンスキー宮殿の2階にあり、楽器やタクトを展示している。

DATA 交Ⓜ線Staroměstská駅から徒歩5分 住Novotného lávka 1
☎221-082-288
時10～17時 休火曜 料50Kč

図書館 別冊MAP P24B2 ●旧市街
クレメンティヌム
Klementinum

蔵書数600万冊以上を誇る図書館

16世紀、ドミニコ修道院を中心に学校や教会などを加えて建てられた複合建築。現在は国立図書館として利用されている。

DATA 交Ⓜ線Staroměstská駅から徒歩3分 住Mariánské nám. 5
☎733-129-252 時10～17時(季節、曜日によって異なる) 休なし
料300Kč

劇場 別冊MAP P25D4 ●新市街
国立オペラ座
Státní opera

世界各国の著名作品を上演

もともとはチェコに住むドイツ人のために建てられた劇場で、ドイツ劇場とよばれていた。19世紀後半に改修され、現在に至る。客席数は1047あり、館内はネオ・ロココ様式の優雅な雰囲気。世界各国のオペラやバレエを上演する。2020年1月にリニューアルし、オープン当時の姿に近づいた。

DATA 交Ⓜ・Ⓒ線Muzeum駅から徒歩3分
住Wilsonova 4 ☎224-901-448 時チケットオフィス：10～18時(公演日のチケット購入は開演45分前から) 休なし 料公演により異なる

1.白い漆喰に金の装飾が施された外観
2.ネオ・ルネッサンス様式の建物

 プチ情報 シュテルンベルク宮殿(→P106)、キンスキー宮殿(→P107)、聖アネシュカ修道院、ヴェレトルジニー宮殿(→P109)などプラハ市内にある6つの美術館に入館できる共通チケットがある。料金は500Kčで有効期間は購入日から10日間。

チェコ人形劇の世界にふれる

旧市街 | 別冊 MAP P24B2

国立マリオネット劇場
Národní Divadlo Marionet

ドン・ジョヴァンニのユニークな
動きに笑いが起こる

チェコで最も有名なマリオネット劇場。演目はモーツァルトの『ドン・ジョヴァンニ』のみで、糸で巧みに操られるマリオネットの動きは繊細で表情も豊か。上演は2時間。

DATA　交MA線Staroměstská駅から徒歩3分　住Žatecká 1　☎224-819-322　時20時開演　休不定休　料590Kč

劇場 | 別冊 MAP P24A4

●新市街
国民劇場
Národní divadlo

チェコ語による上演を楽しめる劇場

建築家J・ズィーテクの設計で1881年に完成した劇場。当時ドイツ語での上演劇場しかなかったプラハに、チェコ語での上演を目的として建てられた。

DATA　交①2・9・17・18・22番Národní divadloから徒歩1分　住Ostrovní 1　☎224-901-448　時チケットオフィス：10〜18時　休なし　料公演により異なる

博物館 | 別冊 MAP P24B1

●ユダヤ人街
ユダヤ人博物館
Židovské muzeum

ユダヤ人の歴史に触れる

ユダヤ人街に点在する、4つのシナゴーグと旧ユダヤ人墓地、セレモニアル・ホールの総称。ユダヤ人の歴史や伝統に関する展示がある。

DATA　交MA線Staroměstská駅から徒歩5分　住施設により異なる　☎222-749-211　時9〜18時(10月下旬〜3月末は〜16時30分)※季節により変動あり　休土曜、ユダヤの休日　料350Kč(ユダヤ人博物館共通)

教会 | 別冊 MAP P23C2

●マラー・ストラナ
聖ミクラーシュ教会
Sv. Mikuláš na Malé Straně

音楽の神が宿る教会

天井に描かれた音楽の守護神・聖シチリアのフレスコ画や祭壇の絵画などが美しい。1787年にモーツァルトがオルガンを演奏したこともある。

DATA　交①12・20・22番Malostranské náměstíから徒歩1分　住Malostranké nám. 25　☎257-534-215　時9〜17時(季節により変動あり)　休12月24・31日　料100Kč

修道院 | 別冊 MAP P21C2

●ユダヤ人街
聖アネシュカ修道院
Klášter sv. Anežky České

中世ボヘミアの絵画&彫刻

13世紀前半にクララ女子修道会として建設。現在は13〜16世紀のボヘミア、モラヴィアを中心とする絵画や彫刻を展示している。

DATA　交MA線Staroměstská駅から徒歩15分　住Anežka 12　☎728-301-377　時10〜18時(水曜は〜20時)　休月曜　料220Kč

©National Gallery Prague

博物館 | 別冊 MAP P23D2

●マラー・ストラナ
フランツ・カフカ博物館
Franz Kafka Muzeum

独創的で複雑なカフカの世界へ

20世紀を代表する作家カフカの直筆の原稿や日記、手紙などを展示。ドキュメンタリービデオの上映もある。グッズショップも併設。

DATA　交MA線Malostranská駅から徒歩5分　住Cihelná 2b　☎257-535-507　時10〜18時　休なし　料260Kč

宮殿 | 別冊 MAP P21C1

●郊外
ヴェレトルジニー宮殿
Veletržní palác

19〜21世紀の近・現代アートを展示

19世紀以降の作品2000点以上を収蔵する美術館。ピカソやゴッホなど著名作家の作品を展示。建物はプラハで最初の機能建築。

DATA　交①6・17番Veletržní palácから徒歩1分　住Dukelských hrdinů 47　☎224-301-122　時10〜18時(水曜は〜20時)　休月曜　料常設展220Kč(特別展は別料金)

ピルスナービールの本場で乾杯!

飲んで食べて笑ってハッピー ホスポダ＆ピヴニツェ

チェコはピルスナービールの発祥の地とだけあって、ホスポダ(居酒屋)やピヴニツェ(ビアホール)がたくさん。昼でも夜でも楽しめる人気店＆イチオシのピヴォ(ビール)をご紹介。

1

新市街　別冊MAP P21C4　## ホスティネツ・ウ・カリハ
Hostinec U Kalicha

歴史ある老舗ピヴニツェ

小説『善良な兵士シュベイク』の作者ハシェクや、挿絵画家のヨゼフ・ラダが通っていたことで有名な老舗。昔ながらのビアホールの趣が残る店内で、伝統的なチェコ料理を楽しめる。扱っているビールはピルスナー・プラズドロイ78Kč/470mℓとコゼル65Kč/470mℓの2銘柄のみ。

シュベイクグッズも販売しています!

2
3

🍺 ピルスナー・プラズドロイ

78Kč/470mℓ
1842年にチェコ西部のプルゼニで生まれたピルスナー・ビールの元祖。きめの細かい泡とやさしい苦みが美味

DATA　交MC線I.P.Pavlova駅から徒歩3分　住Na Bojišti 12-14　☎296-189-600-01　時11〜23時　休なし　□日本語スタッフ　☑日本語メニュー　☑英語スタッフ　☑英語メニュー　□要予約

1.演奏は毎晩19時30分ごろから　2.下味をつけた薄切りの豚肉を揚げたシュニッツェル365Kč　3.ソーセージにピクルスをはさんだウトペネク95Kč

新市街　別冊MAP P25C3　## コルコヴナ・パラーツ・サヴァリン
Kolkovna Palác Savarin

新鮮なタンクビールが飲める店

ピルスナー・ウルケルの醸造所からタンクのまま直接仕入れているので、質のよいビールが楽しめる。醸造所のビールタンクをモチーフにしたカウンターも印象的。チェコ料理だけでなくインターナショナルな料理も揃う。

🍺 ジェザネ

52Kč/500mℓ
ジェザネとはハーフ＆ハーフのこと。ピルスナー・ウルケルとコゼルのダークビールのグラデーションがきれい

3

DATA　交MA・B線Můstek駅から徒歩2分　住Na Příkopě 10　☎277-008-880　時11〜24時　休なし　□日本語スタッフ　□日本語メニュー　☑英語スタッフ　☑英語メニュー　□要予約

1
2

1.チーズのフライとジャガイモ、タルタルソース添え189Kč　2.看板メニューのガチョウのロースト349Kč　3.真鍮製のタップと熟練の技術でビールを注ぐ

プチ情報　「ホスティネツ・ウ・カリハ」や「ウ・フレクー」などで、演奏家が日本の曲を演奏してくれることも。チップを払う必要はないが、暖かく拍手をしてあげるのがマナー。曲をリクエストした場合はチップを払おう。

●ルールとマナー

着席したら、ドリンク、料理の順でオーダー。ビールのメニューにある10%、12%といった表記は、アルコールの度数ではなく麦芽含有量を示し、数字が大きいほど風味やコクが増す。会計はテーブルで、チップの目安は10%ほど。

●オリジナル・グッズに注目！

オリジナルのロゴやキャラクターグッズを販売する店も多い。旅の記念にぴったり。

マッチ10Kč
（ホスティネツ・ウ・カリハ）

ビールグラス（500ml）300Kč
（ホスティネツ・ウ・カリハ）

ビアマグ（500ml）790Kč
（ウ・フレクー）

店員姿のマリオネット399Kč
（ウ・フレクー）

新市街 **別冊MAP P24B4**

ウ・フレクー
U Fleků

自家製ビール1種で勝負！

1499年に創業した、プラハで最古のピヴニツェ。併設の醸造所で造られる自家製ビールは、創業当時から変わらぬ味。内部は9つのホールと中庭、バーに分かれており、1200名を収容する広さ。予約をすれば醸造所の見学（10名以上で催行、210Kč）もできる。

ハチミツ酒79Kčも一杯いかが？

フレク特製ラガー

3 69Kč/400ml
麦芽含有量13%の黒ビール。活きた酵母の風味と芳醇なコクに感激するはず

DATA 交MB線Národní třída駅から徒歩5分 住Křemencova 11 ☎224-934-019-20 時10〜23時 休なし
□日本語スタッフ　□日本語メニュー
☑英語スタッフ　☑英語メニュー
□要予約

1.アコーディオンの演奏家が客席をまわってくれる 2.ナイフが突き刺さり迫力満点な豚膝肉のロースト299Kč 3.プラハハム159KčはパンにのせてオープンサンドにしてもOK

ブドヴァル
49Kč/500ml

チェコ南部の街、チェスケー・ブデヨヴィツェのビール。フルーティな香りとキレのある味が特徴

旧市街 **別冊MAP P24B3**

ウ・メドヴィドゥクー
U Medvídků

ブドヴァルを飲むならここ！

ピルスナー・ウルケルと並んで有名な銘柄ブドヴァルが飲める老舗ピヴニツェ。2階に醸造所があり、時期によってはセミダークビールや、オリジナルビールがでることも。

DATA 交MB線Národní třída駅から徒歩2分 住Na Perštyně 7 ☎736-662-900 時11時30分〜23時（日曜は〜22時）休なし
□日本語スタッフ　□日本語メニュー
☑英語スタッフ　☑英語メニュー
□要予約

1.奥にも部屋が続き、300席を有する広々とした店内 2.塩とスパイスで味付けしたローストポーク185Kčは定番のチェコ料理 3.豚肉をゼリーで固めたトラチェンカ。ほどよい酸味がビールとよく合う

キュビズム、アールデコetc.スタイルいろいろ

建築美にうっとり
プラハのおしゃれカフェ

オーストリア・ハンガリー帝国統治下にあったプラハでは、19〜20世紀初頭にかけて
ウィーンに並ぶカフェ文化が花咲いた。美しい内装のカフェで優雅な時間を過ごそう。

クラシックスタイル ｜ 別冊MAP P24B3

1.喫煙席と禁煙席に分かれている　2.カッテージチーズを使ったルーヴル風チーズケーキ89Kč　3.当時の姿を再現したビリヤードホール。実際に楽しむことも可能(有料)

●新市街

カフェ・ルーヴル
Café Louvre

かつての文化人たちの憩いの場

1902年創業の老舗カフェ。国民的作家のカフカやチャペックなど数多くの著名人が通っていたことでも知られる。創業当時のインテリアをそのまま再現した店内はクラシカルな雰囲気。7種類の手作りケーキのほか、チェコ料理や軽食なども揃う。

```
DATA
交MB線Národní třída駅から徒歩2分
住Národní 22　☎224-930-949
時8時〜23時30分(土・日曜9時〜)　休なし
□日本語スタッフ　□日本語メニュー
☑英語スタッフ　☑英語メニュー　□要予約
```

キュビズム ｜ 別冊MAP P25C2

1.モスグリーンを基調にした趣のある店内　2.カスタードとチョコレートのケーキ125Kč。左のキュビズムらしい形をしたエクレアは65Kč　3.コートハンガーもキュビズム様式

●旧市街

グランド・カフェ・オリエント
Grand Café Orient

光と影を操るキュビズムの世界へ

1911年にヨゼフ・ゴチャールの設計で造られた、"黒い聖母の家"の2階にあるカフェ。螺旋階段やテラス、バーカウンターなど、そこかしこにキュビズム様式を発見できる。ホウレン草とハムとチーズのパラチンキ175Kčなど軽食も好評。

```
DATA
交MB線Náměstí Republiky駅から徒歩4分
住Ovocný trh 19　☎224-224-240
時9〜22時(土・日曜10時〜)　休なし
□日本語スタッフ　□日本語メニュー
☑英語スタッフ　☑英語メニュー　□要予約
```

プチ情報　キュビズムとは、20世紀初頭にピカソが主導した幾何学的なデザインが特徴の芸術運動。キュビズムを取り入れた建築が見られるのは世界でもチェコだけ。

1.タイルはチェコの職人に特別
注文したもの 2.いちごとカス
タードのケーキ(手前)とキャロ
ットケーキ(奥)各115Kč〜
3.気さくなスタッフ

アール・デコ
＆ヌーヴォー　別冊 MAP P25D1

●新市街

カフェ・インペリアル

Café Imperial

天井のモザイクタイルが美しい

1914年創業。柱や壁、天井を彩るタイルの装飾
が優雅でオリエンタルな空間を演出。料理長は
TV番組に出演するカリスマシェフのズデニェク・ポ
フルレイフ氏。フォアグラのロースト415Kčなど。
朝食は355Kč。

DATA
交MB線Náměstí Republiky駅から徒歩5分
住Na Poříčí 15 ☎246-011-440
時7〜23時 休なし
□日本語スタッフ　□日本語メニュー
☑英語スタッフ　☑英語メニュー　□要予約

1.カレル橋やプラハ城の眺め
もいい。夜はピアノの生演奏が
楽しめる 2.コーヒー45Kč〜、
ケーキ96Kč〜。パンケーキも6
種類あり、128Kč〜 3.国民
劇場が目の前にある

アール・デコ　別冊 MAP P24A3

●新市街

カヴァルナ・スラヴィア

Kavárna Slavia

芸術家たちが憩うカフェ

1881年にオープンし、かつての作家や演劇人た
ちのたまり場だった老舗カフェ。今でも劇場関係
者が多く集まる。サンドイッチ168Kč〜、ビーフグ
ラシュ228Kčなど食事メニューも充実。栄養たっ
ぷりのサラダプレート164Kč〜も人気。

DATA
交①2・9・17・18・22番Národní divadloから徒歩1分
住Smetanovo nábřeží 1012/2 ☎224-218-493
時8〜24時(土・日曜9時〜) 休なし
□日本語スタッフ　□日本語メニュー
☑英語スタッフ　☑英語メニュー　□要予約

チェコの名物料理を心ゆくまで堪能

まだまだあります プラハのグルメスポット

ドイツやオーストリアなど、周辺諸国の食文化を独自にアレンジしてきたチェコ料理は、シンプルな調理法による肉料理が中心。ここでは、伝統の味でもてなす店を中心にご紹介。

チェコ料理 / **別冊 MAP P22A3** / ●プラハ城周辺

ペクロ
Peklo

ムードたっぷりの隠れ家レストラン

ストラホフ修道院の敷地内にある。12世紀ごろのワイン貯蔵庫跡地を利用した店内で、自慢の串料理やモラビアワインを堪能しよう。

DATA　交①22番Pohořelecから徒歩3分
住Strahovské nádvoří 3
☎220-516-652　時11〜22時
休なし E E

チェコ料理 / **別冊 MAP P24A2** / ●旧市街

ウ・ズラテーホ・ストロム
U Zlatého Stromu

おいしい魚料理を手ごろな値段で

13世紀から続くホテル＆レストラン。美しい中庭を眺めながら、チェコ料理のほか、サーモン・ステーキ269Kčなどの魚料理を味わえる。

DATA　交MA線Staroměstská駅から徒歩5分
住Karlova 6
☎222-220-441　時12〜24時
休なし E E

チェコ料理 / **別冊 MAP P23C3** / ●マラー・ストラナ

ウ・モドレー・カフニチュキ
U Modré Kachničky

ジビエ料理が自慢の高級店

伝統的なチェコ料理のほか、鴨やウサギ、イノシシなどを使ったジビエ料理が味わえる。チェコワインと一緒に楽しみたい。メインは500Kč〜。

DATA　交①12・15・20・22番Hellichovaから徒歩2分
住Nebovidská 6　☎257-320-308
時12〜16時、18時30分〜23時30分
休なし E E

チェコ料理 / **別冊 MAP P25C2** / ●旧市街

コルコヴナー・ツェルニ
Kolkovna Celnice

地元料理をリーズナブルに！

在プラハ日本人御用達の店。料理はクロコノシェ風ポテトスープ74Kč、ピルスナー・グヤーシュ199Kčなど地元で愛される伝統メニューが揃う。

DATA　交MB線Náměstíl Republiky駅から徒歩1分
住V Celnici 4
☎224-212-240　時11〜24時
休なし

チェコ料理 / **別冊 MAP P24A3** / ●旧市街

ベルヴュー
Bellevue

スメタナ博物館近くにあるレストラン

食材にこだわった料理をコースやアラカルトで提供している。ランチコース790Kč〜、ディナーコース1790Kč〜。

DATA　交MA線Staroměstská駅から徒歩6分
住Karoliny Světlé 34
☎222-221-443　時7時〜10時30分、12時〜14時30分、17時〜22時30分　休なし E E

チェコ料理 / **別冊 MAP P23C3** / ●マラー・ストラナ

ウ・トシー・プシュトロスー
U Tří Pštrosů

プラハ屈指の老舗レストラン

「3羽のダチョウ」という店名は、この建物を建てたヤン・フックスがダチョウの羽飾りを売っていたことに由来。メインは299Kč〜。

DATA　交①12・15・20・22番Malo stranské náměstí駅から徒歩3分
住Dražického nám. 12
☎257-288-888　時11〜23時
休なし E E

  プチ情報　チェコ料理によく添えられているのが、小麦粉やジャガイモから作ったクネドリーキとよばれる茹でパン。料理にかかっているソースにつけて食べることが多い。ほかに、ジャムや果物が入ったオボツネー・クネドリーキも美味。

●マラー・ストラナ

チェコ料理 | 別冊MAP P23C2

ピヴォ・バジリコ
Pivo & Basilico

伝統的なチェコ料理とイタリア料理

16世紀のルネッサンス様式の建物を利用したチェコとイタリア料理のレストラン。ワインのメニューが豊富で、予算は260Kč〜。地下にはバーもある。

DATA　交Ⓣ12・20・22番Malostranské náměstíから徒歩2分
住Zámecká 2　☎257-533-207
時10時30分〜23時　休なし 🄴🄴

●プラハ城周辺

カフェ | 別冊MAP P22A2

ロレタンスキ・スカルピー
Lorentánské sklepy

鐘の音を聴きながらティータイムを

ホテル・ロレッタに併設されたワインレストラン。静かで落ち着いた雰囲気なので、のんびりできる。デザートは95Kč〜。

DATA　交Ⓣ22番Pohořelecから徒歩5分
住Loretánské nám. 8
☎778-503-040　時11〜17時
休11〜3月 🄴🄴

●旧市街

カフェ | 別冊MAP P25C2

カフェ・パジージュ
Café de Paris

アール・ヌーヴォー様式が美しいカフェ

豪華ホテルに併設されたカフェ。映画の舞台にもなり、20世紀初頭の趣に浸れる。創業時に考案された、パリスケーキ150Kčが人気。

DATA 交B線Náměstí Republiky駅から徒歩3分　住U Obecního domu 1
☎222-195-816
時8時〜翌2時
休なし

●旧市街

ピヴニツェ | 別冊MAP P24B3

ウ・ドゥヴォ・コチュク
U Dvou Koček

レトロ空間で味わう正統派チェコ料理

"2匹の猫"という名のピヴニツェ。アーチ型の天井やアンティークの照明がレトロな雰囲気。ピルスナー・ウルケル48Kč/500㎖。

DATA　交Ⓜ Ⓐ・Ⓑ線Můstek駅から徒歩4分　住Uhelný trh 10
☎224-229-982
時11〜23時
休なし

●マラー・ストラナ

チェコ料理 | 別冊MAP P23C3

ウ・メツェナーシェ
U Mecenáše

手ごろな値段が嬉しい人気店

17世紀のインテリアがロマンチックな雰囲気。バラエティに富んだメニューは、メイン料理295Kč〜、サーモンのグリル395Kčなど。

DATA　交Ⓣ12・20・22番Malostranské náměstíから徒歩2分
住Malostranské nám. 10
☎257-531-631　時11〜23時
休なし 🄴🄴

●旧市街

カフェ | 別冊MAP P24B2

ウ・ズラテーホ・ハダ
U Zlatého Hada

1714年創業のチェコで最初のカフェ

ゴシック様式の建物だが、店内はポップでかわいらしいインテリア。カフェメニューのほか、チェコ料理のメニューも充実している。

DATA　交Ⓜ Ⓐ線Staroměstská駅から徒歩7分
住Karlova 18
☎222-222-160
時10〜24時　休なし 🄴🄴

●旧市街

ピヴニツェ | 別冊MAP P24B2

ウ・ズラテーホ・ティグラ
U Zlatého Tygra

地元客に人気のピヴニツェ

開店と同時に常連客が入り、フロアはすぐに満席に。おすすめはピルスナー・ウルケルのプルゼニュスキー・プラズドロイ48Kč/450㎖。

DATA　交Ⓜ Ⓐ線Staroměstská駅から徒歩7分
住Husova 17
☎222-221-111　時15〜23時
休なし　要予約 🄴🄴

●新市街

ピヴニツェ | 別冊MAP P25C2

ヒベルニア
Hybernia

サーバーから自分で注ぐビールは格別

ピルスナー・ウルケルのビールサーバーがあり、自分で注げるのが人気。ポークスペアリブ275Kčやローストダック235Kčとともに楽しもう。

DATA　交Ⓜ Ⓑ線Náměstí Republiky駅から徒歩2分
住Hybernská 7
☎224-226-004　時10時30分〜23時30分　休なし 🄴🄴

質の高いアイテムばかり！
自分へのごほうびに
とっておきのチェコ工芸品

美麗なレースカットのボヘミアングラスや、深紅色に輝くガーネットにキュビズムグッズ。
少し奮発して、チェコならではの工芸品をお持ち帰りしてみては。

シェフチーク氏のカットが美しいポット8390
Kč(右)、9850Kč(中央)、8890Kč(左)

平面カットと金箔づかいがモーゼルらし
いショットグラス1脚2450č

グリーンとブルーが爽やかな印象の花瓶
3295Kč(右)、2995Kč(右)

薄いグラスに精巧なバラが彫られた美し
いグラス1脚5250Kč〜

シャンパングラス1脚4190Kč。花柄モ
チーフのデザインがキュート

セットで揃えたい645Kč(左)、745Kč(中
央左)、745Kč(中央右)、745Kč(右)

※参考価格

●旧市街

別冊
MAP
P24B2
モーゼル
Moser

王室御用達の老舗メーカー

1857年創業のボヘミアングラスの有名店。鉛を使用し
ない最高品質のグラスは、ヨーロッパ王室や日本の皇室
にも愛されている。成形や彫刻などすべて職人の手作業
で、独創的な色とデザインのものが多い。

DATA
交MA・B線Můstek駅から徒歩5分
住Staroměstské nám. 15 ☎221-
890-891　時10〜20時（土・日曜
〜19時）休祝日 E

●旧市街

別冊
MAP
P24B2
エルペット
Erpet

とにかく種類豊富なのはココ！

モーゼルやエーゲルマンなど定番ブランドのボヘミアング
ラスのほか、名匠シェフチーク氏の作品まで揃う充実ぶ
り。トゥルノフ社のガーネットや、隕石の成分を融解して形
成される希少なモルダバイトのアクセサリーも扱う。

DATA
交MA・B線Můstek駅から徒歩4分
住Staroměstské nám. 27
☎224-229-755　時10〜23時
休なし J E

プチ
情報
ボヘミアングラスを一躍有名にしたのが500PKといわれるレース模様。数あるカットデザインのなかで500番目に
考案されたデザインで、太陽と星を描いた繊細な模様。クリスタル芸術の最高峰として世界中の人を魅了している。

2大巨匠をcheck!

ラディスラフ・シェフチーク
Ladislav Ševčík

南ボヘミアに工房を構え、現在も活躍中のボヘミアングラス職人。チェコの人間国宝に認定され、精巧かつ深い彫りは素人でも違いがわかるほど。
花びん6万4680Kč と値段も一流

パヴェル・ヤナーク
Pavel Janak

1882～1956年。キュビズム芸術運動を高めた建築家。建築物だけでなく、家具や照明器具、陶器などもキュビズムで表現した。
1911年の作品。ポット（レプリカ）4590Kč～

ヤナークがデザインしたシュガーポット（レプリカ）各1850Kč

カラフルな色使いのグラス745Kč（左）、645Kč（中央）、745Kč（右）

ガーネットのペンダントトップ。手前から1万2990Kč、5490Kč、1万3990Kč

ジグザグ模様がキュートなコーヒーポット3990Kč、カップ＆ソーサー2590Kč

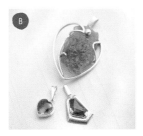

モルダバイトのペンダントトップ2230Kč（左）、3490Kč（右）、3790Kč（奥）

キュビズムの斬新なデザイン。ブレスレットは9800Kč、ピアスは1650Kč

C 別冊MAP P24B2 ●旧市街

ブルー・プラハ
Blue Praha

個性的なボヘミアングラスを買うなら

食器やアクセサリーなど、ユニークなデザインのボヘミアングラスが勢揃い。ブルーのグラスの美しさにも定評がある。プラハ市内に4店舗、プラハ・ヴァーツラフ・ハヴェル空港内にもある。

DATA
交MA線Staroměstská駅から徒歩6分 住Malé nám. 14 ☎224-216-717 時10時30分～22時（季節、曜日により異なる） 休なし E

D 別冊MAP P25C2 ●旧市街

クビスタ
Kubista

ひとつは欲しいキュビズムグッズ

"黒い聖母の家"の1階にあるショップ。陶器をはじめ、絵画やアクセサリー、衣料などキュビズムデザインのアイテムが並んでおり、見ているだけでも楽しめる。ヤナークの作品はもちろん、現代作家の作品も扱う。

DATA
交MB線Náměstí Republiky駅から徒歩4分 住Ovocný trh 19 ☎224-236-378 時10時～18時30分 休月曜 E

かわいいアイテムばかりで迷ってしまうかも！？

おとぎの国で見つけた
ほっこりチェコ雑貨

プラハはなんといっても雑貨探しが楽しい街。素朴で愛嬌のあるおもちゃや民芸品、やさしい風合いのチェコビーズなど、思わず顔がほころんでしまうような雑貨を集めました。

↑紐を揺らすと馬が餌を食べるしかけ425Kč **B**

→ライオンをうまく動かして檻から出す、智恵の輪のようなおもちゃ480Kč **A**

↑愛くるしい表情のネコの鉛筆立て250Kč **A**

←↑チェコでおなじみのフルビーネクとマニカのマリオネット各790Kč **A**

←✓藁で作ったチェコ伝統のクリスマスオーナメント1個49Kč～ **B**

↑陶製の馬425Kč **B**

↑↑イースターエッグ1個69Kč～。地方ごとに伝統の色や模様がある **B**

プチ情報 「マニュファクトゥーラ」では、オリジナルのナチュラルコスメも扱う。チェコ西部の都市カルロヴィ・ヴァリの温泉成分や、死海のミネラルを配合した製品などが人気。ビールやワインから作ったコスメもある。

←さまざまな形のランプビーズが組み合わされたブレスレット890Kč〜 **D**

→キャンディーみたいなランプビーズはどれも一点物。1個55Kč〜 **D**

↑世界最小ビーズを使ったネックレス花柄840Kč3連780Kč **D**

↑服やバッグにつけてもかわいい。アンティークブローチ100Kč（右）、300Kč（左）**C**

←これぞアール・ヌーヴォー！といった美しいデザインの写真立て1900Kč **C**

→細かい模様の手編みレース40Kč（上）、テープ各種80Kč〜（下）**C**

←回すのが楽しい木製のレトロな鉄棒人形369Kč **B**

←花模様がかわいい瓶。調味料入れなどに。各90Kč **C**

←ハチミツポット349Kč。ハチミツはチェコの特産品 **B**

※参考価格

D ●旧市街

スタービーズ

starBEADS
別冊MAP●P24B3

日本人オーナーが営むチェコビーズ専門店。オーナー自らデザインしたアクセサリーや、チェコ人作家によるランプビーズなどが揃う。

DATA
交 MB線Národní třída駅から徒歩2分
住 Národní třída 25
☎777-165-142
時11〜19時（土曜13〜18時）休日曜 **J**

CHECK!

安カワ雑貨が集まるハヴェル市場へ

ハヴェルスカー通り（別冊MAP/P24B2）には、野菜や果物、みやげを扱う屋台がずらりと並ぶ。毎日7〜19時ごろ開催（日曜は8時〜18時30分）。

1.ビールをモチーフにした伝統菓子ペルニーク320Kč 2.マグネットは1個60Kč〜

定番も流行のものもおさえたい！

まだまだあります ショッピングスポット

ボヘミアングラスや木のおもちゃなどの工芸品やチェコならではのみやげを買うなら、
旧市街広場周辺がおすすめ。トレンド発信地でもある新市街には個性的なショップが多い。

ショッピングセンター 別冊MAP P25C1 ●新市街
パラディウム
Palladium

プラハ市中心部で最大の規模

市民会館前にある、5階建ての大型ショッピングモール。スーパーやファッション、ジュエリー、雑貨など、約180のショップが集結。カジノもある。

DATA 交MB線Náměstí Republiky駅と直結 住Náměstí Republiky 1
☎225-770-250 時スーパー7〜22時、ショップ 9〜21時(木〜土曜〜22時)、レストラン8〜23時※店舗により異なる 休なし E

アンティーク 別冊MAP P25C2 ●旧市街
ドロテウム
Dorotheum

プラハで出合う本物アンティーク

ウィーンに本店があるアンティーク専門店。店内にはインテリア家具や雑貨が所狭しと並び、見ているだけでも楽しめる。

DATA 交MA・B線Můstek駅から徒歩3分 住Ovocný trh 2
☎224-222-001
時10〜16時(金曜は予約のみ)
休土・日曜 E

陶器 別冊MAP P21C4 ●新市街
ドゥム・ポルツェラヌ
Dům porcelánu

伝統銘柄ブルーオニオンも取り扱う

プラハ駐在の日本人にも人気の店で、チェコの伝統銘柄ブルーオニオン陶器の正規販売店。3階建ての店内には、カルロヴィヴァリのThun社の陶器も扱う。

1.ミュシャのデミタスカップ&ソーサート869Kč 2.コーヒーカップ&ソーサー349Kč〜

DATA 交MC線I.P.Pavlova駅から徒歩2分 住Jugoslávská 16
☎221-505-320 時9〜19時(土曜〜17時、日曜14〜17時※時期により異なる) 休一部の祝日 E

陶器 別冊MAP P24B3 ●旧市街
チェスキー・ポルツェラン・ドゥビ
Casky porcelan DUBÍ

有名陶器ブランドの直営店

1729年ヨハン・D・クレッチマーがブルーオニオンの染付を始めて、そのデザインで世界に知られるようになった。近年は、カラフルなオニオン模様が登場し、人気となっている。

DATA 交B線Národni třída から徒歩5分 住Perlová 1
☎224-210-955 時10〜17時(土曜は9〜13時) 休日曜、祝日

雑貨 別冊MAP P25C3 ●新市街
オリジナル・ソウベニル
Original Souvenir

チェコ伝統模様のイースターエッグ

店内にはカラフルなイースターエッグ90Kč前後が60種類ほど揃っている。いずれもチェコの伝統的な模様を描いたオリジナルばかり。

DATA 交MA・B線Můstek駅から徒歩2分 住Václavské nám. 778
☎224-215-803
時10〜20時
休なし

プチ情報 毎週土曜にヴルタヴァ川沿いでファーマーズマーケット(別冊MAP/P20B4)が開催されている。新市街の観光スポットからわりと近いので、ぜひ足を運んでみよう。URL www.farmarsketrziste.cz/

and more...

新市街 別冊MAP P25C2·3 ナ・プシーコピェ通り Na Příkopě

共和国広場とヴァーツラフ広場を結ぶ約450mの大通り。通り沿いにはH&MやZARA、ナイキといった世界的ブランドから、レストラン、スーパーマーケット、映画館などが並び、プラハ随一のにぎわいをみせる。地元の若者が集まるスポットでもあり、プラハの旬を感じられる。

そぞろ歩きを楽しみたい

雑貨 別冊MAP P22A2 ●プラハ城周辺 フラッキ・ホウパツィー・クーニュ Hračky Houpací Kůň

専門家が選ぶ厳選おもちゃ

オーナーはおもちゃ博物館(→P107)の元館長イヴァン氏。木製のおもちゃに、チェコを代表する人気アニメ「クルテク」のグッズなど、手作りで温もりあるおもちゃが並び、大人も欲しくなるものばかり。お気に入りを探してみよう。

1.モグラのクルテクと森の仲間たちのマグネット各50Kč　2.木製玩具295Kčは人形を逆上がりさせると平行棒をスイスイと移動する　3.起き上がり人形120Kč

DATA　交①22番Pohořelecから徒歩5分
住Loretánské nám. 3
☎603-515-745
時10時〜18時
休なし

スーパー 別冊MAP P24B3 ●新市街 テスコ My-TESCO

チェコ食材探しならココ！

イギリス最大手の大型スーパーで、ヴァーツラフ広場の近くにある。服やコスメ、雑貨などなんでも揃う。おみやげ探しにおすすめなのが地下1階の食品売り場。お菓子や調味料、ワインなど、価格が手ごろなのでまとめ買いに便利。

1.23種類のハーブ配合の薬用酒ベヘロフカ。159.90Kč　2.チェコの伝統料理、グラーシュのインスタントスープ。19.90Kč　3.温泉地カルロヴィ・ヴァリの名物スパ・ワッフル。55.90Kč

DATA　交MB線Národní Třída駅から徒歩1分
住Národní 63/26
☎222-815-582
時7〜22時(日曜8時〜)
休なし E

コスメ 別冊MAP P25C2 ●旧市街 ボタニクス Botanicus

チェコで人気の自然派ブランド

伝統手法で造るナチュラルコスメや、ボディケア製品、食料品など種類が豊富。空港やチェスキー・クルムロフにも支店がある。

DATA　交MB線Náměstí Republiky駅から徒歩7分
住Týn 3 (Týnský dvůr-Ungelt)
☎234-767-446　時10時〜18時30分　休なし E

雑貨 別冊MAP P23C3 ●マラー・ストラナ ローカル・アーティスト Local Artists

こだわりのプラハみやげならここ

地元の作家が作った作品やオーガニックコスメなど、この店でしか出会えないアイテムが豊富。ミュシャのグッズやマリオネットなども揃う。

DATA　交①12·15·20·22番Malostranské náměstíから徒歩2分
住Karmelitská 268/26
☎257-533-672
時10〜19時　休なし E

目的に合わせてチョイス

人気のホテルリスト

観光に便利なのは、ヴァーツラフ広場や旧市街に立つホテル。
静かな時間を過ごしたいなら、ヴルタヴァ川左岸のホテルがオススメ。

旧市街 別冊MAP P25C2 グランド・ホテル・ボヘミア
Grand Hotel Bohemia

歴史の舞台となった高級ホテル

1968年の「プラハの春」で改革を率いたドプチェクが居を構えた歴史あるホテル。客室はスーペリア、デラックス、エグゼクティブ、スイートに分かれており、スーペリアでも充分にくつろいで滞在できる。1階にはチェコ＆西洋料理のレストランとカフェバーがある。

DATA 交MB線Náměstí Republiky駅から徒歩2分
住Králodvorská 4 ☎234-608-111
料スーペリア€153～　100室 E R

↑市民会館まで徒歩1分
←オフホワイトを基調としているスーペリアルーム

マラー・ストラナ 別冊MAP P23C3 マンダリン・オリエンタル
Mandarin Oriental Prague

眺めも設備も最高級のホテル

客室からの眺望がすばらしく、特にマラー・ストラナ地区の街並みやプラハ城が望める客室がおすすめ。最新設備を備え、水回りも快適。断熱効果のある石灰石を使用したバスルームや、リラックス効果の高いアロマオイルも備えられ、旅の疲れを癒せる。

DATA 交①12・15・20・22番Hellichovaから徒歩3分
住Nebovidská 459/1 ☎233-088-888
料スーペリア€455～　99室

↑白亜の柱が並ぶラウンジ
←スーペリアルーム。客室の内装はそれぞれ異なる

ユダヤ人街 別冊MAP P24B1
ゴールデン・プラハ・ホテル
Golden Prague Hotel

川畔に立つ立地のよさが魅力

観光スポットに近く、立地は抜群。客室はヴルタヴァ川か旧市街に面し、どちらも眺望がよい。室内の設備も万全で機能的と評判が高く、観光のほかビジネス客の利用も多い。

DATA 交MA線Staroměstská駅から徒歩7分 住Pařížská 30
☎296-631-111 料スタンダード€166～　372室 E R

新市街 別冊MAP P25C3
アール・ヌーボー・パレス
Art Nouveau Palace Hotel Praha

著名人常宿の老舗ホテル

アール・ヌーヴォー様式の見事な建物は1909年完成。創業当時の優雅な内装で著名人のファンが多い。歴史あるホテルだが、ネット環境など近代的な設備が整っている。

DATA 交MA・B線Můstek駅から徒歩5分 住Panská 12 ☎224-093-111 料デラックス€165～　127室 E R

郊外 別冊MAP P21D2
ヒルトン
Hilton Prague

プラハ最大の近代的ホテル

ヴルタヴァ川畔に立つガラス張りの近代的な外観が印象的なホテル。791室の改装された客室のほか、5つのレストランやプール、サウナ、カジノも備える。

DATA 交MB・C線Florenc駅から徒歩7分 住Pobřeznί 1 ☎224-841-111 料ツインゲスト€90～　791室 E R

フォーシーズンズ
Four Seasons Hotel Prague

ヴルタヴァ川ほとりに立つラグジュアリーなホテル。内装はバロック様式やルネッサンス様式など、客室ごとに異なる。
DATA 交MA線Staroměstská駅から徒歩4分
住Veleslavinova 2A ☎221-427-000
料モダン€610〜 157室

 アール・デコ・インペリアル
Art Deco Imperial Hotel Prague

プラハの中心部に位置し、オリジナルのアールデコの装飾と、近代的な快適さを融合させたホテル。
DATA 交MB線Náměstí Republiky駅から徒歩5分
住Na Poříčí 15 ☎246-011600
料デラックス€291〜 86室

 マリオット
Marriott Prague

広めのロビーや客室でゆったりとくつろげる。特にルーフガーデンからの眺めがいい。ランドリーサービス(有料)も。
DATA 交MB線Náměstí Republiky駅から徒歩1分
住V celnici 8 ☎222-888-888
料デラックス€260〜 293室

 パリス
Hotel Paříž

1904年に開業した老舗ホテル。外観、内装ともにアール・ヌーヴォー様式で統一され、建物は国の文化財に指定されている。
DATA 交MB線Náměstí Republiky駅から徒歩1分
住U Obecního domu 1 ☎222-195-195
料デラックス€230〜 86室

 K+Kホテル・セントラル
K+K Hotel Central

外観、内装ともにクラシックな様式のホテル。ビジネスセンターやネット環境も整っている。
DATA 交MB線Náměstí Republiky駅から徒歩3分
住Hybernská 10 ☎225-022-000
料クラシック€135〜 127室

 ヤルタ・ブティック
Jalta Boutique Hotel

1958年築で文化財に指定されている。国立オペラ座や地下鉄駅にも近く観光に便利。
DATA 交MA・C線Muzeum駅から徒歩3分
住Václavské nám. 45 ☎222-822-111
料スーペリア€151〜 94室

 ゴールデン・チューリップ・サボイ
Golden Tulip Savoy Prague

客室は少なめだがパブリックスペースが充実している。レストランやバーのほか、リラクゼーションセンターもある。
DATA 交①22番Pohořelec から徒歩1分
住Keplerova 6 ☎224-302-430
料スーペリア€161〜 61室

 **カルロⅣ プラーグ**
Carlo Ⅳ Prague

旧・ボスコロホテルが生まれ変わった。プラハ本駅から近く火薬塔など主な観光スポットが徒歩圏内。
DATA 交MC線Hlavní nádraží駅から徒歩5分
住Senovážné nam. 13 ☎224-593111
料クラシック€181〜 152室

 ラディソンBLUアルクロン
Radisson BLU Alcron Hotel

客室は広め。ヴァーツラフ広場近くに位置し、定期観光バスの発着所でもある。一流と名高いレストラン「Alcron」がある。
DATA 交MA・C線Muzeum駅から徒歩5分
住Štěpánská 40 ☎222-820000
料スタンダード€158〜 206室

 K+Kホテル・フェニックス
K+K Hotel Fenix

近代的な設備のホテル。全館無料でWi-Fiを使用できる。バーやフィットネスセンターなど設備も充実。
DATA 交MA・C線Muzeum駅から徒歩4分
住Ve Smečkách 30 ☎225-012-000
料クラシック€117〜 130室

 アンバサダー・ズラター・フサ
Ambassador Zlata Husa

ヴァーツラフ広場に立つ、交通至便なホテル。大理石造りのバスルームはジャクジー付きで快適だ。アメニティも充実。
DATA 交MA・B線Mústek駅から徒歩2分
住Václavskénám. 5-7 ☎224-193-111
料ツイン€137〜 162室

 エヌエイチ・プラハ・シティ
NH Prague City

比較的郊外にあり、落ち着いた雰囲気。翻訳、秘書などのビジネスサービスのほか、ジョギングコースやテニスコートもある。
DATA 交MB線Anděl駅から徒歩10分
住Mozartova 1 ☎257-153-111
料スタンダード€128〜 309室

ヴルタヴァ川に包まれた中世の都

プラハからプチ旅行
チェスキー・クルムロフへ

オレンジ屋根の家々と丘の上に立つ城……まるで絵本の中のような世界が広がるチェスキー・クルムロフ。中世の趣がそのまま残る旧市街は、ユネスコの世界遺産に登録されている。

チェスキー・クルムロフ城の塔から眺めた街の様子

城の堀では400年も前からクマを飼っていて、守り神のような存在。現在は2頭いる

【郊外】 【MAP P127】

チェスキー・クルムロフ城

Státní hrad a Zámek Český Krumlov

プラハ城に次ぐ規模の古城

13世紀の領主クルムロフが城を建設。その後ロージェンベルク家、エッゲンベルク家、シュヴァルツェンベルク家と、城の持ち主が代わる度に増改築が繰り返され、ゴシック、ルネッサンス、バロックとさまざまな建築様式が混在する複合建築になった。居館と城の劇場はツアーでのみ見学可。

DATA 交スヴォルノスト広場から徒歩10分 住Zámek 59 ☎380-704-721 時休料施設によって異なる

Check! HISTORY

チェスキー・クルムロフの街は、14〜16世紀にこの地を治めていたロージェンベルク家の振興策により、手工業と商業で栄えた。その後19世紀になると、鉄道路線から外れていた街は近代化の波にのり遅れすっかり衰退した。さらに国の共産主義化で拍車がかかり、街は放置され無人状態に。しかし1989年の自由化を機に歴史建造物の復興が進み、美しい中世の街並みが残る街として、1992年にユネスコの世界文化遺産に登録された。

 プチ情報　チェスキー・クルムロフ城は夜になるとライトアップされる。中庭などには入れるので、昼間とは違う城の景観を楽しんで。冬期は、一部の施設のみ見学可能。

城内さんぽ

必見スポットをチェックして、中世の雰囲気たっぷりの城内をめぐろう。

1 城の塔
Zámecká věž

城のシンボルである、高さ54mの円筒状の塔。第2の中庭に塔へ上る入口がある。眼下に広がる風景は息をのむ美しさ。

塔からは街を360度見渡すことができる

DATA　時9〜18時（4・5・9・10月は〜17時、11〜3月は〜16時）　休11〜3月の月曜、12月21日〜1月3日　料150Kč

2 第3の中庭
Ⅲ. nádvoří zámku Český Krumlov

当時、派手な装飾は富の象徴だった

立体的に見える壁や装飾は、実はだまし絵。中庭は第1から第5まである。第3と第4の中庭にある壁絵は神話を元に描かれている。

DATA　時24時間見学可　休なし　料無料

3 居館
Horní hrad

ガイドツアーでのみ見学可能。部屋の内装や装飾品を見学するルートⅠと、シュヴァルツェンベルグ家の歴史を知るルートⅡがある。いずれも所要約1時間。チケット売り場は第2の中庭にある。

1.16世紀、ロージェンベルク家が使用していたルネッサンス様式の部屋。クマの敷物に注目！ 2.16〜17世紀のインテリアの部屋、エッゲンベルク・ホール。ローマ教皇への謁見の際に作った純金の馬車は圧巻 3.ベネチアンミラーやロココ調の長椅子など豪華な家具を展示したサロンルーム 4.華やかなロココ調の絵が特徴的な仮面舞踏会の間

DATA　時9〜16時（6〜8月は〜17時）の毎正時。12時は休み　休月曜（ルートⅠは11〜3月、ルートⅡは10〜5月、9月の月〜金曜）　ルートⅠ：料320Kč（英・独語ガイド）　ルートⅡ：料270Kč（英・独語ガイド）

4 城の劇場
Zámecké divadlo

エッゲンベルク家によって建てられたバロック様式の木造の劇場。現存するのは世界で2カ所のみという、18世紀の舞台装置は必見。見学はガイドツアーのみ。

DATA　時10〜15時の毎正時。12時は休み　休月曜、11〜4月（夏期は不定休あり）　料380Kč（英・独語ガイド、45分間）

年に数回、公演が行われる

5 第5の中庭
V. nádvoří zámku Český Krumlov

城の庭園へ続く通路の途中にある。塀に続くアーチ型の窓からは、ヴルタヴァ川に囲まれた旧市街の街並みを一望できる人気の撮影スポットとなっている。

あえて窓を入れて撮るとよい

DATA　時24時間見学可　休なし　料無料

6 城の庭園
Zámecká zahrada

幾何学模様の植え込みが美しい

11万㎡の面積がある、バロック様式の庭園。4つのエリアに分かれており、噴水や池などもある。奥にある野外劇場では夏期に公演が行われる。

DATA　時8〜19時（4・10月は〜17時）　休11〜3月　料無料

城外さんぽ

観光の拠点となるのはスヴォルノスト広場で、観光案内所もここにある。街は徒歩で回れる規模。自由気ままに歩いてみよう。

A 美術館 エゴン・シーレ・アート・センター
Egon Schiele Art Centrum

夭折したシーレの足跡を辿る

エゴン・シーレや現代作家の作品を展示する美術館。チェスキー・クルムロフはシーレの母の故郷で、シーレ自身もよく訪れた。3階にはシーレのオリジナル作品のほか、写真や家具などを展示。カフェとショップも併設する。

ビール醸造所の建物を利用している

DATA 交スヴォルノスト広場から徒歩3分 住Široká 71 ☎380-704-011 時10〜18時 休なし 料200Kč

全てチェスキー・クルムロフを描いた作品(複製)

B 教会 聖ヴィート教会
Kostel sv. Víta

高い尖塔が目立つ教会

1439年に建てられたゴシック様式の教会。聖ヴィートと聖母マリアが描かれた祭壇や聖歌隊席にある18世紀のパイプオルガンは必見。

通りから奥まったところに立つ

DATA 交スヴォルノスト広場から徒歩3分 住Horní 156 ☎380-711-336 時9〜17時(日曜12時〜) 休12月24〜25日 料無料

C カフェ ライボン
Laibon

城を眺めながらのんびり

ヴルタヴァ川に面した好ロケーションのカフェ。世界中を旅したオーナーが作るベジタリアン料理はどれも絶品。スイーツも充実。

1.晴れた日のテラス席は最高 2.ベジタリアンプレート199Kč

DATA 交スヴォルノスト広場から徒歩3分 住Parkán 105 ☎775-676-654 時11〜24時 休なし E E

D ビアレストラン ピヴォヴァル・エッゲンベルク
Pivovar Eggenberg

エッゲンベルク直営のビアレストラン

チェスキー・クルムロフの地ビール「エッゲンベルク」の醸造所を併設。レストランでは3種類のビールと南ボヘミア地方の伝統料理が味わえる。醸造所は見学も可能(2020年2月現在、改修工事のため中止)。

1.もともとは貴族の邸宅だった建物 2.エッゲンベルクラガー40Kč/500㎖ 3.ハーブ風味のマスのグリル220Kčは南ボヘミアの名物料理

DATA 交スヴォルノスト広場から徒歩10分 住Latrán 27 ☎380-711-918 時10〜20時 休12月24〜25日 E J

E グリル料理 クルチマ・フ・シャトゥラフスケー
Krčma V Šatlavské

ボリューム満点のグリル料理

300年前の民家を利用したレストラン。レンガ造りの大きなグリルで薪を使って焼く、肉や魚のグリル料理が自慢。ビールはブドヴァル(黒ビールあり)49Kč/500㎖のみで、ほかに樽出しのワインなども扱う。

1.店内は円い天井の小部屋がいくつもある 2.豚、牛、鶏のミックスグリル295Kč。しっかりした味付けでビールに合う

DATA 交スヴォルノスト広場から徒歩1分 住Horní 157 ☎380-713-344 時11〜24時 休なし E J E

プチ情報 ヴルタヴァ川ではラフティングができる。水上から眺めるチェスキー・クルムロフ城はまた格別の美しさ。どのツアー会社も要所4〜6時間、200〜800Kč。スヴォルノスト広場の観光案内所で情報を得よう。

1. カラフルな建物が並ぶスヴォルノスト広場　2. 石畳の路地を抜けてチェスキー・クルムロフ城へ向かう　3. どの店のウィンドウも飾り付けがかわいい　4. ヴルタヴァ川沿いには心地よいカフェが並ぶ

F マリオネット ムゼウム・ロウテック
Muzeum Loutek

種類豊富な人形がズラリ

マリオネットやパペットを販売するショップ。有名作家の木製マリオネットなど貴重なものから手ごろなものまで多彩に揃う。2階にはかつて国立劇場で使われていたマリオネットのギャラリーがある。

1. 種類の豊富さは圧巻　2. パペット各種435Kč〜

DATA 交スヴォルノスト広場から徒歩2分　住Dlouhá 29　☎723-325-262　時10〜18時(冬期は〜17時)　休なし E

G みやげ ロゼッタ
Roseta

女子ウケするみやげ探しに

チェスキー・クルムロフならではのグッズを買うならココ。マグネットから置物、ビアマグに人形まで幅広い品揃え。店の奥にある、チェコの職人が手作りした陶器もおすすめ。

1. かわいらしく飾られた入口　2. 街や城をモチーフにしたマグネット75Kč〜　3. お城の絵がかわいいホーローマグ245Kč〜

DATA 交スヴォルノスト広場から徒歩5分　住Latrán 53　☎777-285-215　時9〜18時(6〜9月は〜19時30分)　休なし E

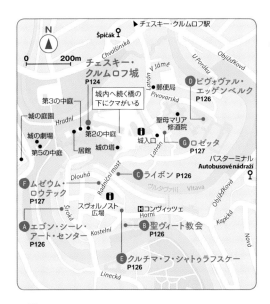

Check! ACCESS

●バス
プラハから所要約3時間。バス会社はいくつかあるが、スチューデント・エージェンシー社(→P133)がおすすめ。1日約30便運行。バスターミナルからスヴォルノスト広場までは徒歩約10分。プラハからのツアーもある(→別冊P26)。

●電車
プラハ本駅(別冊MAP/P21C3)からチェスケー・ブデヨヴィツェで乗り換えてチェスキー・クルムロフ駅まで所要約3時間30分、1日7〜9本運行している。チェスキー・クルムロフ駅は街から離れており、スヴォルノスト広場までは徒歩で20分ほどかかる。

トラベルインフォメーション

［オーストリア&チェコ出入国の流れ］

入国の流れ

① 到着 Arrival

到着ゲートから「passport」などの案内板に従って入国審査へ進む。ただし、シェンゲン協定加盟国を経由（乗継ぎ）した場合、その空港で入国審査が行われるため、オーストリア、チェコでの入国審査は行われない。

② 入国審査 Immigration

入国審査の窓口は、「加盟国の国民EU Citizen」と「その他All Citizen」があるので、「その他」のカウンターに並び、順番が来たらパスポートを審査官に提出。質問されることはほとんどないが、渡航目的を聞かれた場合は観光（Sightseeing）であることを伝えよう。

③ 荷物受取所 Baggage Claim

搭乗機の便名が示されたターンテーブルで、機内に預けた荷物をピックアップする。万一、荷物が出てこなかったり、破損していた場合は、荷物引換証（Claim Tag）を持って紛失荷物（Lost Baggage）の窓口か航空会社係員に確認を。

④ 税関 Customs

申告がなければ緑のゲートを通り到着ロビーへ。申告が必要な場合は、赤のゲートに進み、税関申告書を提出して所定の金額を現地通貨で支払う。

⑤ 到着ロビー Arrivals Level

両替所や観光案内所などがある。

▶▶▶ **● シェンゲン協定とは**

ヨーロッパの一部の国家間で締結された検問廃止協定のこと。シェンゲン協定実施国間の移動は、国境の通行が自由化されている。これにより、日本など協定実施国以外から入国する場合は、最初に到着した協定実施国の空港でのみ入国手続きを行う。また帰国の際は、最後に出国する協定実施国で出国審査を受ける。

○シェンゲン協定実施国（2020年2月現在）

アイスランド、イタリア、エストニア、オーストリア、オランダ、ギリシャ、スイス、スウェーデン、スペイン、スロバキア、スロベニア、チェコ、デンマーク、ドイツ、ノルウェー、ハンガリー、フィンランド、フランス、ベルギー、ポーランド、ポルトガル、マルタ、ラトビア、リトアニア、リヒテンシュタイン、ルクセンブルク

● 入国時の制限

○主な免税範囲

酒類…22度以下の酒類2ℓ、または22度を超える酒類1ℓ。非発泡ワイン4ℓ、ビール16ℓ（17歳以上、チェコは18歳以上）
タバコ…紙巻き200本、または細葉巻100本、または葉巻50本、または刻みタバコ250g（17歳以上）
※いずれも空港での入国の場合。陸路の場合、免税範囲は増える。

○出入国の際の申告対象品目

通貨…外貨を含め、€1万以上の現金、トラベラーズチェックなどは要申告
その他…€430（陸路の場合は€300）を超える物品を携帯して出入国する場合は、税関に届け出が必要（15歳以下の場合、オーストリアは€150、チェコは€200）

日本出国時の注意点

出発の3カ月前までにチェック

● 入国条件

●オーストリア パスポートの残存有効期間はシェンゲン協定領域での出国予定日3カ月以上必要。6カ月以内の観光目的の場合、ビザは不要。
●チェコ パスポートの残存有効期限は出国時3カ月以上必要。180日間のうち最大90日間までの観光目的の場合、ビザは不要。

○空港の出発ターミナル

成田空港、羽田空港ともに利用する航空会社によって出発ターミナルが異なる。成田空港のオーストリア航空（OS）カウンターは第1ターミナル、羽田空港のウィーン行き全日空（ANA）カウンターは第2ターミナルとなる。

○液体物の機内持込み制限

機内持込み手荷物に100mℓ以上の液体物が入っていると、日本出国時の荷物検査で没収となるので注意。100mℓ以下であれば、ジッパーのついた1ℓ以下の透明プラスチック製袋に入れれば持込める。詳細は国土交通省のWEBサイト URL www.mlit.go.jp/koku/03_information/index.html を参照。

プチ情報 パスポートの申請についてはパスポートAtoZ（外務省）URL www.mofa.go.jp/mofaj/toko/passport/ を参照。

東欧や中東方面への便も多い世界でも有数のハブ空港

オーストリアとチェコの出入国の
流れはほぼ同じ。 万全の準備で空港へ。

出国の流れ

1 チェックイン Check-in

利用する航空会社のカウンターでパスポートと航空券(eチケット控え)を提示。スーツケースに免税品が入っている場合は、その旨申し出て預ける。免税品のある場合は、搭乗券を受け取った後、スーツケースを引き取る。

2 免税手続き Tax Refund

付加価値税の払い戻しを行う場合は、チェックイン後に引き取ったスーツケースを持ち、免税手続きカウンター(Custom tax refunded)へ預ける。同時に免税用紙にスタンプを押してもらう。(スーツケースはここで預ける)

3 出国審査 Immigration

パスポートと搭乗券を提出。出国スタンプを押してもらい(直行便の場合)パスポートと搭乗券を受け取る。

4 手荷物検査 Security Check

搭乗ゲート前で機内に持ち込むすべての手荷物をX線に通すので、早めにゲートに到着したい。日本同様、液体の持込み制限があるので注意。

5 搭乗ゲート Bording Gate

搭乗券に書かれた番号の搭乗ゲートへ。

乗り継ぎがある場合、その空港の保安検査で液体物持込み制限が適用されることがあるので、免税品の購入は最終乗り継ぎの空港の免税エリアで購入しよう。

ウィーン国際空港
Flughafen Wien-Schwechat

別冊 MAP P5D1

市内中心部の南東約20kmに位置する。日本からの直行便もある。ヨーロッパ各都市やアジアへの便も多数。

○観光案内所
到着ロビーにオフィシャル・ツーリスト・インフォ(時7～22時㈭なし)があり、地図がもらえるほか、公共交通機関の切符を購入できる。

○免税店
ターミナルの中央にあるPlazaに集まっている。

○付加価値税払戻しカウンター
出発ロビーと搭乗フロア両方にある。

ヴァーツラフ・ハヴェル・プラハ国際空港
Václav Havel Airport Prague

別冊 MAP P20A1

近代的なデザインの出発ロビー

チェコ最大の国際空港。シェンゲン協定加盟国の発着便はターミナル2。日本からの直行便はないので、ヨーロッパの各都市またはアジアで乗り継ぎをする。

○観光案内所
到着ロビーにはおもに交通情報を提供しているインフォメーションセンターがある。地図やパンフレットを入手しておこう。

○免税店
ターミナル1、2とも規模は小さい。ボヘミアングラスやチェコみやげのショップが中心で、有名ブランドの店はあまりない。

○付加価値税払戻しカウンター
税金の払戻しカウンターはシェンゲン協定加盟国外が発着するターミナル1など。出国審査の先、Bゲートに向かう途中にある。

日本入国時の制限

日本帰国時の税関で、機内や税関前にある「携帯品・別送品申告書」を提出する(家族は代表者のみ)。▶▶▶

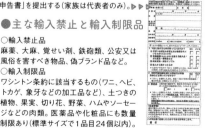

●主な免税範囲

酒類	3本(1本760mℓ程度)
たばこ	紙巻200本、葉巻50本(ほかのたばこがない場合)。2種類以上の場合は250gまで。外国製のたばこは別枠で200本まで
香水	2オンス(約56mℓ、オードトワレ・コロンは除外)
その他	1品目ごとの海外市価合計額が1万円以下のもの全量、海外市価合計額20万円まで

※酒類・たばこは未成年者への免税はない

●主な輸入禁止と輸入制限品

○輸入禁止品
麻薬、大麻、覚せい剤、鉄砲類、公安又は風俗を害すべき物品、偽ブランド品など。

○輸入制限品
ワシントン条約に該当するもの(ワニ、ヘビ、トカゲ、象牙などの加工品など)、土つきの植物、果実、切り花、野菜、ハムやソーセージなどの肉類。医薬品や化粧品にも数量制限あり(標準サイズで1品目24個以内)。

空港 〜 中心部の交通

ウィーン国際空港から市内中心部へ

交通機関	特徴	運行間隔／所要時間
ウィーン・エアポート・ライン	Ⓤ1号線 Wien Hauptbahnhof 駅経由、Ⓤ3・6号線 Westbahnhof 駅行き、Ⓤ1・4号線 Schwedenplatz 駅（Morzinplatz）、Ⓤ2号線 Krieau 駅経由 Donaucentrum 行きなど3ルートが運行。乗車券は荷物受取所や到着ロビー、車内で購入できる。	30 〜 60分／West bahnhof 駅 約40分、Schwedenplatz 駅 約20分、Donaucentrum 約40分
早い シティ・エアポート・トレイン（CAT）	空港駅の Flughafen Wien 駅と市内の Wien Mitte 駅を直結している。乗り場は空港地下にある。市内から利用する場合、Wien Mitte 駅にCAT専用の乗り場があり、窓口にはオーストリア航空のチェックインカウンターがある。	約30分／約16分
安い Sバーン（国鉄ÖBB）	国鉄ÖBBのSバーン7号線が Flughafen Wien 駅から Wine Hauptbahnhof 駅、Wien Mitte 駅、Wien Nord 駅に向かう。乗り場は空港地下。乗車券は券売機で購入する。大きな荷物を持っている場合、少々不便。	30分／Wien Haupt bahnhof 駅16分／Wien Mitte 駅 約25分、Wien Nord 駅約30分。
タクシー	市内までのタクシーは、税関を出た到着ロビー内に5社ほどある。荷物が多い時や、深夜に到着した場合に便利。支払いの際は料金の10%前後のチップを渡そう。	随時／20 〜 30分

プラハ・ヴァーツラフ・ハヴェル空港から市内中心部へ

交通機関	特徴	運行間隔／所要時間
安い 市バス	100番：Ⓜ B 線 Zličín 駅、119番：Ⓜ A 線 Nádraži Veleslavin 駅、191番：Ⓜ チェスキー・クルムロフ行きのバス停、B 線 Anděl 駅行き。乗車券は空港の切符売り場、バス乗り場の自動券売機、運転手から購入できる。早朝・夜・土日の運行本数が減る便もあるので注意。	5 〜 30分／Zličín 駅 約16分、Nádraži Veleslavin 駅 約17分、Anděl 駅約45分
エアポートエクスプレス	Praha-Hlavní Nádraží 駅までを結ぶ快速バス。Ⓜ B 線 Náměstí Republiky 駅、PRAHA-MASARYKOVO NÁDRAŽÍ 駅に停車。乗車券は車内で運転手から購入する。	30分（5時30分 〜 22時30分 の 間）／35 〜 50分
早い タクシー	到着ロビーに各会社のカウンターがある。スタッフに行き先を告げれば乗り場まで誘導してくれる。到着ロビー前のタクシー乗り場から直接乗車しても問題ないが、必ず正規のタクシー（FIX TAXI と Taxi Praha）に乗ろう。	随時／25 〜 50分

プチ情報　ウィーン市内から空港へは、基本的に逆をたどれば問題ない。鉄道を利用する場合は、フリーパスをもっていても差額の €2 を追加で買わなければならない。

ウィーン、プラハともに空港から中心部までは
いくつかの交通機関がある。人数や荷物の量、
予算などを考慮して利用しよう。深夜到着の
際はどの交通機関も細心の注意を。

ウィーン国際空港の
到着ロビーから続く鉄
道(CAT)の看板

料金（片道）

€8
（往復は€13）

片道€12
（往復は€21）

片道2等席€4.20
〜（24時間チケ
ットなどを併用
の場合は€2〜）

市内中心部まで
€35〜42

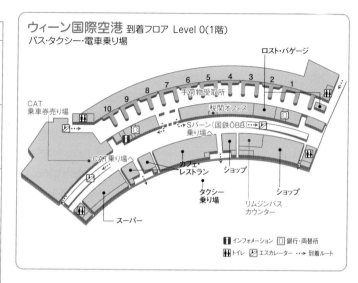

ウィーン国際空港 到着フロア Level 0(1階)
バス・タクシー・電車乗り場

ロスト・バゲージ

手荷物受取所

税関オフィス

CAT
乗車券売り場

Sバーン（国鉄ÖBB）
乗り場へ

CAT乗り場

カフェ・
レストラン

タクシー
乗り場

ショップ

リムジンバス
カウンター

ショップ

スーパー

インフォメーション　　銀行・両替所
トイレ　　エスカレーター　・・・▶ 到着ルート

その他の入出国

新しくなった、ウィ
ーン中央駅。モダ
ンで洗練された雰
囲気だ

料金（片道）

それぞれ32Kč
（運転手から直接
購入する場合40
Kč）

Praha-Hlvaní
Nádraží 駅 まで
片道€8

市内中心部まで
550〜700Kč(メ
ーター制)

●鉄道

ウィーンの国際列車が発着するのはウィーン中央駅。所要時間はプラハからは約4
時間、ブダペストからは約2時間40分、ドイツのミュンヘンからは約4時間。プラハ
の国際列車発着駅はプラハ本駅、プラハ・ホレショヴィツェ駅、プラハ・スミーホフ駅
など。ブダペスト間を約6時間43分で結んでいる。詳細は→P132へ。

●バス

ウィーンはⓊ3号線 Erdberg駅の近くにある国際バスターミナル（別冊MAP/
P5D4）、プラハはフロレンツ・バスターミナル（別冊MAP/P21D2）をそれぞれ起点
としたユーロラインズの利用が便利。どちらのバスターミナルも両国間、ブダペスト
など周辺諸国へ運行している。本数は少ないが、所要時間が鉄道とほぼ変わらず、
料金は安い。詳細は→P132へ。

プチ
情報　プラハ市内から空港までエアポートエクスプレスで行く場合、プラハ本駅のバス停 B2 が乗り場で、空港までノンストップ。
乗車券は、車内で運転手から購入する。

131

各都市間の交通

飛行機や列車、バスなど、2都市間の移動手段はさまざま。旅行プランに合わせた移動手段を選ぼう。

ウィーン＆プラハを結ぶアクセス早見表

	ウィーンまで	プラハまで
ウィーンから	**ウィーンの交通の起点** **飛行機** …ウィーン国際空港（→P129） **鉄道** …ウィーン中央駅（別冊MAP/P5C4） **バス** …国際バスターミナル（別冊MAP/P5D4）	**飛行機** 1日3～5便 ⏱所要約50分 料€129～ ※オーストリア航空 **鉄道** 1日11便 ⏱所要約4時間 料1等€24～、2等€14～ **バス** 1日12便 ⏱所要約4時間 料€14.90～
プラハから	**飛行機** 1日3便 ⏱所要約50分 料2290Kč～ ※オーストリア航空 **鉄道** 1日12便 ⏱所要約4時間 料1等€24～、2等€14～ **バス** 1日11便 ⏱所要約4時間30分 料381.38Kč～	**プラハの交通の起点** **飛行機** …プラハ・ヴァーツラフ・ハヴェル空港 （→P129） **鉄道** …プラハ本駅（別冊MAP/P21C3） **バス** …フロレンツ・バスターミナル （別冊MAP/P21D2）

※料金はすべて片道、2020年2月現在のものです。航空運賃はシーズン及び燃油サーチャージによって変動します。

主な交通機関

●飛行機

短期間で2都市をめぐる場合、一番便利な交通手段。航空会社は、オーストリア航空（URLwww.austrian.com/）。日本語のサイトがあり、搭乗券の予約もできる。近年のヨーロッパでは、格安航空会社のローコストキャリア（LCC）が増えている。日本からの事前予約はインターネットでのみ。

●鉄道

ヨーロッパ各都市を結んでおり利用しやすい。国境越えの際はパスポートを提示する程度。オーストリアからチェコ間は、国際特急列車のユーロシティ（EC）が頻繁に走っており、快適に移動できる。乗車前に、ホームにある車両編成表、車両にある行き先表示板を確認すること。チケットは駅や各鉄道会社のサイトで購入できる。また、各国の移動にはレイルパスがお得で、ユーレイル・オーストリアパスやユーレイル・チェコパスをはじめ、5カ国以上の国鉄が乗り放題になるユーレイル・グローバルパスやヨーロピアン・イーストパスといったものもある。日本でも購入可能。
レイルヨーロッパ：URLjp.eurail.com（日本語）
オーストリア鉄道（ÖBB）：URLwww.oebb.at/
チェコ鉄道（ČD）：URLwww.cd.cz/

●バス

欧州各国の主要都市を結ぶ長距離バスのユーロラインズ（URLwww.eurolines.com/）を利用する。飛行機や鉄道と比べると移動時間は長くなるが経済的。バカンス時期などは混雑するので事前に予約を忘れずに。チケットは各都市にある営業所かサイトで購入する。ヨーロッパ18カ国間53都市のバス路線がフリーになるユーロラインズパスもある。

鉄道パスの料金（1等）

● ユーレイル・オーストリアパス
3日間有効2万400円～
● ユーレイル・チェコパス
3日間有効8100円～
● ヨーロピアン・イーストパス
5日間有効3万3200円～
● ユーレイル・グローバルパス
15日間有効6万1500円～
※2020年2月現在の料金

ブダペストへの交通

ウィーンからはオーストリア航空の飛行機で所要約50分、€124～、1日1～4便程度。鉄道は所要約3時間、1日13便、1等席€34.90～、2等席€19.90～。バスも便利で所要約3時間、1時間に1～2便、€8.99～と一番安い。プラハからは鉄道で所要約6時間30分、1等席€140.40～、2等席€93.60～、1日6便。飛行機利用の場合、チェコ航空（URLus.csa.cz/）で所要約1時間20分、1日2～3便、1170Kč～。
ハンガリー鉄道（MÁV）
☎0640-494949（国内から）
☎361-4444499（国外から）
URLwww.mav.hu/

プチ情報 国際列車が発着するブダペストの鉄道駅は東駅、西駅、南駅の3駅。オーストリアとチェコからの列車は東駅に到着する。バスは両国ともネープリゲト長距離バスターミナル。

［ 国内交通 ］

オーストリアとチェコでは、鉄道やバスが発達している。旅を大きく左右する国内移動をスムーズにできるようしっかり計画しよう。

オーストリアの国内交通

●飛行機

ウィーンからザルツブルク、リンツ、グラーツ、インスブルック、クラーゲンフルトの5都市へ就航。各都市間は所要1時間ほどなので、限られた日数で効率よくまわるには飛行機を利用するのがおすすめ。ウィーンからザルツブルクへはオーストリア航空が1日2〜3便、所要約50分。

ウィーン国際空港の到着ロビー

●鉄道

オーストリア鉄道が国内の主要都市を網羅している。設備やサービスも充実しているので、快適に移動することができる。ザルツブルクとメルク行きの列車が発着するの

国内移動に便利

はウィーン西駅と中央駅で、クレムスへは街の北側にあるウィーン・フランツ・ヨーゼフ駅（別冊MAP/P4B2）を利用。それぞれ1時間に1〜2本と頻繁に運行している。各都市への所要時間と料金はザルツブルクまで2時間30分〜3時間、€24.90〜。メルクまで約1時間、€18.70〜。クレムスは約1時間10分、€18.70〜。座席は1等と2等の2種類。切符は窓口や自動券売機で購入する。車内でも購入できるが手数料がかかる。オンラインで予約した場合は、予約書をプリントアウトしてもっていくこと。

●バス

中・長距離バスは細かく整備されたネットワークで、主要都市間だけでなく、鉄道駅のない地方都市までカバーしている。最も多くの路線をもつのはポストバス社（URL www.postbus.at/）。ただし、ウィーンからザルツブルクやドナウ河観光の主要都市へ直行するバスはない。乗り継いで行くことは可能だが、非常に時間がかかるので鉄道を利用するのがおすすめ。乗り場は駅や郵便局に隣接されていることが多く、切符は窓口か車内で運転手から購入する。

列車の種類

○ Railjet（RJ）
レイルジェット
最上位の高速長距離特急列車。ウィーン〜ザルツブルク間におすすめ。

○ ÖBB EuroCity（ÖBB EC）
オーベーベー・ユーロシティ
ヨーロッパ主要都市とオーストリア国内の主要都市を結ぶ国際特急列車。

○ ÖBB InterCity（ÖBB IC）
オーベーベー・インターシティ
国内の都市間を走る長距離列車。新型車両で快適。

○ Regional Express（REX）
レギオナル・エクスプレス
中距離の地方都市間を結ぶ快速列車。

○ Regional Zug（R）
レギオナルツーク
普通列車。2等車のみの場合も多い。

○ Westbahn
ヴェストバーン
ウィーン西駅とザルツブルク方面を結ぶ私鉄。

チェコの国内交通

●鉄道

国内のほとんどの都市をチェコ鉄道がカバーしている。地方都市や近隣諸国へ行くときの拠点となるのはプラハ本駅。1階に切符売り場や鉄道インフォメーションなど

アール・ヌーヴォー風の美しい駅舎

があり、2階にはカフェやショップが入るにぎやかな駅。チケットは切符窓口で当日購入しても大丈夫。ただし英語が通じることは少ないうえ、混雑するのでオンライン（URL www.cd.cz/eshop/）での予約がおすすめ。料金も安くなる。

●バス

バスの路線網は発達しており、本数も多く便利。近・中距離の移動の場合、鉄道よりも速くて安い。バス会社は複数あるが、人気なのが全席指定席のスチューデント・エー

スチューデントエージェンシー社のバス

ジェンシー社（URL www.studentagency.cz/）。特に学生用というわけではなく、大人でも利用ができ、地元客にも人気がある。週末のチェスキー・クルムロフ行きなどは売り切れてしまうこともあるので、サイトで予約するのが無難。

［ 旅 の キ ホ ン ］

オーストリアとチェコでは使用できる通貨が違う。
外貨はその都度両替できるが、基本的に硬貨は両替
できないので注意しよう。

オーストリアのお金のこと

オーストリアの貨幣は欧州統一通貨のユーロ(€)を導
入。補助通貨はセント(¢)で€1=100¢。

€1 ＝ 約 120 円
（2020年2月現在）

紙幣は7種類。表のデザインはEU加盟国共通で、裏
は国によって異なる。
クレジットカードはほとんどのレストランやショップで
利用できる。タクシーやトラム、バスや屋台、小規模の
店舗では使えないところもある。
両替所は空港、主要駅、観光客が多く集まる街なか、
ホテルなど。場所によってレートと手数料が違うので確
認をしよう。一般的にレートがいいのは銀行。

€5

€10

€20

€50

€100

€200

€500

 1¢
 2¢
 5¢
 10¢
20¢
50¢
€1
 €2

チェコのお金のこと

チェコの通貨単位はコルナ(Kč)。補助通貨のハレーシュ
は2008年8月に廃止になった。

1Kč ＝ 約4.8円
（2020年2月現在）

紙幣、硬貨ともに6種類。
クレジットカードはほとんどのレストランやショップで
利用できる。タクシーやトラム、バスや屋台、小規模の
店舗では使えない場合が多い。
両替をする場合、プラハの空港はレートが悪いので当
面必要な分のみとしよう。市内の両替所は店舗ごとに
レートが異なる。特に日本円からチェココルナに換金す
る際は、レートの差が大きい場合がある。銀行のレー
トは比較的いいが、手数料が高い。

100Kč

200Kč

500Kč

1000Kč

2000Kč

5000Kč

※チェコは2004
年にEU加盟入
りしたが、ユーロ
が使えるのは一
部の施設のみ。
今後導入される
予定は今のとこ
ろない。

 1Kč
 2Kč
 5Kč
 10Kč
 20Kč
50Kč

注意事項 銀行は営業時間が限られているため、早朝・深夜に到着する場合は、空港や駅で両替しておくのが無難。ただし、空港、
駅ともにレートはよくないので、必要な分だけ両替した方がいい。

シーズンチェック

● オーストリアの主な祝祭日

1月1日	元日
1月6日	三聖王祭
4月13日	イースター・マンデー※
5月1日	メーデー
5月21日	キリスト昇天祭※
6月1日	聖霊降臨祭月曜日※
6月11日	聖体節※
8月15日	聖母被昇天祭
10月26日	ナショナルデー
11月1日	万聖節
12月8日	聖母受胎日
12月25日	クリスマス
12月26日	聖シュテファン

● チェコの主な祝祭日

1月1日	チェコ独立記念日、元日
4月13日	イースター・マンデー※
5月1日	メーデー
5月8日	チェコ解放記念日
7月5日	ツィリルとメトディウスの記念日
7月6日	ヤン・フス記念日
9月28日	チェコ国体記念日
10月28日	チェコスロヴァキア独立記念日
11月17日	自由と民主主義闘争記念日
12月24日	クリスマスイブ
12月25日	クリスマス休暇（第1クリスマスデー）
12月26日	クリスマス休暇（第2クリスマスデー）

上記は2020年のもの。※印は移動祝祭日で、毎年日にちが変わる

オーストリア、チェコともに11月中〜下旬から
クリスマスマーケットが開催される

● 気候とアドバイス

春 3〜5月	ウィーン：日中は春らしい陽気となるが、朝晩は冷え込むので上着の用意を。 プラハ：寒さが続く季節。ジャケットやコートなど、温度調節のできる服装を用意すること。	**夏** 6〜8月	ウィーン：日中は30℃を超える日もあり、半袖で充分。念のため羽織りものを。 プラハ：朝晩は肌寒い。降水量が多い時期なので雨具の用意を忘れずに。
秋 9〜11月	ウィーン：天気のいい昼間はシャツ一枚でも過ごせるが、朝晩の冷え込みに注意。必ず上着を持って行こう。 プラハ：基本的に上着は必須。特に11月は冷え込むので防寒対策を万全に。	**冬** 12〜2月	ウィーン：雪が降るような厳しい寒さ。帽子や手袋などの小物も忘れずに。 プラハ：凍てつく寒さが続く。雪が積もることもあるため、滑りにくい靴やコートなどの防寒対策を怠らずに。

● 平均気温と降水量

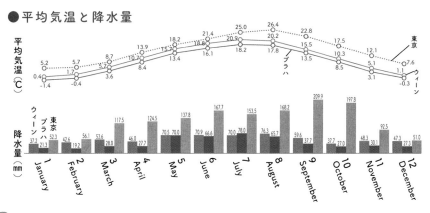

平均気温（℃）

	1月	2月	3月	4月	5月	6月	7月	8月	9月	10月	11月	12月
東京	5.2	5.7	8.7	13.9	18.2	21.4	25.0	26.4	22.8	17.5	12.1	7.6
プラハ	0.4	1.7	3.6	10.2	14.5	18.8	20.9	20.2	15.5	10.3	5.1	1.1
ウィーン	-1.4	-0.4	3.6	8.4	13.4	16.1	18.2	17.8	13.5	8.5	3.1	-0.3

降水量（mm）

	1月 January	2月 February	3月 March	4月 April	5月 May	6月 June	7月 July	8月 August	9月 September	10月 October	11月 November	12月 December
ウィーン	37.2	42.6	53.6	46.0	70.5	70.9	70.0	76.3	59.6	37.7	48.3	47.3
プラハ	21.3	19.2	28.0	27.7	70.0	66.6	78.0	65.7	37.7	27.0	30.1	27.3
東京	52.3	56.1	117.5	124.5	137.8	167.7	153.5	168.2	209.9	197.8	92.5	51.0

電話のかけ方

ウィーンの公衆電話はテレホンカード式が多い
（写真はコイン式）

●自分の携帯電話からかける場合…機種や契約によってかけ方や料金形態がさまざま。日本出発前に確認を。
●公衆電話からかける場合…コイン式、カード式（キャリングカード）の2種類。スマートフォンの復旧で公衆電話の数が減少している。各種カードは一部の郵便局や街中にあるキオスクやタバコ屋などで購入可能。

●ウィーンまたはプラハ→日本

00（国際識別番号）→**81**（日本の国番号）→**相手の電話番号**（最初の0はとる）

●ウィーンまたはプラハ市内通話（ホテル客室からの場合）

「**外線番号 - 相手の番号**」をそのまま押せばよい。

●日本→ウィーンまたはプラハ（固定電話の場合）

電話会社の識別番号（※）→**010**（国際電話識別番号）→**43**（オーストリアの国番号） **420**（チェコの国番号）→**相手の電話番号**（最初の0はとる）

※マイラインやマイラインプラスに登録している固定電話機の場合は不要。登録していない場合は、001（KDDI）、0033（NTTコミュニケーションズ）、0061（ソフトバンク）などをはじめにプッシュする。

インターネット事情

●ウィーン

ホテルでは無線LANの接続サービスがあるので、無線LAN対応のパソコンを持ち込めばインターネットを利用できる。無料か有料かはホテルによって違うので確認しよう。中級以上のホテルではロビーにパソコンを設置しているところが多い。旧市街の観光案内所は無線LANが無料。カフェやファストフード店も無料で使えるところがある。インターネットカフェは少ない。

●プラハ

市内のカフェやファストフード店、さらに一部のトラムでも無線LANが無料で使える場合が多い。また、どのホテルでも接続サービスがあり、ほとんどが無料。街なかにインターネットカフェもあるが、スマートフォンの登場で激減。

郵便・小包の送り方

●ウィーンから

切手は郵便局、主要ホテルなどで購入可能。比較的郵便事情がよく、ポストに投函して1週間程度で日本に到着する。急ぎの際や、土・日曜、祝日に投函する場合は中央郵便局（別冊MAP/P9D1）から直接出した方がいい。

オーストリアの郵便ポストは黄色

●プラハから

切手は郵便局や主要ホテル、キオスクなどで購入可能。プラハから日本に到着するまで5〜10日ほどかかってしまうため、急ぎの際は直接郵便局へ行き、プライオリティ（優先郵便）を利用しよう。プライオリティだと4〜7日ほど。

ウィーンから日本へ郵便料金

ハガキ、封書

重量（kg）	料金
〜0.02kg	€1.80
0.02〜0.075kg	€2.75

小包

重量（kg）	航空便
〜2kg	€21.93
2〜4kg	€49.98

プラハから日本への郵便料金

ハガキ、封書

重量（kg）	プライオリティ	エコノミー
〜0.05kg	45Kč	39Kč

小包

重量（kg）	プライオリティ	エコノミー
〜1kg	661Kč	528Kč

注意事項 海外で携帯電話を使うときはパケット通信を切断するか、海外用パケットサービスに契約しよう。スマートフォンの場合は海外到着後、手動でキャリア選択を行う作業が必要。そのまま使うと、膨大な利用料金になることもある。

水とトイレとエトセトラ

● 水道水は飲める？

2都市共に水道水は比較的安全だが、慣れない水で体調を崩すことも。ミネラルウォーターを飲むほうが無難。ウィーンではガス入りは「ミットコーレンゾイレ Mit Kohlensäure」、ガスなしは「オーネコーレンゾイレ Ohne Kohlensäure」。プラハではガス入りは「ペルリヴァー perlivá」または「スィツェナー sycená」、ガスなしは「ネペルリヴァー neperlivá」と表記されている。

一般的にピンクのキャップが炭酸入り、青が炭酸なし

● プラグと変圧器が必要

2カ国ともに電圧は220V、周波数は50Hz。日本の電化製品を使用するには基本的に変圧器が必要となる。コンセントのプラグのタイプはCタイプ、SEタイプが主流。

● トイレに行きたくなったら？

ウィーンでは、駅やバスターミナルなどにある公衆トイレは基本的に有料。入口にいる係員に支払う、コインを入れてゲートを通るなど利用方法はさまざま。どれも€0.50～1程度。プラハもほとんどが有料。係員に5～20Kčほど支払って使用する。レストランや美術館、ショッピングセンターでは無料で使えることも多い。また、使用済みのトイレットペーパーはそのまま水に流しても問題ない。

ウィーンのゲート式公衆トイレ

● ビジネスアワーはこちら

レストラン
ウィーン…時11時30分～23時
プラハ…時10～23時
ショップ
ウィーン…時9時～18時30分（土曜は早く閉店）
プラハ…時10～20時（土・日曜営業も多い）
銀行
ウィーン…時8～15時（木曜～17時30分）
プラハ…時9～17時（または8～16時）
※土・日曜、祝日は午前閉店、休みが多い。

● サイズ・度量衡を目安にお買い物

○ レディスファッション

日本	衣料	7	9	11	13	15	17	19	靴	22.5	23	23.5	24	24.5	25
欧州		36	38	40	42	44	46	48		36		37		38	

○ メンズファッション

日本	衣料	S	M	L	LL	靴	24	24.5	25	25.5	26	27
欧州		44/46	48/50	52/54	56/58		38	39	40	41	42	43

※上記のサイズ比較表はあくまで目安。メーカーなどにより差があるので注意。

● 物価はどのくらい

ミネラルウォーター（500ml）	マクドナルドのハンバーガー	スターバックスのコーヒー	生ビール（グラス1杯）	タクシー初乗り
€0.65	€1	€3.50	€3	€4
20Kč	25Kč	65Kč	40Kč	40Kč

ルール＆マナー

［観光］

●禁煙か分煙か喫煙可か

公官庁建物、乗物内（駅、停留所、空港含む）、病院内は基本的に禁煙。カフェやレストランでは屋外席が喫煙可、屋内は禁煙、もしくは分煙（オーストリアのステッカー表示。赤が禁煙、緑が喫煙）。

この2枚が貼ってあれば分煙

●撮影マナー

美術館や博物館では撮影禁止のところが多い。また、撮影OKのところでもフラッシュや三脚は禁止されていることが多いので注意。当然のことながら、作品には手をふれないこと。

●教会でのマナー

教会は観光のみどころである前に、ミサや冠婚葬祭が行われる厳粛な場所。肌を露出した服装は禁止。また、日曜の朝夕などミサが行われているときは見学を控えよう。無料で見学できる教会でも、堂内にある箱に心付け程度の献金をするとよい。

●階数表示に注意

地面と繋がるフロアは1階ではなく地上階（エレベーターなどの表示は0）とよび、そこから上に向かって1F、2Fと数える。地下階もそれぞれ-1、-2と負の数で表記されることが多い。

［グルメ］

●レストランの支払い

一般的に支払いはテーブルで済ませる。現金払いの時はそのままチップを加えて渡し、カード支払いの時、サービス料欄にチップの料金を書いて渡す。チップの目安は10％程度（€1以下の端数は切り上げる）。※高級レストランではテーブルチャージがつく場合もある

●ドレスコードを確認

ホテル内の高級レストランなど、店によってはドレスコードが決められているところもある。女性はワンピースかスーツ、男性はネクタイ、上着着用など一般的なドレスコードを守ろう。

●席への座り方

レストランに入ったら勝手に席に着かず、ウエイターに案内されるのを待とう。テーブルごとに担当のウエイターが決まっているため、注文したときのウエイターの顔を覚えておきたい。

［ショッピング］

●付加価値税の払戻し

商品の価格にVAT（付加価値税／オーストリア13、20％、チェコ15、21％）が含まれており、EU圏外に居住する旅行者が1日1店舗当たり€75.01以上（チェコは2001Kč以上）の買い物をした場合VATが免税され、所定の手続きをすると購入金額の最大13％（チェコは最大14％）が払い戻される。ただし個人の使用を目的とした購入で、出国時は未使用の状態であることが条件。税関スタンプの受領は購入日から12週間以内に行う必要がある。免税手続きの流れは以下の通り。国によって手続きの方法が若干違うので注意。

購入店で

①商品を購入した店で免税書類（Tax Free form）を作成してもらう。免税書類に必要事項を記入後、免税書類と封筒を受け取る。

ウィーン国際空港で

●スーツケースに免税対象品を入れる場合
①空港でチェックイン後、荷物を出してもらい、タックス・フリーカウンター317、318番又は195、196番で書類にスタンプをもらってから荷物を預ける。
②空港内の払戻しカウンターで書類を提示し、免税分の金額を受け取る。
●ワレモノなど手荷物で免税対象品を持ち込む場合
①チェックイン後、出国審査を済ませたら、カウンターで商品と免税用紙を見せ書類にスタンプをもらう。
②免税手続きカウンターで書類を提示し、免税分の金額を受け取る。

プラハ・ヴァーツラフ・ハヴェル空港で

①スーツケースに免税対象商品を入れる場合、ターミナル1の出発ロビー左手にある税関で免税書類、パスポート、航空券を提示して承認印をもらう。手荷物で申請する場合は出国審査後の税関で。
②搭乗エリアにある「Tax Free Refunds」の看板のある両替所で現金を受け取る。

※ウィーン、プラハともにEU圏で乗継ぎの場合、経由地のEU最終国で手続きを行う。詳細はグローバルブルー URLlocalservices.globalblue.com/jp-jp/

［ホテル］

●チップを忘れずに

荷物を運んでもらうときは荷物1個につき€1（20Kč）ほど、コンサートチケットやレストランの予約などコンシェルジュに何かを頼んだときや、ルームサービスを頼んだ場合などにも同程度のチップを渡す。

店に入る時は、挨拶しながら入るのがヨーロッパの一般的なマナー。商品は手に取る時、試着する時も、必ず店員に断ってから。欲しい物がなかったら「ありがとう。さようなら」と声をかけて店を出よう。

トラブル対処法

ヨーロッパ諸国の中では比較的治安はいい方だが、観光客を狙ったスリやひったくりなども多発している。昼夜問わず人通りの少ない場所は避け、常に注意を怠らないこと。いざというときに備えて、滞在先ホテルの電話番号をメモしておこう。

● 病気になったら

体調不良を感じたら、ためらわずに病院へ。ホテルのフロントから医師の手配を頼むか、参加したツアー会社や加入している保険会社の現地デスクに連絡すれば、提携病院を紹介してくれる。海外の薬は体に合わないこともあるので、使い慣れた薬を持参するといい。

● 盗難・紛失の場合

○パスポート
警察に届け出を出して盗難・紛失証明書を発行してもらう。それから日本大使館へ出向き、失効手続きをした後、新規発給もしくは帰国のための渡航書を発行してもらう。
○クレジットカード
不正使用を防ぐためまずはカード会社に連絡し、カードを無効にしてもらう。その後はカード会社の指示に従う。

● トラブル事例集

○発車待ちの車内で荷物を網棚にあげてくれる親切な現地人に遭遇。しかし、その際に別の人が現れ、貴重品入りの手持ちバッグを盗まれた。
⇒2人はグルなので、声を掛けられてもむやみやたらに信用せず、常に注意しよう。

○ホテルの朝食会場でのこと。ビュッフェ式だったのでバッグを席に置いたまま食事を取りに行き、戻ったらバッグが盗まれていた。
⇒ホテルだからといって気を抜かず、カバンは常に自分で持って行動すること。

○通りがかりの人に「チェンジマネー」、「コカイン」などと声をかけられた後、警察官を装った人に呼び止められ、中身を確認するふりをして、現金やカードを抜き取られた。
⇒警察官のような人に所持品検査を要求された場合は、相手の身分証の提示を求めるなど、毅然とした態度で対処する。ただし、さらなる危険を招くような状況であれば、無理に抵抗せず、身体への危害を避けることが大切。

外務省海外旅行登録「たびレジ」

登録すれば、渡航先の最新安全情報や緊急時の現地大使館・総領事館からの安否確認、必要な支援を受けることができる。
URL www.ezairyu.mofa.go.jp/tabireg/

旅の便利帳

［オーストリア］

●在オーストリア日本国大使館領事部
住Schottenring 8　☎01-531-920
時9～12時、13時30分～16時30分
休土・日曜、休館日
別冊MAP●P6B1
●警察　☎133
●救急車　☎144
●消防　☎122
●オーストリア航空　☎05-1766-1000

［チェコ］

●在チェコ共和国日本国大使館領事部
住Maltézské nám.6　☎257-533-546
時9時～12時30分、13時30分～16時30分
休土・日曜、休館日
別冊MAP●P23C3
●警察　☎158
●救急車　☎155
●消防　☎150
●オーストリア航空　☎227-231-231
●チェコ航空　☎239-007-007

［日本］

●オーストリア大使館　☎03-3451-8281
●オーストリア政府観光局
URL www.austria.info/jp
●チェコ共和国大使館　☎03-3400-8122
●チェコセンター東京　☎03-3400-8129
●主要空港
・成田国際空港インフォメーション
　☎0476-34-8000
　URL www.narita-airport.jp/
・羽田空港
　（東京国際空港ターミナルインフォメーション）
　☎03-6428-0888（国際線）
　URL www.haneda-airport.jp/
・関西国際空港案内センター
　☎072-455-2500
　URL www.kansai-airport.or.jp/
●カード会社緊急連絡先
・Visa グローバル・カスタマー・アシスタンス・サービス
　オーストリア：☎0800-281-688
　チェコ：☎800-142-121
・JCB紛失・盗難海外サポート
　☎81-422-40-8122（コレクトコール）
・アメリカン・エキスプレス
　（グローバル・ホットライン）
　☎44-20-8840-6461（コレクトコール）
・マスターカード（緊急サービス専用フリーダイヤル）
　オーストリア：☎0800-07-06-138
　チェコ：☎800-142-494

Index

□行きたい場所に✔を入れましょう　■行った場所をぬりつぶしましょう

ウィーン

ウィーン

物件名	ジャンル	エリア	ページ	別冊MAP
□ベルンドルフ	カトラリー	シュテファン寺院周辺	P75	P9C2
□ホーフブルク（王宮）	王宮	王宮周辺	P13,28,33,34	P8A3
□ボルタ・デクストラ	食料品	シュテファン寺院周辺	P81	P9C1
□マインル・アム・グラーベン	ウィーン料理	王宮周辺	P70	P8B2
□マリア・シュトランスキー	プチ・ボワン	王宮周辺	P75	P8A3
□マリア・テレジア広場	広場	MQ周辺	P53	P13B1
□マンナー	お菓子	シュテファン寺院周辺	P83	P9C2
□ミュージアムクォーター・ウィーン	複合施設	MQ周辺	P40	P13A1
□ミュールバウアー	帽子	ケルントナー通り	P77	P8B3
□ミュラー・バイスル	バイスル	シュテファン寺院周辺	P65	P9C4
□ムゼウム	カフェ	MQ周辺	P59	P10A2
□メダイヨン・マンション＆マヨリカハウス	世紀末建築	リンク周辺	P49	P13B4
□モーツァルト	カフェ	王宮周辺	P59	P8B2
□モーツァルトハウス・ウィーン	博物館	シュテファン寺院周辺	P46,52	P9C2
□郵便貯金局	世紀末建築	シュテファン寺院周辺	P49	P9D2
□ユリウス・マインル	スーパーマーケット	王宮周辺	P35,80	P8B2
□ライナー	インテリア用品	マリアヒルファー通り	P79	P13A3
□リンクシュトラーセン・ガレリェン	ショッピングセンター	ケルントナー通り	P82	P10B1
□ルベッラ	イタリア料理	ケルントナー通り	P71	P8B4
□レオボルト・ミュージアム	美術館	MQ周辺	P41	P13A1
□レプリックアート	ミュージアムグッズ	MQ周辺	P83	P11D4
□ロース・アメリカン・バー	バー	シュテファン寺院周辺	P73	P8B3
□ロースハウス	世紀末建築	王宮周辺	P49	P8A2
□ローデン・プランクル	民族衣装	シュテファン寺院周辺	P82	P8A3
□ロブマイヤー	ガラス	ケルントナー通り	P75	P8B4
□ワイングート・ヴェルナー・ヴェルザー	ホイリゲ	ウィーンの森	P51	本誌P51
□ワルツ	おみやげ	MQ周辺	P83	P10B2
□石の鐘の家	名所	旧市街	P101	P24B2
□ウ・ズラテーホ・ストロム	チェコ料理	旧市街	P114	P24A2
□ウ・ズラテーホ・ティグラ	ビヴニツェ	旧市街	P115	P24B2
□ウ・ズラテーホ・ハダ	カフェ	旧市街	P115	P24B2
□ウ・ドゥヴォ・コチュク	ビヴニツェ	旧市街	P115	P24B3
□ウ・トシー・プシュトロスー	チェコ料理	マラー・ストラナ	P114	P23C3
□ウ・ピンカスー	ビヴニツェ	新市街	P105	P25C3
□ウ・フレクー	ビヴニツェ	新市街	P18,111	P24B4
□ウ・メツェナーシェ	チェコ料理	マラー・ストラナ	P115	P23C3
□ウ・メドヴィドゥクー	ビヴニツェ	旧市街	P111	P24B3
□ウ・モドレー・カフニチュキ	チェコ料理	マラー・ストラナ	P114	P23C3
□ヴァーツラフ広場	大通り	新市街	P104	P25C3
□ヴェレルルジニー宮殿	宮殿	郊外	P109	P21C1
□エルペット	ボヘミアングラス	旧市街	P116	P24B2
□オヴォツニー・スヴェトゾル	スイーツ	新市街	P105	P25C3
□王宮庭園	庭園	プラハ城周辺	P106	P23C1
□黄金小路	雑貨ストリート	プラハ城周辺	P99	P23C1
□おもちゃ博物館	博物館	プラハ城周辺	P107	P23C1
□オリジナル・ソウベニル	雑貨	新市街	P120	P25C3
□カヴァルナ・オベツニー・ドゥーム	カフェ	旧市街	P103	P25C2
□カヴァルナ・スラヴィア	カフェ	新市街	P113	P24A3
□カフェ・インペリアル	カフェ	新市街	P113	P25D1
□カフェ・バジージュ	カフェ	新市街	P115	P25C2
□カフェ・モーツァルト	カフェ	旧市街	P101	P24B2
□カフェ・ルーヴル	カフェ	新市街	P112	P24B3
□火薬塔	塔	旧市街	P107	P24B2
□カレル橋	橋	旧市街	P16,100	P24A2
□旧王宮	王宮	プラハ城周辺	P99	P23C2
□旧市街広場	広場	旧市街	P17,101	P24B2
□旧市庁舎	名所	旧市街	P16,101	P24B2
□キンスキー宮殿	宮殿	旧市街	P107	P24B2
□クビスタ	雑貨	旧市街	P117	P25C2
□グランド・カフェ・オリエント	カフェ	旧市街	P112	P25C2
□クレメンティヌム	図書館	旧市街	P108	P24B2
□国民劇場	劇場	新市街	P109	P24A4
□国立オペラ座	劇場	新市街	P108	P25D4
□国立博物館	博物館	新市街	P104	P25C4
□国立マリオネット劇場	劇場	旧市街	P109	P24B2
□コルコヴナー・ツェルニ	チェコ料理	旧市街	P114	P25C2
□コルコヴナ・パラーツ・サヴァリン	ビヴニツェ	新市街	P110	P25C3
□コロス・アルケミスト	雑貨	プラハ城周辺	P99	P23C1
□市民会館	会館	旧市街	P15,103	P24B2
□シュテルンベルク宮殿	宮殿	プラハ城周辺	P106	P22B2
□スターピーズ	チェコビーズ	旧市街	P119	P24B3

□行きたい場所に✓を入れましょう　■行った場所をぬりつぶしましょう

ララチッタ
ウィーン・プラハ
Wien Praha

2020年4月15日　　初版印刷
2020年5月1日　　初版発行

編集人　　　　　　小林 茂
発行人　　　　　　今井敏行
発行所　　　　　　JTBパブリッシング
印刷所　　　　　　凸版印刷

企画・編集　　　　海外情報事業部
編集デスク　　　　棚田素乃
担当　　　　　　　田中利樹
取材・執筆・撮影　K&Bパブリッシャーズ／片野優／須貝典子
　　　　　　　　　グルーポ・ピコ(今福直子/田中健作)／田尻ようこ
本文デザイン　　　BEAM／ME&MIRACO／brücke
　　　　　　　　　鬼頭敦子／宇都宮久美子
表紙デザイン　　　ローグ　クリエイティブ(馬場貴裕／西浦隆大)
イラスト　　　　　落合恵
編集・取材・写真協力　木村秋子／岡本愛実／合田哲郎／鈴木文恵／
　　　　　　　　　能城フィリップ／田中二葉／ランズ／
　　　　　　　　　PIXTA／123RF／iStock
　　　　　　　　　ウィーン市観光局／チェコ政府観光局
　　　　　　　　　Österreich Werbung (Egger／Diejun／
　　　　　　　　　Herzberger／Trumler／Lammerhuber／
　　　　　　　　　Salzburger／Himsl／Kalmar／Bartl／
　　　　　　　　　Viennaslide／Wiesenhofer／Bartl)
　　　　　　　　　Austrian National Tourist Office
　　　　　　　　　(Homberger／Trumler／Jezierzanski／
　　　　　　　　　Pigneter／Jezierzanski／Sonja Burtscher)
地図制作　　　　　ジェイ・マップ／アルテコ／アトリエ・プラン
地図制作協力　　　インクリメント・ピー、Tele Atlas NV
組版　　　　　　　凸版印刷／ローヤル企画

JTBパブリッシング
〒162-8446　東京都新宿区払方町25-5
編集：03-6888-7878
販売：03-6888-7893
広告：03-6888-7833
https://jtbpublishing.co.jp/

©JTB Publishing 2020
Printed in Japan
204102　759406
ISBN978-4-533-14033-4 C2026
禁無断転載・複製

おでかけ情報満載『るるぶ＆more.』
https://rurubu.jp/andmore/
○本書の取材・編集にご協力いただきました関係各位に
　厚く御礼申し上げます。

Line Up　※続刊予定あり

ヨーロッパ
① ローマ・フィレンツェ
② ミラノ・ヴェネツィア
③ パリ
④ ロンドン
⑤ ミュンヘン・ロマンチック街道・フランクフルト
⑥ ウィーン・プラハ
⑦ アムステルダム・ブリュッセル
⑧ スペイン
⑨ 北欧
⑩ イタリア
⑪ フランス
⑫ イギリス

アジア
① ソウル
② 台北
③ 香港・マカオ
④ 上海
⑤ シンガポール
⑥ バンコク
⑦ プーケット・サムイ島・バンコク
⑧ ホーチミン
⑨ アンコールワット・ホーチミン
⑩ バリ島
⑪ プサン
⑫ ベトナム
⑬ 台湾
⑭ セブ島 フィリピン

アメリカ
① ニューヨーク
② ラスベガス・セドナ
③ ロサンゼルス・サンフランシスコ
④ バンクーバー・カナディアンロッキー

太平洋
① ホノルル
② グアム
③ ケアンズ・グレートバリアリーフ
④ シドニー・ウルル(エアーズ・ロック)
⑤ ハワイ島・ホノルル
⑥ オーストラリア

ララ
759406

ここからはがせます♪

Lala Citta Wien Praha
Area Map

ウィーン・プラハ
別冊MAP

MAP記号の見方

H ホテル　❸ 観光案内所　Ⓤ 地下鉄駅　Ⓜ 地下鉄駅　● トラム停留所
🏛 日本大使館　✈ 空港　🚏 バス停　⑧ 銀行　⊕ 郵便局　🏥 病院
⊗ 警察　◆ 学校・市役所　⛪ 寺院/教会

Pl.=Platz/広場(ウィーン)　Str.=Strasse/通り(ウィーン)　Nám=náměstí/広場(プラハ)

ウィーン路線図

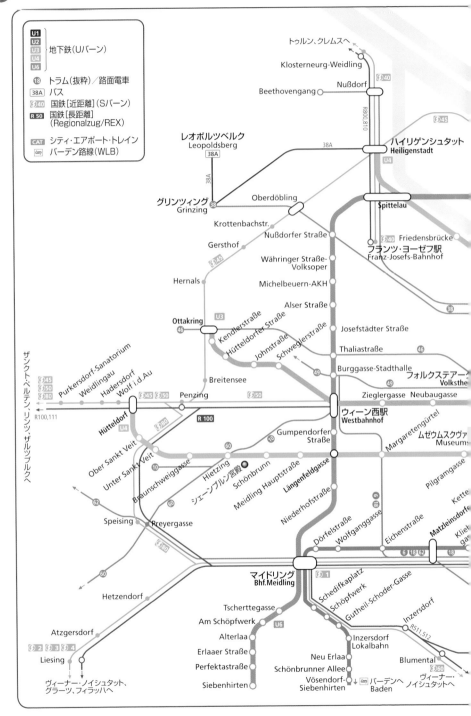

エリア
Navi
ウィーン南駅は2014年12月末にウィーン中央駅と名称を変え、国際列車の発着駅として新しい駅に変わった。ウィーン西駅やフランツ・ヨーゼフ駅に発着している国際列車も中央駅発着となった。

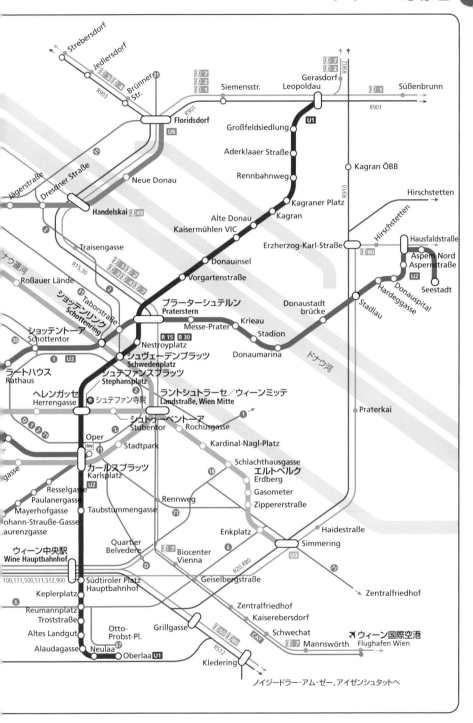

ウィーン全体図

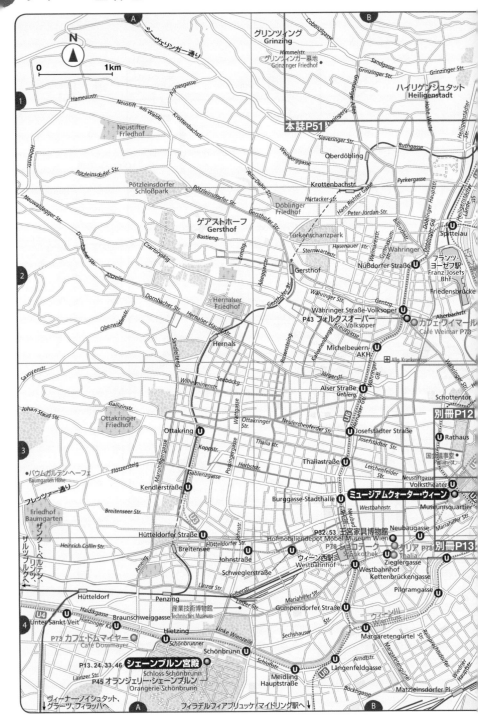

シェーンブルン宮殿（A4）の最寄り駅は⑩4号線Schönbrunn駅だが、宮殿内の動物園に行く場合、⑩4号線Hietzing駅で下車したほうが近い。この駅の近くには、エリーザベトが使用した駅舎が残っている。

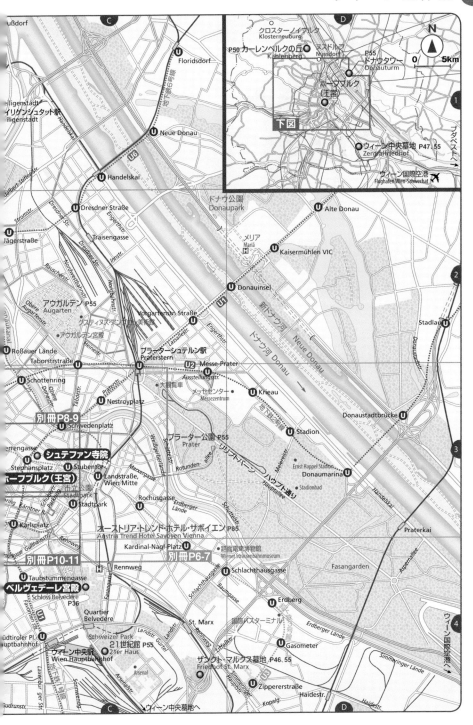

N

P50 カーレンベルクの丘
クロスターノイブルク
Klosterneuburg
ヌスドルフ
Nussdorf

P55
ドナウタワー
Donauturm

ホーフブルク
(王宮)

下図

0 5km

ウィーン中央墓地 P47.55
Zentralfriedhof

ウィーン国際空港
Flughafen Wien-Schwechat

プダペストへ

Floridsdorf

ußdorf

イリゲンシュタット駅
iligenstadt

Neue Donau

ドナウ公園
Donaupark

Alte Donau

Handelskai

Dresdner Straße

メリア
Maria

Engerthstr.

Kaisermühlen VIC

Jägerstraße

Traisengasse

Donauinsel

新ドナウ河

Stadlau

アウガルテン P55
Obere Augarten

Vorgartenstraße

アウガルテン宮殿

プラーターシュテルン駅
Praterstern

Engerthstr.

ドナウ河 Donau

Roßauer Lände

Taborstraße

Messe-Prater

Neue Donau

Schottenring

大観覧車

Ausstellungsstr.

Krieau

Donaustadtbrücke

別冊P8-9

Nestroyplatz

Schwedenplatz

メッセセンター
Messezentrum

プラーター公園 P55
Prater

Stadion

errengasse

シュテファン寺院
Stephansplatz

Stubentor

リリプットバーン

Rotunden-allee

Ernst Happel Stadion

Donaumarina

ホーフブルク(王宮)

Landstraße,
Wien Mitte

市立公園

Stadtpark

Rochusgasse

Erdberger
Lände

ハウプト通り

Stadionbad

別冊P10-11

Karlsplatz

オーストリア・トレンド・ホテル・サボイエン P85
Austria Trend Hotel Savoyen Vienna

Kardinal-Nagl-Platz

別冊P6-7

路面電車博物館
Wiener Strassenbahnmuseum

Praterkai

Fasangarden

Taubstummengasse

Rennweg

Schlachthausgasse

ベルヴェデーレ宮殿
Schloss Belvedere
P36

Quartier
Belvedere

Erdberg

Schweizer Park

St. Marx

国際バスターミナル

Erdberger Lände

südtiroler Pl.

ウィーン中央駅
Wien Hauptbahnhof

21世紀館 P55
21er Haus

Gasometer

Arsenal

サンクト・マルクス墓地 P46.55
Friedhof St. Marx

Zippererstraße

Haidestr.

ウィーン国際空港へ

ウィーン中央墓地へ

ウィーン中心図

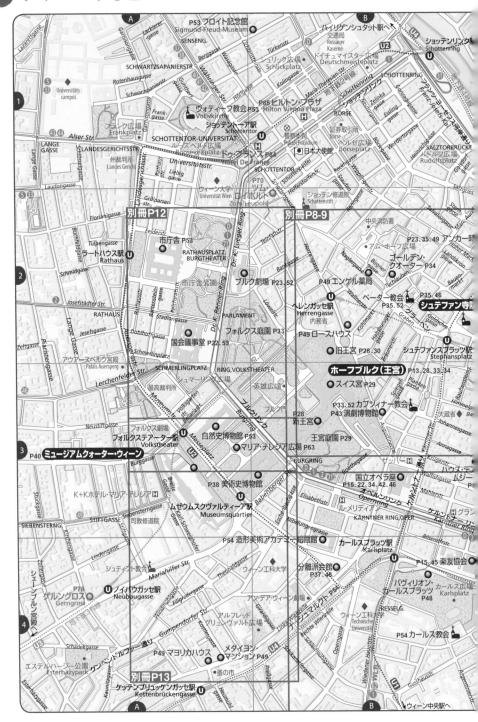

Ⓤ1号線Schwedenplatz駅（C2）近くにある船着き場から、ドナウ河遊覧船が出航している。船上から優雅にウィーン市内を眺めてみよう。詳細はDDSGブルー・ダニューブ URL www.ddsg-blue-danube.at/で。

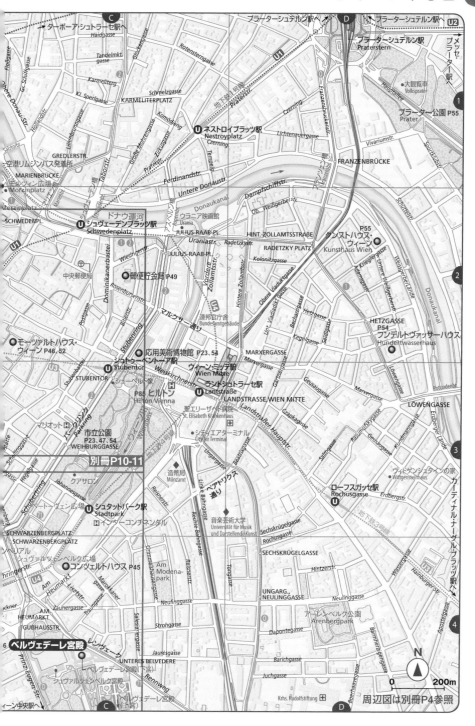

リンク内

P12　P8-9
P13　P10-11

中央消防署
Feuerwehr Zentrale

ティーファー・グラーベン
Tiefer Graben

ユーデン広場
Judenplatz

P88 フレッシュ・スープ&サラダ
Fresh Soup & Salad

ビアラディス P73
Bieradies

アム・ホーフ広場
Am Hof

オーフェンロッホ P63
Ofenloch

P58 ツェントラル
Café Central

ゲッサー・ビアクリニック P64
Gösser Bierklinik

P49 エンゲル薬局
Engel Apotheke

ツム・シュヴァルツェン・カメール P33.70
Zum Schwarzen Kameel

P47、67 エスターハージーケラー
Esterhazykeller

ゴールデン・クオーター P34
Goldenes Quartier

P70 マインル・アム・グラーベン
Meinl am Graben

P69 カフェ・コルプ
Café Korb

ヘレンガッセ駅
Herrengasse

P35、80 ユリウス・マインル
Julius Meinl

P35.52 ペーター教会
Peterskirche

P83 ヴァイン・ウント・コー
Wein & Co

P14、34、57 デメル
Demel

シュヴェービッシェン・ユングフラウ P75
Schwäbische Jungfrau

P49 ロースハウス
Looshaus

ペスト記念柱 P34
(三位一体記念碑)
Pestsäule

P30 カフェ・ホーフブルク
Café Hofburg

P35.77 トーマス・サボ
Thomas Sabo

アルトマン&
キューネ P83
Altmann & Kühne

P30 宮廷銀器コレクション
Silberkammer

P74 アウガルテン
Augarten

シュテファンスプラッツ駅
Stephansplatz

P30 シシィ・ミュージアム
Sisi Museum

P68 シェシニェフスキー
Trzesniewski

P31 皇帝の部屋
Kaiserappartements

ローデン・プランクル P82
Loden Plankl

P59 ハヴェルカ
Café Hawelka

P76 ビパ
Bipa

旧王宮
Arte Burg

P77 ミュールバウアー
Mühlbauer

スペイン乗馬学校 P28
Spanische Hofreitschule

P77 エースタライッシェ・ヴェルクシュテッテン
Österreichische Werkstätten

ロース・アメリカ
Loos American

マリア・シュトランスキー P75
Maria Stransky

ホーフブルク(王宮)
Hofburg
P13、28、33、34

P72 オーバーラー・シュタットハウス
Oberlaa Stadthaus

スイス宮 P29
Schweizerhof

P82 ケットナー
Kettner

P74 A.E.ケッヒェルト
A.E. Köchert

P76 シュテッフル
Steffl

P29 王宮宝物館
Schatzkammer

アウグスティナー教会 P29、33
Augustinerkirche

P73 カフェ・コンディトライ・ハイナー
Café Konditorei Heiner

P15、44 王宮礼拝堂
Burgkapelle

英雄広場
Heldenplatz

国立図書館 P29
Österreichische
Nationalbibliothek, Prunksaal

ノイヤー・マルクト
Neuer Markt

P33、52 カプツィナー教会
Kapuzinerkirche

P85 アンバサダー
Ambassador Wien

P43 演劇博物館
Theater Museum

P35、76 スワロフスキー
Swarovski

P28 新王宮
Neue Burg

フライ・ヴィレ P82
Frey Wille

P75 ロブマイヤー
Lobmeyr

P72 パルメンハウス
Palmenhaus

P29 アルベルティーナ
Albertina

P9 EMI(レコード店)
EMI

モーツァルト像
Mozart Denkmal

P67 アウグスティナーケラー
Augustinerkeller

P70 フューリッヒ
Führich

P71 ルベッラ
Lubella

王宮庭園 P29
Burggarten

戦争とファシズムへの戒めの記念碑

P68 ビッツィンガー
Bitzinger

インフォメーション
センター

P85 アストリア
Hotel Astoria

BURGRING

P59 モーツァルト
Café Mozart

P56 カフェ・ザッハー
Café Sacher

フランツ・ヨーゼフ1世像
Kaiser Fr.Josef Denkmal

P84 ザッハー
Hotel Sacher Wien

P15、22、34、42、46 国立オペラ座
Staatsoper

カールスプラッツ駅へ

徒歩
約3分

エリア
Navi

グラーベン通り(B2)とアンカー時計(C1)の間や、シュテファン寺院(C2)の北側にはファッションブランドやセレクトショップが点在しているので、おしゃれ好きの人は要チェック。

Morzinplatz

SCHWEDENPL.

ネストロイプラッツ駅へ→

ドナウ運河　Donaukanal →

シュヴェーデンプラッツ駅
Schwedenplatz

P73 クラー・クラー
Krah Krah

地下鉄1号線

P69 アンカー
Anker

Hoher Markt
アンカー時計 P23,35,49
Ankeruhr

Fleisch

グリーヒェンバイスル P64
Griechenbeisl

中央郵便局
Centrale Filiale Post

Wiesingerstr.

ポルタ・デクストラ P81
Porta Dextra

P49 郵便貯金局
Postsparkasse

ローテントゥルム通り

ザノーニ・ザノーニ P69
Zanoni & Zanoni

Rotenturmstr.

ツヴェルフ・アポステルケラー P66
Zwölf Apostelkeller

Sonnenfelsgasse

Dominikanerbastei

Rosenbursenstr.

P63
フィグルミュラー（支店）

マンナー P83
Manner

Bäckerstr.

フィグルミュラー P83
Figlmüller

カフェ・アルト・ウィーン P72
Kaffe Alt Wien

ウィッツキー P82
Witzky

Wollzeile

科学アカデミー
Akademie der Wissenschaften

Falkestr.

シュテファン寺院 P35,46
Stephansdom

カフェ・ディグラス P72
Café Diglas

ベルンドルフ P75
Berndorf

P65 プフードゥル
Pfudl

Postgasse

Biperstr.

P83 ハース＆ハース
Haas & Haas

Domgasse

モーツァルトハウス・ウィーン P46,52
Mozarthaus Vienna

P62 グラーシュムゼウム
Gulaschmuseum

P71 サロンプラフォンド・イン・マック
Salonplafond im MAK

ビラ P81
Billa

Singerstr.

地下鉄3号線

P62 プラフッタ
Plachutta

P23,54 応用美術博物館
Österr. Museum
für angewandte Kunst

カイザリン・エリーザベト P85
Hotel Kaiserin Elisabeth

Zedlitz

シュトゥーベントーア駅
Stubentor

Weihburggasse

ツム・ヴァイセン・ラオホファングケーラー P63
Zum Weissen Rauchfangkehrer

Riemer

Jakobeng.

STUBENTOR

ギゲル P71
Gigerl Stadtheuriger

バル通り
Ballgasse

Stubenbastei

Coburg

シューベルト像
Schubert Denkmal

Himmelpfortgasse

大蔵省
Finanzministerium

0　　　　　100m

周辺図は別冊P6参照

ローナッハ劇場
Ronacher Theater

パークリンク Parkring

P71 シュタイラーエック
Steirereck

楽アカデミー
Konser-vatorium

P85 マリオット
Marriott Vienna

市立公園 P23,47,54
Stadtpark

ブルックナー像
Bruckner Denkmal

Schellinggasse

ミュラーバイスル P85
Müllerbeisl

WEIHBURGGASSE

ツム・ベッテルシュトゥデント P67
Zum Bettelstudent

Seilerstätte

ハウス・デア・ムジーク P53
Haus der Musik Wien

Hegelgasse

ヨハン・シュトラウス2世像
Johann Strauss II Denkmal

N

●観光スポット　●ショップ　●レストラン・カフェ　Ｈホテル

国立オペラ座～ベルヴェデーレ宮殿

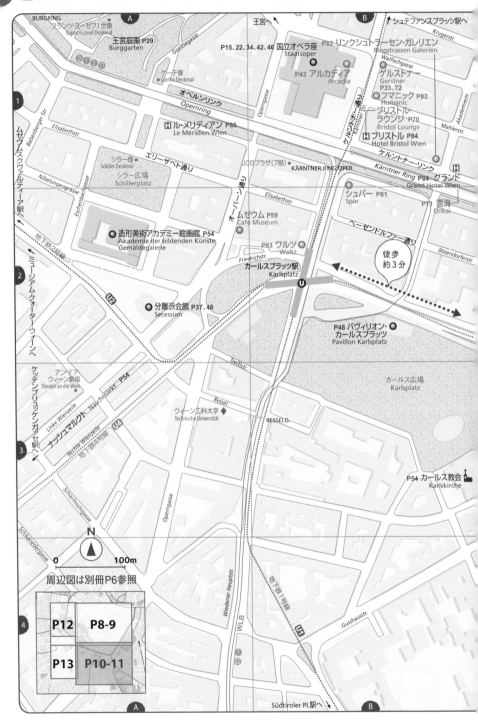

BURGRING

フランツ・ヨーゼフ1世像
Kaiser Fr.Josef Denkmal

王宮へ

王宮庭園 P29
Burggarten

↑ シュテファンスプラッツ駅へ

P82 リンクシュトラーセン・ガレリエン
Ringstrassen Galerien

P15, 22, 34, 42, 46 国立オペラ座
Staatsoper

ゲルストナー
Gerstner

P33, 72

ゲーテ像
Goethe Denkmal

P43 アルカディア
Arcadia

フマニック P82
Humanic

オペルンリンク
Opernring

ブリストル・ラウンジ P70
Bristol Lounge

ブリストル P84
Hotel Bristol Wien

ル・メリディアン P85
Le Méridien Wien

ケルントナー・リンク
Kärntner Ring

シラー像
Schiller Denkmal

エリーザベト通り

JCBプラザ（7階）

KÄRNTNER RING, OPER

KÄRNTNER RING, OPER

P84 グランド
Grand Hotel Wien

シラー広場
Schillerplatz

Elisabethstr.

シュパー P81
Spar

P71 雲海
Unkai

ベーゼンドルファー通り
Bösendorferstr.

ムゼウム P59
Café Museum

造形美術アカデミー絵画館 P54
Akademie der bildenden Künste
Gemäldegalerie

P83 ワルツ
Waltz

徒歩
約3分

Friedrichstr.

カールスプラッツ駅
Karlsplatz

分離派会館 P37, 48
Secession

P48 パヴィリオン・カールスプラッツ
Pavillon Karlsplatz

アン・デア・ウィーン劇場
Theater an der Wien

カールス広場
Karlsplatz

ナッシュマルクト P54
Naschmarkt

Treitlstr.

Ressel

ウィーン工科大学
Technische Universität

RESSELG.

P54 カールス教会
Karlskirche

Schleifmühlgasse

Schönburgstr.

N

0   100m

周辺図は別冊P6参照

| P12 | P8-9 |
| P13 | P10-11 |

Südtiroler Pl.駅へ

エリア Navi　国立オペラ座前にあるトラムの停留所、KÄRTNER RING, OPER（B1）には地下通路があり、Ⓤ1・2・4号線 Karlsplatz駅（B2）と繋がっている。ここを通って分離派会館に行くこともできる。

ハウス・デア・ムジーク P53
Haus der Musik Wien

ヨハン・シュトラウス2世像
Johann Strauss II Denkmal

市立公園 P23、47、54
Stadtpark

クアサロン
Kursalon

ウィーン川 Wienfluss

地下鉄4号線

ラトシュトラーセ駅へ

ザ・リッツ・カールトン・ウィーン P85
The Ritz-Carlton Vienna

ベートーヴェン広場
Beethovenplatz

ベートーヴェン像
Beethoven Denkmal

シュタットパーク駅
Stadtpark

カフェ・シュヴァルツェンベルク P56
Café Schwarzenberg

SCHWARZENBERGPLATZ

インターコンチネンタル P85
Inter-Continental Vienna

カフェ・インペリアル P57
Café Imperial

インペリアル P84
Hotel Imperial

SCHWARZENBERGPLATZ

楽友協会 P15、45
Musikverein

シュヴァルツェンベルク広場
Schwarzenbergplatz

コンツェルトハウス P45
Konzerthaus

Lothringerstr.

U4

Am Heumarkt

Lisztstr.

アム・コンツェルトハウス P85
Hotel Am Konzerthaus Vienna

ウィーン博物館
カールスプラッツ
(改修工事中)

Bricknerstr.

AM HEUMARKT

Zaunergasse

GUSSHAUSSTR.

レンヴェーク

P83
レプリックアート
Replicart

UNTERES BELVEDERE

Prinz-Eugen-Str.

シュヴァルツェンベルク宮殿
Palais Schwarzenberg

P15、36 ベルヴェデーレ宮殿
Schloss Belvedere

ベルヴェデーレ宮殿 (下宮)

Rennweg

ウィーン中央駅へ

ベルヴェデーレ宮殿
(上宮)

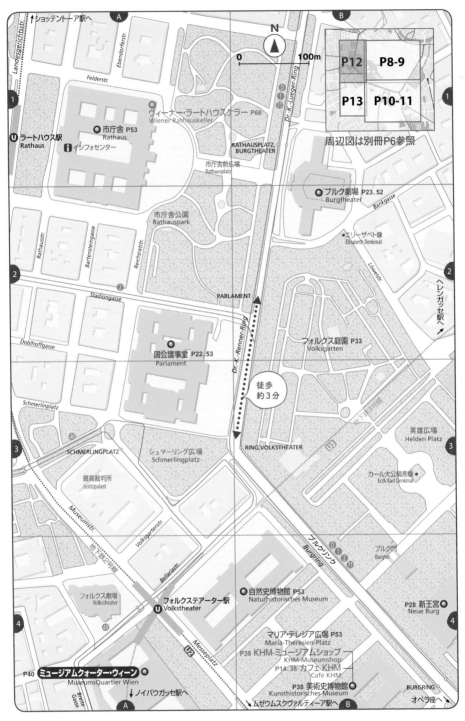

↑ショッテントーア駅へ

Landesgerichtsstr.

Ebendorferstr.

Felderstr.

N

0　　　　100m

| P12 | P8-9 |
| P13 | P10-11 |

周辺図は別冊P6参照

ヴィーナー・ラートハウスケラー P66
Wiener Rathauskeller

市庁舎 P53
Rathaus

Ⓤラートハウス駅
Rathaus

ℹインフォセンター

RATHAUSPLATZ,
BURGTHEATER

市庁舎前広場
Rathausplatz

Dr.-K.-Lueger-Ring

ブルク劇場 P23, 52
Burgtheater

Bankgasse

市庁舎公園
Rathauspark

Rathausstr.

Bartensteingasse

Rechtrattstr.

エリーザベト像
Elisabeth Denkmal

Löwelstr.

ヘレンガッセ駅へ

Stadiongasse

PARLAMENT

フォルクス庭園 P33
Volksgarten

Doblhoffgasse

国会議事堂 P22, 53
Parlament

Dr.-K.-Renner-Ring

徒歩
約3分

Schmerlinplatz

RING, VOLKSTHEATER

英雄広場
Helden Platz

SCHMERLINGPLATZ

シュマーリング広場
Schmerlingplatz

最高裁判所
Justizpalast

カール大公騎馬像
Erzh.Karl Denkmal

Museumstr.

Volksgartenstr.

ブルクリンク
Burgring

ブルク門
Burgtor

Bellariastr.

フォルクス劇場
Volkstheater

フォルクステアーター駅
Volkstheater

自然史博物館 P53
Naturhistorisches Museum

P28 新王宮
Neue Burg

マリア・テレジア広場 P53
Maria-Theresien-Platz

P38 KHM-ミュージアムショップ
KHM-Museumshop

P14, 38 カフェ KHM
Café KHM

Messeplatz

P40 ミュージアムクォーター・ウィーン
MuseumsQuartier Wien

Breite Gasse

↓ノイバウガッセ駅へ

P38 美術史博物館
Kunsthistorisches Museum

↓ムゼウムスクヴァルティーア駅へ

BURGRING

オペラ座へ→

  リンク通りを走るトラム1・D番が停車するDR-KARL-RENNER-RING (B3) の停留所付近にはピザやケバブなどの軽食スタンドがある。また、ここから地下通路を使って⑤2・3号線Volkstheater駅 (A4) にも行ける。

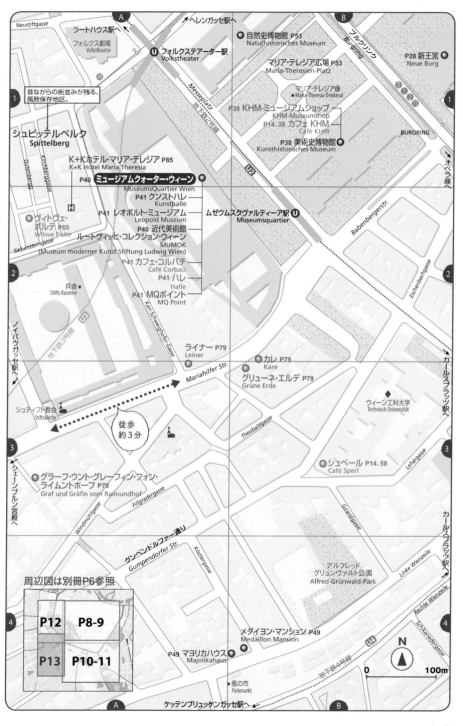

Neustiftgasse

ラートハウス駅へ
フォルクス劇場
Volkstheatre

ヘレンガッセ駅へ

ブルクリング
Burgring

自然史博物館 P53
Naturhistorisches Museum

P28 新王宮
Neue Burg

Ⓤ フォルクステアーター駅
Volkstheater

マリア・テレジア広場 P53
Maria-Theresien-Platz

マリア・テレジア像
Maria-Theresia-Denkmal

1 昔ながらの街並みが残る、
風致保存地区。

Messeplatz
地下鉄2号線

P38 KHM-ミュージアムショップ
KHM-Museumshop
P14、38 カフェ KHM
Café KHM

BURGRING

シュピッテルベルク
Spittelberg

Gutenberggasse
Kirchberggasse

P38 美術史博物館
Kunsthistorisches Museum

オペラ座へ

K+Kホテル・マリア・テレジア P85
K+K Hotel Maria-Theresia

U2

Babenbergerstr.

P40 ミュージアムクォーター・ウィーン
MuseumsQuartier Wien

P41 クンストハレ
Kunsthalle

Ⓗ ヴィトヴェ・
ボルテ P65
Witwe Bolte

P41 レオポルト・ミュージアム
Leopold Museum

ムゼウムスクヴァルティーア駅 Ⓤ
Museumsquartier

Siebensterngasse

ルートヴィッヒ・コレクション・ウィーン
MUMOK
(Museum moderner Kunst Stiftung Ludwig Wien)

Eschenbachgasse

P41 カフェ・コルバチ
Café Corbaci

2 兵舎
Stifts Kaserne

P41 ハレ
Halle

Karl-Schweighofer-Gasse

P41 MQポイント
MQ Point

ノイバウガッセ駅へ

地下鉄3号線

U3

ライナー P79
Leiner

カールスプラッツ駅へ

カレ P79
Kare

グリューネ・エルデ P79
Grüne Erde

Mariahilfer Str.

ウィーン工科大学
Technisch Universität

シュティフト教会
Stiftskirche

徒歩
約3分

Theobaldgasse

Lehargasse

3 グラーフ・ウント・グレーフィン・フォン・
ライムントホーフ P78
Graf und Gräfin vom Raimundhof

シュベール P14、58
Café Sperl

シェーンブルン宮殿へ

Fillgradergasse

Girardigasse

Windmühlgasse

カールスプラッツ駅へ

グンペンドルファー通り
Gumpendorfer Str.

Köstlergasse

アルフレッド・
グリュンヴァルト公園
Alfred-Grünwald-Park

Linke Wienzeile

周辺図は別冊P6参照

Rechte Wienzeile

P12 | P8-9

メダイヨン・マンション P49
Medaillon Mansion

Schikanedergasse

P13 | P10-11

U4

N

マヨリカハウス P49
Majolikahaus

P49

地下鉄4号線

0　　　100m

蚤の市
Flohmarkt

ケッテンブリュッケンガッセ駅へ

Ⓐ   Ⓑ

● 観光スポット　● ショップ　● レストラン・カフェ　Ⓗ ホテル　⑬

［ウィーンの市内交通］

主な交通手段は4つ。自転車の貸出しシステム「シティ・バイク」にも注目。

街のまわり方

●リンク通りを基準に
昔の城壁を撤去した後に造られた環状道路（リンクシュトラーセ）の内側、旧市街に多くのみどころが集中している。このリンクを基準にすると街の概要をつかみやすい。

●通り名と番地を確認
建物の壁に道名と数字が表示されたプレートが住所表示。「シュトラーセ Straße」は「通り」、「ガッセ Gasse」は「小路」。現在位置を確認したい場合はこのプレートを探そう。

●交通機関を賢く利用
公共交通機関は発達している。主要なトラムの停留所と地下鉄の駅は隣接しているので、リンク周辺の観光スポットへ行く場合、乗り継いで効率よくまわることができる。

切符の種類

ウィーンの公共交通機関（地下鉄、トラム、バス）の切符は1回券からお得に使えるパスまでさまざま。滞在日数と利用頻度を考慮して購入しよう。

シングルチケット
Einzelfahrschein

1回券。同一方向なら90分以内の乗換えができる。地下鉄からトラムなど、他の交通機関への乗換えも可能。料金は€2.40でトラムやバスの車内で購入する場合€2.60（硬貨のみ）。

24・48・72時間フリーパス
Netzkarte 24/48/72 Studen Wien

有効時間内なら公共交通機関が乗り放題になるフリーパス。使用開始時に必ず刻印を。料金は24時間€8、48時間€14.10、72時間€17.10。

8日間パス
8-Tage-Karte

深夜1時まで使用できる8枚綴りの回数券。1回ごとに折って刻印。複数人での使用も可能、切り離すと無効。日にちが連続しなくてもOK。料金は€40.80。

1週間パス
Wochenkarte

月曜0時〜翌週の月曜9時まで公共交通機関が乗り放題。使用開始は月曜のみ。購入時に有効期限が記入されているので刻印は不要。料金は€17.10。

ウィーンシティカード
Vienna City Card

©Wien Tourismus

公共交通機関が乗り放題、観光名所の入場割引が付く。購入は観光案内所や地下鉄の主要駅など。24時間有効€17、48時間€25、72時間€29。初回使用時に要刻印。

［オプショナルツアー］

〈問合せ・申込み〉　マイバス・オーストリア営業所
☎01-7160947（日本語可）　時9時〜17時30分　休土・日曜、祝日　URL www.mybus-europe.com/

限られた滞在時間でも効率よく観光できるのが、現地発着のオプショナルツアー。日本語ガイド付きなので安心。

ウィーン市内公認日本語ガイドと巡る観光午前ツアー
シェーンブルン宮殿、国立オペラ座などウィーン観光のハイライトを巡る。ランチ付き。
【出発／所要時間】9時／約4時間
【催行日】月〜土
【料金】€200

ヴァッハウ渓谷1日観光
ドナウ河のヴァッハウ渓谷をクルーズ船に乗ってゆったり下る。ランチ付き。
【出発／所要時間】9時30分／約8時間
【催行日】5月〜10月上旬の火・木・日
【料金】€380

ザルツブルクコンビ市内観光＋ザルツカンマーグート
ミラベル宮殿や大聖堂などを見学。夏期はクルーズ船にも乗船。
【出発／所要時間】12時／約6時間
【催行日】4〜10月の毎日
【料金】€100

注意事項　オプショナルツアーの情報は2020年2月現在のものです。ツアー内容は交通状況、天候、休館日などで変更の場合もあります。また、料金に含まれるもの、キャンセル料金、集合場所などの詳細は申込時に確認を。

地下鉄（ウーバーン）

 U-Bahn

 路線図 別冊 MAP P2〜3

地下鉄は旧市街と郊外を結ぶ主要な交通機関として整備されている。路線は全部で5つあり、路線ごとに色分けされているので利用しやすい。路線によって地上を走る区間もある。本数も多く、料金も手ごろなので積極的に利用しよう。

○料金
地下鉄は全線均一料金。2日間以上の滞在ならフリーパス（左ページ参照）が便利。

○運行時間
運行時間は5時〜翌0時30分ごろ、運行間隔は路線、時間帯によって異なるが、2〜10分間隔。

←路線図付きの無料市街地図はインフォメーションや主要ホテルで入手できる

●切符の買い方
各駅の自動券売機で購入する。クレジットカードも利用できるタイプがほとんど。

1 表示言語を選ぶ
画面にタッチして言語選択の画面へ。ドイツ語、英語、イタリア語、フランス語のなかから選択。

2 切符の種類と枚数を選択
切符の種類を選び、枚数選択の画面へ。購入枚数を押したら右下にある緑の表示（英語の場合「OK,I buy the ticket」）にふれる。

3 お金を支払う
画面に表示されている紙幣と硬貨が現在使用できる（写真の場合€5、10紙幣と10c〜€2。×が付いているのは使用不可）。

4 切符を取る
英語の場合、「Your ticket is printed」の表示が出れば購入完了。数秒後、画面下の発券口に切符とおつりが出てくる。

ここから

●観光に便利な2路線

○2号線
Ⓤ Karlsplatz駅からリンクを半周してウィーン北部へ走る。市庁舎や国立オペラ座のアクセスに便利。

○3号線
市内中心部を東西に横断する路線。マリアヒルファー通り、シュテファン寺院へのアクセスに便利。

⚠ 注意ポイント

○朝夕のラッシュ時は混み合うので、乗車したら奥につめよう。スリやひったくりに注意。
○車内はお年寄りの優先席や乳母車専用スペースが設けられているので配慮を。
○ホームや車内はもちろん禁煙。
○エスカレーターは立つ人が右側で左側は急ぐ人優先。

●乗ってみよう
ホームに表示されているのは終着駅。自分の行きたい方向の終着駅を覚えておこう。

1 駅を探す
地下鉄駅の目印は、青地に白い字で書かれた「U」のマーク。入口には駅名と路線番号を表示。

目印はコレ

2 切符を買う
切符は券売機、主要駅の窓口、「Tabak Trafi」の表示があるたばこ店で購入可能。

3 改札を通る
シングルチケットなど刻印が必要なチケットの場合、改札の青い刻印機に差し込む。

4 ホームに出る
路線番号や進行方向の終着駅名が表示された案内板を確認しながら行こう。ホームの電光掲示板には次の列車があと何分で来るかがわかるようになっている。

5 乗車する
列車のドアは自動ではないので、ボタンを押す（新型車両）か、ハンドルを回して（旧型車両）開ける。発車の際は自動で閉まる。

6 下車する
列車が停車したら、乗車時と同様、ボタンを押すかハンドルを回してドアを開ける。出口の表示は四角に矢印が付いたマーク。

目印はコレ

7 駅を出る
駅構内には周辺の地図や案内表示があるので、目的地に近い出口から地上へ出よう。

○乗換え
地下鉄の乗換えは、ホームに路線案内の標識があるので、それらの案内板をチェックしながら行けば問題なく乗換えができる。

 注意事項 公共交通の乗車券は改札口や車内で刻印することを忘れないようにしよう。検札員が常に巡回していて、確認時に間違った切符を持っていると罰金€105を支払わなければならないので要注意。

トラム（シュトラーゼンバーン） Strassenbahn

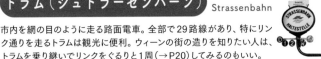

停留所の標識

市内を網の目のように走る路面電車。全部で29路線があり、特にリンク通りを走るトラムは観光に便利。ウィーンの街の造りを知りたい人は、トラムを乗り継いでリンクをぐるりと1周（→P20）してみるのもいい。

リンク通りの国立オペラ座の前を走るトラム2番

○料金　1回の乗車は€2.40（車内の券売機で購入した場合€2.60）。
○運行　5～24時ごろ（だだし、日曜、祝日の場合、運行しない路線もある）、運行間隔は5～10分。

●観光に便利な5路線

○1番　Ⓤ1・4号線 Schwedenplatz 駅、市庁舎、オペラ座などリンク通りの西側から南へ抜ける。
○2番　市内西側から市庁舎、王宮、国立オペラ座、市立公園、Ⓤ1・4号線 Schwedenplatz 駅などリンク通りを半周して市内北へ抜ける。
○D番　ウィーン南駅からベルヴェデーレ宮殿沿いを通り、国立オペラ座、工宮、市庁舎があるリンク通り西側を半周してウィーンの森まで走る。
○38番　Ⓤ2号線 Schottentor 駅からウィーンの森への入口、Grinzing を結ぶ。
○71番　リンクのBörseとウィーン中央墓地方面を結ぶ。

❗ 注意ポイント

○トラムの車内にも券売機はあるが、購入できるのはシングルチケットのみ。割高になるうえ、指定された硬貨のしか使えず、おつりも出ない。
○地下鉄同様、優先席が設けられているので配慮を。

●乗ってみよう

降りる停留所を事前に確認して乗車しよう。

1 切符を買う
地下鉄構内の券売機、主要地下鉄の窓口、「Tabak Trafik」の表示があるたばこ店で事前購入しておこう。

2 停留所を探す
トラムの停留所の標識は「STRASSEBAHN HALTESTELLE」。標識の上に停留所名、下は走行する路線番号。時刻表もあるのでわかりやすい。

3 乗車する
ドア横にあるボタンを押すとドアが開く。乗車はどこからでもOK。シングルチケット、各種フリーパスを初めて使用する際は、車内の刻印機で打刻。

4 下車する
車内に流れるアナウンスはドイツ語のみだが、新型のトラムには駅名が表示される電光掲示板が備わっているので、確認しよう。降車する場合、ドアの前にあるボタンを押す。

タクシー Taxi

タクシースタンド

車体はさまざま

地下鉄やトラムなど公共交通機関が発達しているウィーンでは、利用する機会が少ないタクシーだが、夜間や荷物が多いときや急に雨が降ったときなどに利用するのに便利。

●タクシー料金

基本料金は初乗り859.20mまで€3.80（夜間、日曜、祝日は1kmまで€4.30）で、以降1kmごとに€1～1.42が加算される（夜間は123.20mごと）。

●主要な無線タクシー会社

TAXI40400社
☎01-40100
TAXI31300社
☎01-31300

❗ 注意ポイント

○流しのタクシーは多くないので、タクシースタンドやホテル、レストランで呼んでもらおう。
○降車の際には、チップとして10%程度を渡すのを忘れずに。

●乗ってみよう

ウィーンには違法なタクシーはほとんどいないが、念のためメーターが動いているかチェックしよう。

1 タクシーを探す
街なかの場合、タクシースタンドで待つ。流しのタクシーは Taxi ランプが点灯していれば空車。

2 乗車する
自分でドアを開けて乗車。行き先を告げるとき、発音が心配な場合は紙に書いて伝えよう。

3 支払い&下車する
メーターに表示された金額に、チップとして10%程度を加えた料金を支払う。自分でドアを開けて下車。閉めるのも忘れずに。

プチ情報　リンクを1周する観光客向けの Vienna Ring Tram という路線がある。日本語を含む8カ国のオーディオガイド付きで、観光名所の説明が聞ける。毎日10時～17時30分、30分間隔で運行。料金は1周€12。乗り場はⓉ1・2番線 Schwedenplatz(MAP/P8B2)

バス

Autobus

100近くの路線が市内を走行する、市民にとってトラムと同様に重要な交通手段。旅行者が観光で利用する機会は少ないが、地下鉄やトラム停留所から離れた場所にあるホテルに滞在したときなどは、バス利用が便利になることも。

乗降車口が広く段差が少ない

○料金　地下鉄やトラムと共通で1回乗車は€2.40。フリーパスも同じ料金。
○運行　5〜24時。リンク内を走るA1番、A2番、A3番のバスは6〜20時ごろ(土曜〜19時、日曜、祝日は運休)。ナイトバスの運行は深夜0時45分〜5時、1時間に1〜3本。

●リンク内を走る3路線
○1A番　Ⓤ2号線Schottentor駅からシュテファン寺院、王宮のミヒャエル門などを結ぶ。
○2A番　国立オペラ座、王宮ミヒャエル門など旧市街の南側を走り、シュテファン寺院北側まで行く。
○3A番　シュテファン寺院より東および北側を走る。

⚠ 注意ポイント
○停留所の数が多く、渋滞などの道路状況にも影響されるため、移動時間がかかることもある。

●乗ってみよう
路線が複雑なので乗車前に路線図と降車する停留所を確認しておこう。

1 停留所を探す
「AUTOBUS HALTESTELLE」と書かれた標識が目印。停留所名は一番上のプレート、下の数字は路線番号(数字のあとにアルファベットが付く)。

2 乗車する
乗車はどこからでもOK。切符に刻印していない場合は、トラムと同様、車内にある刻印機に差し込んで打刻する。

3 下車する
降車する停留所の前になったら、赤い降車ボタンを押す。

レンタサイクル

Citybike

市内121カ所にレンタサイクルのスタンドが設置されている。自転車専用道路を設けている道路もあるので、旅行者でも安心してサイクリングを楽しめる。返却はどこのスタンドでもOK。

レンタル料も安く、利用しやすい

○料金
登録料€1。利用料は1時間までは無料、2時間€1、3時間€2、4時間€4(以降1時間€4)。
○レンタル方法
スタンドにある貸出機にクレジットカード(Visa、MasterCard、JCB)を差し込み、表示画面に従い利用登録した後、レンタルできる。

⚠ 注意ポイント
○登録時に画面に表示されるパスコード番号は、次回利用する際にも必要なので忘れないように。
○返却時、駐輪機に自転車を差し込む際、返却完了を示す緑のライトが点灯しているか必ず確認しよう。点灯していないと返却したことにならず、料金が加算される可能性がある。
○自転車専用レーンがない道路は、自動車道を走る(右側通行)ので、車に注意して走行しよう。

●乗ってみよう
リンク通りには自転車専用レーンがある。オペラ座や国会議事堂など観光スポットも見られるのでおすすめ。

1 スタンドを探す
リンク通りと旧市街には計14のスタンドが設置してある。

2 利用登録、レンタルする
貸出機にクレジットカードを入れ、画面に従い操作する。選んだ自転車番号の駐輪機に行き、点灯している緑ボタンを押して自転車のロックを解除する。

3 返却する
返却はどこのスタンドでもOK。空いている駐輪機に自転車を押し込み、緑のライトが点灯したら返却完了。

 プチ情報　古都ウィーンの旧市街散策におすすめなのが、フィアカー(観光馬車)。王宮やシュテファン寺院などに乗り場があり、40分€80、60分€110〜。

プラハ路線図

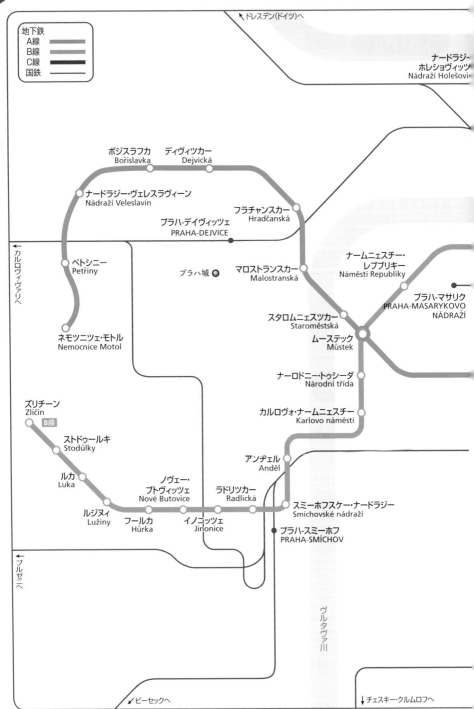

ドレスデン（ドイツ）へ

地下鉄
A線
B線
C線
国鉄

ナードラジ-
ホレショヴィッツ
Nádraží Holešovice

← カルロヴィ・ヴァリへ

ボジスラフカ
Bořislavka

ディヴィツカー
Dejvická

ナードラジ・ヴェレスラヴィーン
Nádraží Veleslavín

フラチャンスカー
Hradčanská

ブラハ-デイヴィッツェ
PRAHA-DEJVICE

ベトシニー
Petřiny

プラハ城

マロストランスカー
Malostranská

ナームニェスチー・
レプブリキー
Náměstí Republiky

ブラハ・マサリク
PRAHA-MASARYKOVO
NÁDRAŽÍ

ネモツニツェ・モトル
Nemocnice Motol

スタロムニェスツカー
Staroměstská

ムーステック
Můstek

ナーロドニー・トゥシーダ
Národní třída

ズリチーン
Zličín

B線

ストドゥールキ
Stodůlky

ルカ
Luka

ルジヌィ
Lužiny

フールカ
Hůrka

ノヴェー・
ブトヴィッツェ
Nové Butovice

イノニッツェ
Jinonice

ラドリツカー
Radlická

カルロヴォ・ナームニェスチー
Karlovo náměstí

アンヂェル
Anděl

スミーホフスケー・ナードラジ
Smíchovské nádraží

ブラハ-スミーホフ
PRAHA-SMÍCHOV

← プルゼニへ

ヴルタヴァ川

↙ ピーセックへ

↓ チェスキー・クルムロフへ

エリア
Navi

地下鉄は路線ごとにシンボルカラーがあり、出入口の看板や路線図なども色分けされている。旧市街では、出入口に
建物の1階を利用していることが多く、看板が目立たない場合もある。

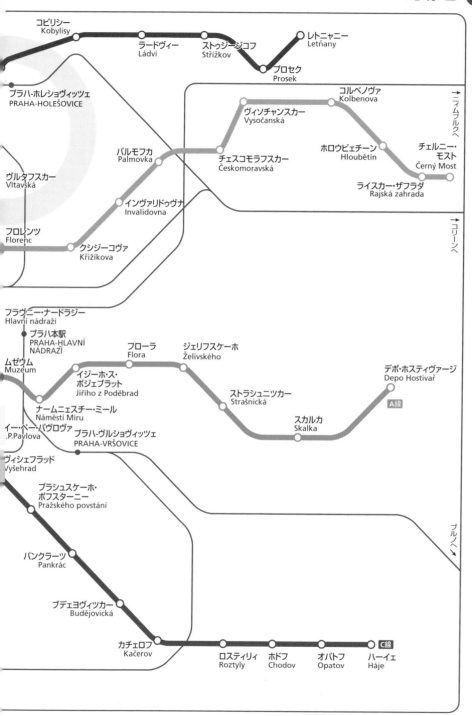

コビリシー
Kobylisy

ラードヴィー
Ládví

ストゥジージコフ
Střížkov

レトニャニー
Letňany

プロセク
Prosek

プラハ-ホレショヴィッツェ
PRAHA-HOLEŠOVICE

ヴィソチャンスカー
Vysočanská

コルベノヴァ
Kolbenova

パルモフカ
Palmovka

チェスコモラフスカー
Českomoravská

ホロウビェチーン
Hloubětín

チェルニー・
モスト
Černý Most

ヴルタフスカー
Vltavská

ライスカー・ザフラダ
Rajská zahrada

インヴァリドゥヴナ
Invalidovna

フロレンツ
Florenc

クシジーコヴァ
Křižíkova

ニィムブルクへ

コリーンへ

フラヴニー・ナードラジー
Hlavní nádraží

プラハ本駅
PRAHA-HLAVNÍ
NÁDRAŽÍ

ムゼウム
Muzeum

フローラ
Flora

ジェリフスケーホ
Želivského

デポ・ホスティヴァージ
Depo Hostivař

イジーホ・ス・
ボジェブラット
Jiřího z Poděbrad

ストラシュニツカー
Strašnická

A線

ナームニェスチー・ミール
Náměstí Míru

イー・ベー・パヴロヴァ
.P.Pavlova

プラハ-ヴルショヴィッツェ
PRAHA-VRŠOVICE

スカルカ
Skalka

ヴィシェフラッド
Vyšehrad

プラシュスケーホ・
ポフスターニー
Pražského povstání

パンクラーツ
Pankrác

ブデヨヴィツカー
Budějovická

ブルノへ

カチェロフ
Kačerov

ロスティリィ
Roztyly

ホドフ
Chodov

オパトフ
Opatov

ハーイェ
Háje

C線

プラハ全体図

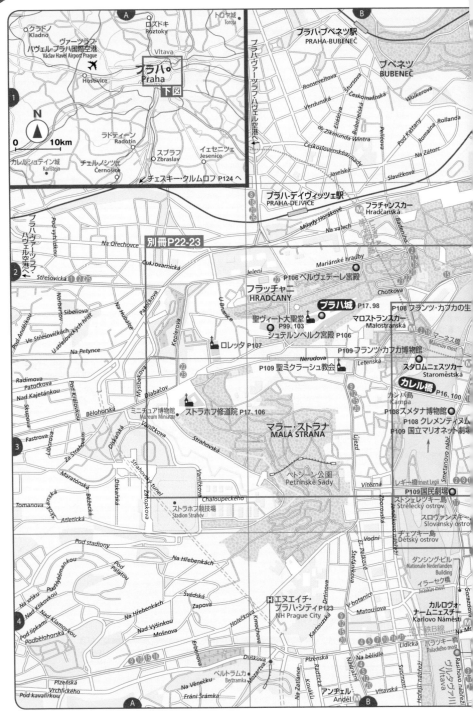

別冊P22-23

上部地図

クラドノ
Kladno

ロズドキ
Roztoky

トロヤ城
Troja

ヴァーツラフ・ハヴェル・プラハ国際空港
Václav Havel Airport Prague

Vltava

プラハ
Praha

下図

ホスティヴィツェ
Hostivice

N

0 10km

ラドティーン
Radotín

ズブラフ
Zbraslav

イェセニツェ
Jesenice

カレルシュテイン城
Karlštejn

チェルノシツェ
Černošice

チェスキー・クルムロフ P124 へ

プラハ・ブベネツ駅
PRAHA-BUBENEČ

ブベネツ
BUBENEČ

プラハ・デイヴィッツェ駅
PRAHA-DEJVICE

フラチャンスカー
Hradčanská

プラハ・ヴァーツラフ・ハヴェル空港

Na Ořechovce

Střešovická

Milady Horákové

フラッチャニ
HRADČANY

P106 ベルヴェデーレ宮殿

プラハ城 P17, 98

P108 フランツ・カフカの生

聖ヴィート大聖堂
P99, 103

マロストランスカー
Malostranská

ロレッタ P107

シュテルンベルク宮殿 P106

P109 フランツ・カフカ博物館

P109 聖ミクラーシュ教会

スタロムニェツスカー
Staroměstská

カレル橋 P16, 100

カンパ島
Kampa

ミニチュア博物館
Museum Miniatur

ストラホフ修道院 P17, 106

P108 スメタナ博物館

P109 クレメンティヌム
国立マリオネット劇場

マラー・ストラナ
MALÁ STRANA

ペトシーン公園
Petřínské Sady

レギー橋 most Legii

P109 国民劇場

ストシェレツキー島
Střelecký ostrov

スロヴァンスキー島
Slovanský ostrov

ストラホフ競技場
Stadion Strahov

ヂェツキー島
Dětský ostrov

ダンシング・ビルー
Nationale Nederlanden Building

イラーセク橋
Jiráskův most

エヌエイチ・プラハ・シティ P123
NH Prague City

カルロヴォ・ナームニェスチー
Karlovo Náměstí

ベルトラムカ
Bertramka

アンヂェル
Anděl

パラツキー橋
Palackého most

ヴルタヴァ川
Vltava

 プラハ市内は11の区に分かれており、観光スポットが集中するのはプラハ1区。街は南北を流れるヴルタヴァ川を挟んで東西に広がる。地下鉄やトラムが発達しているので移動も快適。

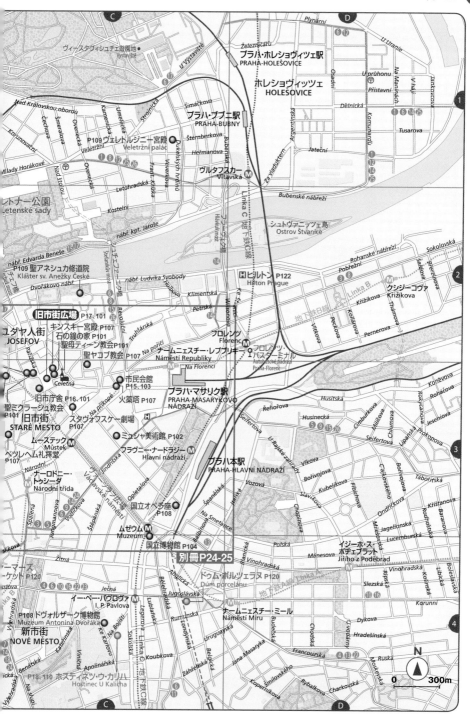

ヴィースタヴィシュチェ遊園地
Výstaviště

Plynární

Železničářů

プラハ・ホレショヴィツェ駅
PRAHA-HOLEŠOVICE

ホレショヴィッツェ
HOLEŠOVICE

U Uranie

Na Maninách

V háji

Na Maninách

U průhonu

Přístavní

U Vystaviště

Šimáčkova

Jankovcova

Nad Královskou oborou

Kamenická

Umělecká

Strojnická

プラハ・ブブニ駅
PRAHA-BUBNY

Dělnická

Komunardů

Tusarova

P109 ヴェレトルジニー宮殿
Veletržní palác

Šternberkova

Heřmanova

Argentinská

Za viaduktem

ヴルタフスカー
Vltavská

Bubenské nábřeží

Milady Horákové

Letohradská

Křižíkova

レトナー公園
Letenské sady

Kostelní

シュトヴァニツェ島
Ostrov Štvanice

Rohanské nábřeží

Sokolovská

nábř. Edvarda Beneše

nábř. kpt. Jaroše

P109 聖アネシュカ修道院
Klášter sv. Anežky České

nábř. Ludvíka Svobody

Hビルトン P122
Hilton Prague

Pobřežní

Linka B

クシジーコヴァ
Křižíkova

Dvořákovo nábř.

Klimentská

Petrská

Křižíkova

Keřkova

Pernerova

旧市街広場 P17·101

キンスキー宮殿 P107
石の鐘の家 P101
聖母ティーン教会 P101

Na poříčí

Truhlářská

フロレンツ
Florenc

Florenc

フロレンツ・
バスターミナル
Autobusové nádraží
Praha-Florenc

ユダヤ人街
JOSEFOV

聖ヤコブ教会 P107

ナームニェスチー・レプブリキー
Náměstí Republiky

Na Florenci

Konĕvova

Roháčova

市民会館
P15, 103

プラハ・マサリク駅
PRAHA-MASARYKOVO
NÁDRAŽÍ

Husitská

旧市庁舎 P16, 101

Celetná

火薬塔 P107

Řehořova

聖ミクラーシュ教会
P101 旧市街
STARÉ MESTO

Husinecká

ベツレヘム礼拝堂
P107

スタヴォフスケー劇場
P107

Seifertova

Husinecká

Jeseniova

Prokopova

ムーステック
Můstek

ミュシャ美術館 P102

Lipanská

Seifertova

ナーロドニー・
トゥシーダ
Národní třída

フラヴニー・ナードラジー
Hlavní nádraží

プラハ本駅
PRAHA-HLAVNÍ NÁDRAŽÍ

Vlkova

Bořivojova

Kubelíkova

Táboritská

Vozová

Slavíkova

Ondříčkova

Křišťanova

国立オペラ座
P108

Na Smetance

Chopinova

Jagellonská

Lucemburská

ムゼウム
Muzeum

Polská

Mánesova

イジーホ・ス・
ポジェブラット
Jiřího z Poděbrad

国立博物館 P104

別冊P24-25

Vinohradská

Vinohradská

ナーマース
ケット P120

Ječná

ドゥム・ポルツェラヌ P120
Dům porcelánu

Jugoslávská

Slezská

Korunní

イーペー・パヴロヴァ
I. P. Pavlova

ナームニェスチー・ミール
Náměstí Míru

Dykova

P108 ドヴォルザーク博物館
Muzeum Antonína Dvořáka

新市街
NOVÉ MESTO

Rumunská

Francouzská

Ruská

P18·110 ホスティネツ・ウ・カリハ
Hostinec U Kalicha

N

0   300m

プラハ城～カレル橋

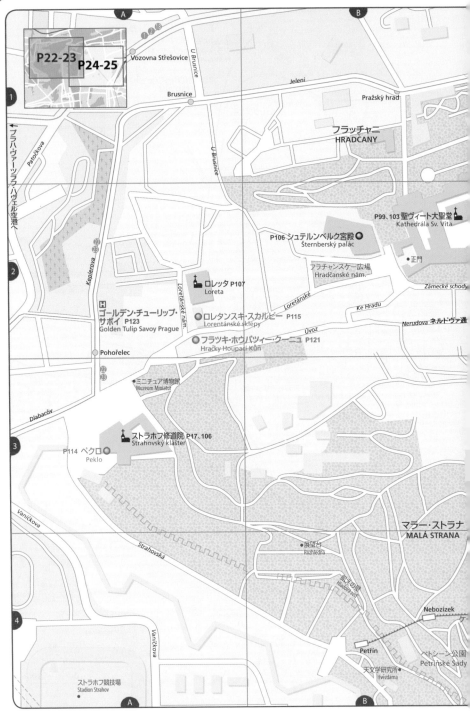

P22-23　P24-25

Vozovna Střešovice

Brusnice

Jeleni

Pražský hrad

フラッチャニ
HRADCANY

P99、103 聖ヴィート大聖堂
Kathedrála Sv. Vita

P106 シュテルンベルク宮殿
Šternberský palác

●正門

フラチャンスケー広場
Hradčanské nám.

Zámecké schody

ロレッタ P107
Loreta

Loretánské

Ke Hradu

Nerudova ネルドヴァ通

H ゴールデン・チューリップ・サボイ P123
Golden Tulip Savoy Prague

ロレタンスキ・スカルピー P115
Lorentánské sklepy

Úvoz

フラツキ・ホウパツィー・クーニュ P121
Hračky Houpací Kůň

Pohořelec

ミニチュア博物館
Muzeum Miniatur

Dlabačov

ストラホフ修道院 P17、106
Strahovský klášter

P114 ペクロ
Peklo

マラー・ストラナ
MALÁ STRANA

Vaničkova

Strahovská

展望台
Rozhledna

飛天文台
Hládová zeď

Nebozízek

Vaničkova

Petřín

ペトシーン公園
Petřínské Sády

天文学研究所
Hvězdárna

ストラホフ競技場
Stadion Strahov

← プラハ・ヴァーツラフ・ハヴェル空港へ

Patočkova

Keplerova

Loretánské nám.

 22

エリア
Navi カレル橋からプラハ城までは、歩いても行けるがきつい坂が続く。トラム22番でPražskýhrad(B1)まで行くのが便利。
プラハ城の南側に広がるマラー・ストラナは緑が多く、散策におすすめのエリア。

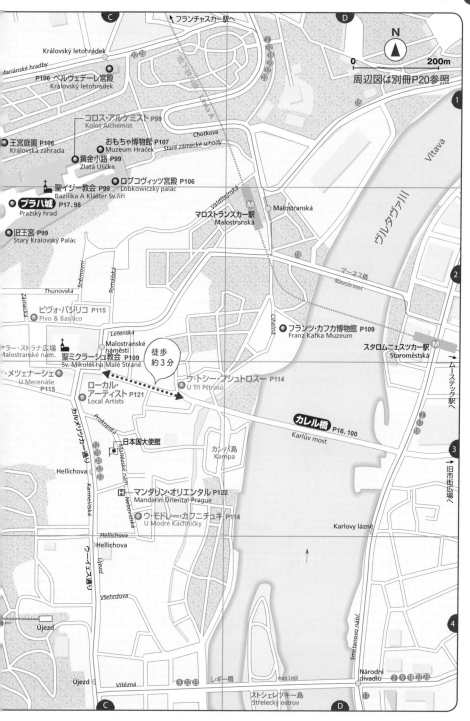

N

0 200m

周辺図は別冊P20参照

フランチャスカー駅へ

Královský letohrádek

P106 ベルヴェデーレ宮殿
Královský letohrádek

Mariánské hradby

コロス・アルケミスト P99
Kolos Alchemist

Chotkova

王宮庭園 P106
Královská záhrada

おもちゃ博物館 P107
Muzeum Hraček

Staré zámecké schody

黄金小路 P99
Zlatá Ulička

ロブコヴィッツ宮殿 P106
Lobkowiczký palác

聖イジー教会 P99
Bazilika A Klášter Sv.Jiří

プラハ城 P17、98
Pražský hrad

マロストランスカー駅
Malostranská

Malostranská

旧王宮 P99
Starý Královský Palác

Valdštejnská

Vltava

ヴルタヴァ川

マーネス橋
Mánesův most

Smetanovo

Thunovská

Tomášská

ピヴォ・バジリコ P115
Pivo & Basilico

Zámecka

フランツ・カフカ博物館 P109
Franz Kafka Muzeum

Letenská

Malostranské náměstí

Cihelná

スタロムニェスツカー駅
Staroměstská

聖ミクラーシュ教会 P109
Sv. Mikuláš na Malé Straně

Malostranské nám.

徒歩約3分

ムーステック駅へ

・メツェナーシェ P115
U Mecenáše

ローカル・アーティスト P121
Local Artists

ウ・トシー・プシュトロスー P114
U Tří Pštrosů

Prokopská

カレル橋 P16、100
Karlův most

日本国大使館

Maltézské nám.

カンパ島
Kampa

旧市街広場へ

Karmelitská

Nebovidská

マンダリン・オリエンタル P122
Mandarin Oriental Prague

Hellichova

ウ・モドレー・カフニチュキ P114
U Modré Kachničky

Karlovy lázně

Hellichova

Hellichova

Újezd

ウージェスト通り

Vsehrdova

Smetanovo náb.

Újezd

Vítězná

レギー橋

most Legii

ストシェレツキー島
Střelecký ostrov

Národní divadlo

旧市街～新市街

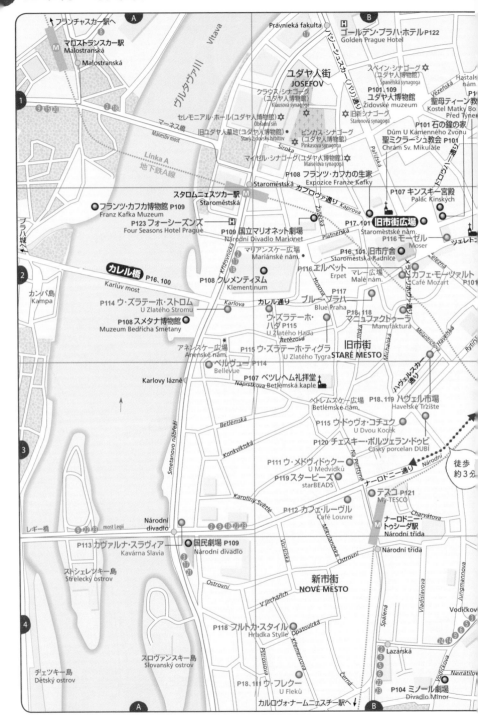

↑フランチャスカー駅へ

マロストランスカー駅
Malostranská

Malostranská

フランツ・カフカ博物館 P109
Franz Kafka Muzeum

ヴルタヴァ川
Vltava

マーネス橋
Mánesův most

Linka A
地下鉄A線

カレル橋 P16, 100
Karlův most

カンバ島
Kampa

P114 ウ・ズラテーホ・ストロム
U Zlatého Stromu

P108 スメタナ博物館
Muzeum Bedřicha Smetany

アネンスケー広場
Anenské nám.

ベルヴェュー P114
Bellevue

Karlovy lázně

Náprstkova

Smetanovo nábřeží

Betlémská

レギー橋
most Legii

Národní
divadlo

P113 カヴァルナ・スラヴィア
Kavárna Slavia

国民劇場 P109
Národní divadlo

ストシェレツキー島
Střelecký ostrov

スロヴァンスキー島
Slovanský ostrov

チェツキー島
Dětský ostrov

Právnieká fakulta

ユダヤ人街
JOSEFOV

クラウス／シナゴーグ
（ユダヤ人博物館）
Klausova synagoga

セレモニアル・ホール（ユダヤ人博物館）
Obřadní síň

旧ユダヤ人墓地（ユダヤ人博物館）
Starý Židovský hřbitov

ピンカス・シナゴーグ
（ユダヤ人博物館）
Pinkasova synagoga

Široka

マイゼル・シナゴーグ（ユダヤ人博物館）
Maiselova synagoga

P108 フランツ・カフカの生家
Expozice Franze Kafky

Staroměstská

スタロムニェツッカー駅
Staroměstská

P123 フォーシーズンズ
Four Seasons Hotel Prague

国立マリオネット劇場
Národní Divadlo Marionet

マリアンスケー広場
Mariánské nám.

P108 クレメンティヌム
Klementinum

Křižovnická

Karlova

カレル通り
U Zlatého Hada

ウ・ズラテーホ・
ハダ P115
U Zlatého Hada

Řetězová

P115 ウ・ズラテーホ・ティグラ
U Zlatého Tygra

ベトレムスケー広場
Betlémské nám.

Konviktská

P107 ベツレヘム礼拝堂
Betlémská kaple

P115 ウ・ドゥヴォ・コチュク
U Dvou Kocek

P120 チェスキー・ポルツェラン・ドゥビ
Český porcelan DUBÍ

P111 ウ・メドヴィドゥクー
U Medvídků

P119 スタービーズ
starBEADS

Karoliny Světlé

P112 カフェ・ルーヴル
Café Louvre

ゴールデン・プラハ・ホテル P122
Golden Prague Hotel

バツェンスカー（ソV）通り

スペイン・シナゴーグ
Španělská synagoga

P101, 109
ユダヤ人博物館
Židovské muzeum

旧新シナゴーグ
Staronová synagoga

Pařížská

カプロヴァ通り Kaprova

Platnérská

Hustova

Maiselova

旧市街
STARÉ MĚSTO

Michalská

Betlémská

Na Perštýně

Martinská

Hastals
nám.

P1
聖母ティーン教
Kostel Matky Bo
Před Týneé

P101 石の鐘の家
Dům U Kamenného Zvonu

聖ミクラーシュ教会 P101
Chrám Sv. Mikuláše

P107 キンスキー宮殿
Palác Kinských

P17, 101 旧市街広場
Staroměstské nám.

P116 モーゼル
Moser

P16, 101 旧市庁舎
Staroměstská Radnice

P116 エルベット
Erpet

マレー広場
Malé nám.

P117

ブルー・プラハ
Blue Praha

P18, 118
マニュファクトゥーラ
Manufaktura

Melantrichova

Havelská

カフェ・モーツァルト
Café Mozart

P101

Rytíř

P18, 119 ハヴェル市場
Havelské Tržiště

ナーロドニー通り Národní

テスコ P121
My-TESCO

ナーロドニー
トゥシーダ駅
Národní třída

Spálená

Charvátova

徒歩
約3分

新市街
NOVÉ MĚSTO

V jirchářích

Ostrovní

Voršilská

Mikulandská

Ostrovní

Petrossova

P118 フルトカ・スタイル
Hrudka Style

Opatovická

Křemencova

Černá

P18, 111 ウ・フレクー
U Fleku

↓カルロヴォ・ナームニェスチー駅へ

Vladislavova

Jungmannova

Vodičkov

P2 Lazárská

P104 ミノール劇場
Divadlo Minor

エリア
Navi

旧市街は道が狭いため、トラムは通っていない。小さな街なので地下鉄Můzeum駅（C4）からでも充分歩いて行ける。
プラハの治安は比較的いいが、夜の人通りの少ない路地裏などは注意すること。

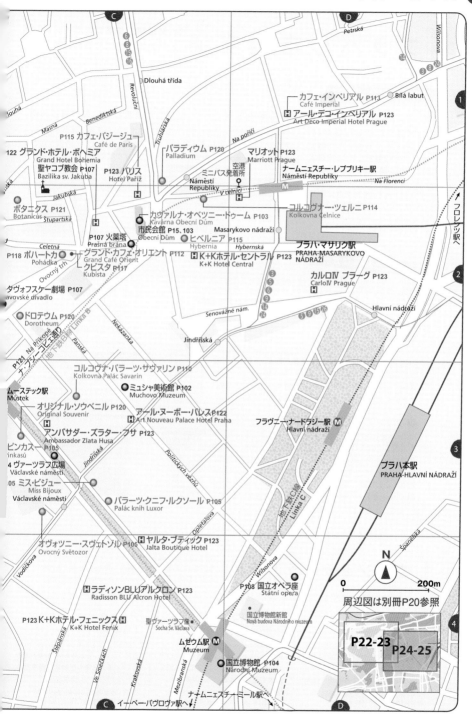

Petrská

Wilsonova

Dlouhá třída

Revoluční

Masná
Benediktská
Truhlářská
Na poříčí

カフェ・インペリアル P113　Bílá labut
アール・デコ・インペリアル P123
Art Deco Imperial Hotel Prague

P115 カフェ・バジージュ
Café de Paris

122 グランド・ホテル・ボヘミア
Grand Hotel Bohemia

パラディウム P120
Palladium

マリオット P123
Marriott Prague

聖ヤコブ教会 P107
Bazilika sv. Jakuba

P123 パリス
Hotel Paříž

Náměstí
Republiky

空港
ミニバス発着所
V celnici

ナームニェスチー・レプブリキー駅
Náměstí Republiky

Na Florenci

フロレンツ駅へ

ボタニクス P121
Botanicus

Štupartská

カヴァルナ・オベツニー・ドゥーム P103
Kavárna Obecní Dům

市民会館 P15, 103
Obecní Dům

Masarykovo nádraží

コルコヴナ・ツェルニ P114
Kolkovna Celnice

Jakubská

P107 火薬塔
Prašná brána

ヒベルニア P115
Hybernia
Hybernská

プラハ・マサリク駅
PRAHA-MASARYKOVO
NÁDRAŽÍ

Celetná

P118 ポハートカ
Pohádka

グランド・カフェ・オリエント P112
Grand Café Orient

K+Kホテル・セントラル P123
K+K Hotel Central

カルロⅣ プラーグ P123
Carlo Ⅳ Prague

Ovocný trh

クビスタ P117
Kubista

タヴォフスケー劇場 P107
avovské divadlo

Senovážné nám.

Hlavní nádraží

ドロテウム P120
Dorotheum

Na Příkopě
ナ・プシーコピェ通り

Panská

Nekázanka

Jindřišská

P121
ナ・プシーコピェ通り
地下鉄B線

Linka B

コルコヴナ・パラーツ・サヴァリン P110
Kolkovna Palác Savarin

ムステック駅
Můstek

ミュシャ美術館 P102
Muchovo Muzeum

オリジナル・ソウベニル P120
Original Souvenir

アール・ヌーボー・パレス P122
Art Nouveau Palace Hotel Praha

フラヴニー・ナードラジー駅
Hlavní nádraží

アンバサダー・ズラター・フサ P123
Ambassador Zlata Husa

ピンカスー P105
'inkasů

Jindřišská

Politických vězňů

プラハ本駅
PRAHA-HLAVNÍ NÁDRAŽÍ

4 ヴァーツラフ広場
Václavské náměstí

05 ミス・ビジュー
Miss Bijoux
Václavské náměstí

パラーツ・クニフ・ルクソール P105
Palác knih Luxor

Opletalova

地下鉄C線
Linka C

オヴォツニー・スヴェトゾル P105
Ovocný Světozor

ヤルタ・ブティック P123
Jalta Boutique Hotel

Vodičkova

Wilsonova

ラディソンBLUアルクロン P123
Radisson BLU Alcron Hotel

P108 国立オペラ座
Státní opera

N

0　　　　　　200m

周辺図は別冊P20参照

P123 K+Kホテル・フェニックス
K+K Hotel Fenix

聖ヴァーツラフ像
Socha Sv. Václava

国立博物館新館
Nová budova Národního muzea

P22-23　P24-25

Štěpánská

Ve Smečkách

Krakovská

Mezibranská

ムゼウム駅
Muzeum

国立博物館 P104
Národní Muzeum

Španělská

イーペー・パヴロヴァ駅へ

ナームニェスチー・ミール駅へ

［プラハの市内交通］

交通事情や移動のポイントをおさえて効率よくまわろう。オプショナルツアーを使うのも手だ。

街のまわり方

●キホンは徒歩でOK

プラハの街はコンパクト。徒歩でも充分まわれるが、高台のプラハ城まではトラム22番で行き、その後は歩いてカレル橋、旧市街、新市街といった順に進んで行くと一番ロスが少ない。トラムや地下鉄は頻繁に運行しているので、美術館めぐりなどをする人や、時間の限られている人は上手に活用しよう。

●番地の見方

道の入口の建物には赤いプレートがついている。これは通り名を表し、その後に地区名、区名が続く。青いプレートは番地。番地制度がなかった時代の名残で、紋章が掲げられている家も多い。

●迷ったときのカレル橋

旧市街や新市街は路地が入り組んでおり、行き止まりの道があるなど、なかなか複雑。迷ったときはとりあえずヴルタヴァ川沿いに出てみよう。カレル橋を目印に位置を確認するとわかりやすい。

切符の種類とお得なカード

プラハでは、地下鉄、トラム、バス、ケーブルカーの乗車券はすべて共通。1回券とフリーパス券がある。購入は駅や停留所にある券売機、インフォメーションセンターのほか、「Jízdenky」の表示があるキオスクなどで。

●1回券

Krátkodobá jízdenka（30分）、Základní jízdenka（90分）30分24Kčと90分32Kčの2種類がある。それぞれの有効時間内でなら、地下鉄、トラム、バス、ケーブルカーの乗換えが可能。切符の刻印は最初の乗車時のみ。スーツケースなど大きな荷物は別途16Kčのチケットが必要となる。

●フリーパス券

Jízdenka 1den（1日）、3dny（3日間）
有効期間内であれば乗り放題。料金は1日110Kč、3日間310Kč。大きな荷物は1個まで無料となる。有効時間は刻印してからそれぞれ24時間、72時間。車内で検札が行われることも多く、有効な切符を持っていない場合は罰金800Kčを支払わなければならないのでなくさないように。

○プラハカード

プラハ城をはじめとする、市内50カ所の見どころの入場料金が無料、30カ所が割引になる。メトロ、トラムなど市内交通やエアポートエクスプレスも無料になる。インフォメーションセンターで購入可能。料金は2日間1550Kč、3日間1810Kč、4日間2080Kč。
URL www.praguecitycard.com/

［オプショナルツアー］

〈問合せ・申込み〉 マイバス・チェコ
☎270-004-563（日本語可）時8時30分～17時
休土・日曜、祝日 URL www.mybus-europe.com/

限られた滞在時間でも効率よく観光できるのが、現地発着のオプショナルツアー。日本語ガイド付きなので安心。

プラハ午前半日観光

「百塔の街」といわれるプラハの歴史地区を、日本語ガイドの説明を聞きながらめぐるツアー。プラハ城、カレル橋、旧市庁舎の天文時計を見学した後、旧市街広場へ。
【出発／所要時間】9時発／約3時間
【催行日】毎日（夏期）【料金】€50

国立マリオネット劇場での観劇とディナー

人気の隠れ家レストランでディナー。その後、国立マリオネット劇場で、モーツァルト作『ドン・ジョヴァンニ』の人形劇を観劇する。ホテルまでの送迎あり。
【出発／所要時間】18時発／約4時間30分
【催行日】月・火・木・金曜（夏期）【料金】€100

チェスキー・クルムロフ1日観光

プラハからチェスキー・クルムロフへの日帰りツアー。日本語ガイドが街を案内してくれる。往復の移動は専用車なので気軽で安心。ランチ付き。
【出発／所要時間】9時発／約9時間
【催行日】毎日（夏期）【料金】€200

注意事項 オプショナルツアーの情報は2020年2月現在のものです。ツアー内容は交通状況、天候、休館日などで変更の場合もあります。また、料金に含まれるもの、キャンセル料金、集合場所などの詳細は申込時に確認を。

地下鉄 メトロ Metro

 路線図 別冊 MAP P18〜19

→ホームはシンプルだが広々としている
↓地下鉄駅の目印の看板

プラハ市内を走る地下鉄はA、B、Cの3路線。路線図や駅の入口の看板が色分けされているのでわかりやすい。早朝から深夜まで運行しているので、観光はもちろん、郊外行きのバスターミナルへ行くときなど利用する機会も多い。

○運行時間、運行間隔　5〜24時ごろ、2〜10分間隔

●路線の種類
○A線（緑）新市街、旧市街、マラー・ストラナと、主要な観光エリアを通る便利な路線。
○B線（黄）新市街や旧市街からフロレンツ・バスターミナルなどに行く際に利用する。
○C線（赤）MMuzeum駅やMFlorenc駅で他路線と接続するが、あまり利用する機会はない。

! 注意ポイント
○プラハは比較的治安がいいが、7時30分〜8時30分のラッシュ時や深夜などは注意が必要。特にスリが多い。
○エスカレーターは右側に立ち、急ぐ人は左側を通る。
○乗り換えは「Přestup」の看板が目印。

●乗ってみよう
乗る前に、終点駅が表示された案内版をチェック。

1 改札を通ってホームへ
切符を改札の刻印機に差し込むと時刻が印字される。エスカレータを通ってホームへ。

2 乗車する
ドアは手動なのでボタンを押して開ける。車内では掲示板で降車駅を確認しよう。

3 下車する
チェコ語で停車駅と次の停車駅のアナウンスが流れる。降りる際もドアのボタンを押す。

4 駅を出る　ホームにでるときは改札はないので、「Výstup（出口）」の看板に従って地上へ。

トラム トラムヴァイ Tramvaj

トラムは市内全域を網の目のように走っている。路線番号と停留所さえわかれば簡単に乗れるのでトライしてみて。

○運行時間、運行間隔
4時30分〜24時ごろ、8〜20分間隔

●乗ってみよう
1 停留所を探す
細長く赤い看板が目印。停留所名、路線番号、路線図、時刻表が掲示されてるので確認しよう。

2 乗車する
乗降時は降りる人が優先。刻印されていない切符を持っている場合は、車内の黄色い刻印機に通す。

3 下車する
アナウンスはチェコ語のみなので、予めいくつめで下車するか覚えておこう。目的地の少し手前でボタンを押すのが降車のサイン。ドアの開閉はドア横のボタンを押す。

●観光に便利な路線
○9番　プラハ本駅、ヴァーツラフ広場、国民劇場を結ぶ。
○22番　新市街とプラハ城を結び、利用価値の高い路線。国民劇場やマラー・ストラナ地区を通る。

! 注意ポイント
○観光客の多い22番はスリが多発している。
○路線は工事などにより変わることも多い。

タクシー タクシー Taxi

狭い道が多いので、かえって時間がかかってしまうこともある。雨天時や荷物が多いときなどに利用するといいだろう。

○料金　初乗りは40〜60Kč。その後1kmごとに28Kčが加算される
○運行時間　24時間

●乗ってみよう
1 乗車する
基本的にタクシースタンドから乗車する。黄色いボディに「TAXI」というプレートのあるタクシーがプラハ市公認。ドアは自分で開閉する。

2 お金を支払う
運転手がお釣りを持ち合わせていないこともあるので、なるべく小額紙幣で支払おう。

! 注意ポイント
○乗車したらまずメーターを確認すること。メーターが早いと思ったら、チェコ語ができない限りすぐに降ろしてもらうのが無難。
○観光地周辺で客待ちしているタクシーは要注意。電話で呼び出すタクシーのほうが安全。比較的信頼できるタクシー会社はAAA☎222-333-222やCity taxi☎257-257-257など。

 プチ情報 プラハ城や市民会館など主要観光名所をまわる、昔の車体を利用したレトロな91番トラムは土・日曜、祝日限定で運行。運賃は35Kč（フリーパスは使用不可）、12〜17時の間、1時間に1本運行。11〜3月は運休。

シーン別 カンタン会話

日本語／英語	ドイツ語	チェコ語
こんにちは Hello.	Grüß Gott. グリュース ゴット	Dobrý den! ドブリー デン
ありがとう Thank you.	Danke. ダンケ	Děkuji. ヂェクイ
はい・いいえ Yes/No.	Ja./Nein. ヤー／ナイン	Ano. / Ne. アノ／ネ
〔メニューを指して〕これを下さい I'd like this.	Ich möchte das hier haben. イッヒ メヒテ ダス ヒーア ハーベン	Toto, prosím. トト プロスィーム
とてもおいしいです This is very good.	Es schmeckt sehr gut. エス シュメクト ゼーア グート	Je to výborné. イェト ヴィーボルネー
お勘定をお願いします Check, please.	Die Rechnung, bitte. ディ レヒヌング ビッテ	Účet, prosím. ウーチェット プロスィーム
これを下さい I'll take this.	Ich nehme das. イッヒ ネーメ ダス	Vezmu si to. ヴェズム スィト
いくらですか How much is it?	Was kostet das? ヴァス コステット ダス	Kolik to stojí? コリクト ストイー
○○はどこですか Where is the ○○?	Wo ist ○○? ヴォー イスト ○○？	Kde je ○○? クデイェ ○○
○○まで行って下さい To the ○○, please.	Zum ○○, bitte. ツム ○○ ビッテ	Do ○○, prosím. ド ○○ プロスィーム
ここでとめて下さい Stop here, please.	Bitte halten Sie hier an. ビッテ ハルテン ジー ヒーア アン	Zastavte mi tady, prosím. ザスタフテ ミ タディ プロスィーム

数字

	ドイツ語	チェコ語
1	アインス	イェドナ
2	ツヴァイ	ドヴァ
3	ドライ	トシ
4	フィーア	チュティジ
5	フュンフ	ピェット
6	ゼックス	シェスト
7	ズィーベン	セドム
8	アハト	オスム
9	ノイン	デヴェット
10	ツェーン	デセット

レート

オーストリア
€1 ≒ 120円
(2020年2月現在)

チェコ
1Kč ≒ 4.8円
(2020年2月現在)

書いておこう♪
両替時のレート

€1 ≒ 〔　　　〕円　　1Kč ≒ 〔　　　〕円

28